# 戰鬥與力量

## 第四屆御宅文化研討會暨巴哈姆特論文獎文集

主編——國立交通大學數位動畫文創學程 梁世佑

國立交通大學出版社

# Contents

## ACG 的理論實踐與多元角度

preface

# 遊戲人生的戰鬥，動漫研究的力量

梁世佑

本書是 2015 年 10 月 17 日舉行「第四屆御宅文化國際學術研討會暨巴哈姆特論文獎」之論文集，首先再次感謝陳建弘先生與巴哈姆特所有同仁、國立交通大學出版社以及協助研討會順利圓滿與出版的所有人員，當然還有熱情支持光臨本次研討會的所有朋友們。

「御宅文化國際學術研討會」乃是國立交通大學數位文創學程的一項計畫。本研討會希望能建構一套屬於臺灣自身的 ACG（廣義的電子遊戲、動漫畫與流行娛樂載體）文化論述，不僅將其視為一門學術來加以研究，更希冀能拓展全新的閱覽者與消費族群來接觸這一領域。此一構想並非否定學術之嚴謹性，更非意圖進行典範的解構與批判，我們認為：學術並非只專注艱深冷僻的理論問題，學術書籍也應該可以平易近人，同時兼具知識性、學術性、可讀性和商業價值。

數位動畫文創學程於國立交通大學開設之後廣受好評，修課之學生不僅限於交通或清華大學，參與旁聽之同學更普及臺灣各縣市與外籍交換生。為了鼓勵學生創作與提供一個學術知識性的討論空間，在黃瀛州、許經夌、胡正光教授等人的共同努力之下，我們於 2012

年舉辦了第一屆御宅學術文化研討會「動漫的現代社會文化意涵」（アニメと漫画に代表される現代社会の文化意義），不僅作為學程與大眾的一個交流場域，更使其與當代社會的脈動相結合。透過日本交流協會、開拓動漫誌等組織的協助，邀請日本著名的御宅文化研究者，早稻田大學的東浩紀教授來臺訪問演講。隔年我們與臺灣推理作家協會合作，舉辦了第二屆論文研討會「娛樂媒體中的日本顯影」，把關注的視角從動漫主體擴大到電視連續劇與推理小說，試圖論證娛樂媒體如何體現當代臺灣、日本，乃至於整個亞洲生活的某種思想型態，更成為一窺當代流行文化本質與內涵的有效工具。會後經過摘選和審查，由國立交通大學出版社出版《另眼看御宅：跨媒體傳播下的日本文化剪影》論文集，成為本研討會研究成果的一個體現。論文集於 2014 年初在臺北國際書展亮相即獲得一致的好評，除了傳統報章媒體外，熱衷此一領域的玩家和朋友更踴躍支持並幫忙宣傳，使這本學術論文集在很短的時間內銷售長紅。不僅創下由國立大學出版動漫論文集之先例，更獲得了 2014 年文化部優良中小學生課外讀物之肯定。這使我們樂觀地認識到：這種關於電玩動漫的長篇論述，在臺灣確實有一定的市場；許多玩家與吾等比肩，正在期待將此一娛樂去污名化與正典化。

為了回應許多支持者的期待，我向臺灣地區最具規模，也是華人世界最具權威與公信力的電玩資訊網站「巴哈姆特」提出合作協議。巴哈姆特站長陳建弘先生向來不遺餘力支持臺灣電子遊戲與娛樂產業之發展，故非常慷慨地同意協助舉辦研討會，並採納筆者的建議，創立了「巴哈姆特論文獎」來鼓勵所有從事撰寫動漫電玩論文之同好。對於所有巴哈姆特同仁的支持，我們深表感謝，更希望能夠透過本研討會與「巴哈姆特論文獎」來促進業界、學界與玩家之間的交流。

2014 年 10 月 18 日舉辦的「第三屆御宅文化學術研討會暨巴哈姆特論文獎——「幻境與實相：電子遊戲的理路及內涵」，收到超出意外的支持與廣度。例如一位任職於中研院物理所的博士後研究員寫了八十幾頁的論文，筆者猜想無論是專業的物理研究或學位論文，或許他從來沒寫過那麼多字的論文；另一篇論文的作者任職於香港立法機構，因巧遇當時香港佔中運動而無法來臺發表；還有一篇論文的作者只有五專教育程度，卻寫了一篇專業的史學考證論文，從墓誌銘、各種史料的考證與耙梳，細緻辯證一個歷史和遊戲印象交錯的問題，這些論文都體現了這一領域海納百川的多元性，這也是我們舉辦本研討會的一個目的：各行各業、任何學歷的人都能參與交流。研討會結束後經過審查共收錄其中十一篇論文，於2015年二月出版了論文集《幻境與實相：電子遊戲的理路及內涵》，並在當年初臺北國際書展舉行發表會，書籍在活動當天的展位便銷售一空，還拿下網路書店的專書銷售冠軍，很快進行了再刷，可見其受歡迎之程度。

2015 年的第四屆御宅文化國際研討會更創下了新的里程碑。從一開始徵求時便有四十篇論文報名，經過初審和再度篩選，最後

▲本屆論文來自香港、日本和中國的多所大學，由於論文數量太多，採取同時間多場次之發表會，現場幾乎座無虛席。

有二十篇論文發表，論文更來自香港、日本和中國的多所大學，尤其是北海道大學還補助作者來臺灣與會，顯現我們會議之受重視程度。其次由於論文數量太多，我們將場地移往更為正式、寬敞的國際會議廳，並採取同時間多場次之發表會。研討會當天座無虛席，即便到了晚上閉幕時，現場依舊有近百位觀眾聆聽。

雖然最後礙於學術審查標準之故，無法讓所有論文得以成書出版，但是筆者相信本屆研討會撰稿者之多元、參與者之熱情與交流之廣度，在臺灣學術界內絕無僅有。我們讓枯燥的學術研討會變得有趣，讓不論任何學經歷的人都能快樂參與、熱情討論，並以高規格的學術標準加以出版收藏，讓跨領域的人才交流，讓宅粒子的濃度高到破表，您會驚覺原來那麼多人和您心有靈犀，遙望呼應。一個產業的正面發展必然需要有多元的面向支持，而我們選擇了一條很不容易卻有趣的路徑。我非常期待這樣的交流能繼續維持下去，作為臺灣自身 ACG 文化，以及一種知識脈絡力量與教育推廣的可能契機。最後，作為研討會的主辦人，筆者衷心希望這本論文集能夠對臺灣的 ACG 文化研究、乃至於電子遊戲與動漫作為一門學問脈絡做出微薄的貢獻。如果您有任何問題或是指教，可以透過我們學程的正式網站 U-ACG（http://www.u-acg.com/）或 FB 粉絲頁獲得相關的資訊和協助，當然，更期待明年您的參與。

▲「2015 第四屆御宅文化國際學術研討會暨巴哈姆特論文獎」發表人及與會貴賓合影。

preface

# 論文提要

梁世佑

「2015第四屆御宅文化國際學術研討會暨巴哈姆特論文獎」分為八場，共發表20篇論文。相較於第三屆偏向於電子遊戲的內涵與藝術性之討論，第四屆論文題材與範圍較為多元，從日式動漫之作品研究或是相關議題與衍生商品文化之探討、執事文化在臺灣之經營與發展、虛擬偶像與人工伴侶之研究、電影與電玩互動、第一人稱射擊遊戲與軍事娛樂工業之發展均包含在內，其中也不乏遊戲開發的技術性英文論文，可謂洋洋大觀，包羅萬象。然受限於篇幅與題材，遺珠之憾實在難免，最後我們決定儘可能維持研討會的主調性，以最多作者投稿之日式動漫遊戲作品為論文主軸，相關衍生文化為輔，並在審查和意見回覆後收錄其中十四篇論文。對於未能入選之論文，本人代表御宅文化學術研討會向各位表達誠摯的歉意，希望您不要灰心，期勉再接再厲。

這次根據論文內容將主旨區分為兩大部分，第一部分為「日本動漫遊戲作品的受容與衍生」。例如周文鵬之〈獲得強大的理由：論漫畫文學中的異能設定與故事接受——以《神兵玄奇》系列與《Hungry Joker》為例〉對比了香港玉皇朝集團的《神兵玄奇》和日本集英社《Hungry Joker》兩套漫畫，並指出這兩套漫畫看似完全不同取徑，卻巧妙地對照出「無中生有」與「取有生無」兩種概念，把道具作為媒介，進行連結角色、能力和世界觀之共相與譜織。王文劭、曾鈺娟的〈日本妖怪文化與地方都市傳説對動漫角色創作影響之研究——以角色妖狐為例〉則把論文主題放在一個有趣的關注點上，也就是「妖狐」這個廣為人知的形象，如何在不同作品中串連並同時賦予不同的個性傳達與作品連結；筆者曾在動漫文化強勢角色的研究中指出「調色盤理論」，也就是每個角色都會自動對應特定的萌要素、個性、服裝或是舉止動作之搭配。所以有些角色不管春夏秋冬固定雙馬尾、眼鏡娘，有人一定穿過膝襪，有人一定是腹黑或傲嬌金髮；這一角色邏輯提供了消費者一個「隱性連結」：當 A 作品不紅時，馬上就可以從 A 作品的某個角色對應到 B 作品的某個角色，讓觀眾的喜愛與萌點無縫接軌，繼續支持下一部作品。

林則堯的〈二十一世紀日本反烏托邦動畫初探〉則對於《未來都市 NO.6》、《樂園追放》等十五部動漫作品進行研究，這些動漫作品對比經典文學中之反烏托邦論述有何差異？並透過「獨裁性」（反對體制是有罪的）、樂園性（體制是宣稱完美的）、集團性（多數人民對現行體制是支持服從的）、嚴密性（生活受到嚴密管控）、反動性（以批判體制為主要目的）等五項要素來論述，而這些作品之所以會在二十一世紀的日本出現，其中又象徵了什麼人性、政治之意涵？而蔡佩真的〈迷的戰鬥：試論 APH 國家擬人文本及次級文本的政治表現〉對比之下則從另外一個角度來探究政治，也就是《義呆利 APH》筆下的擬人化國家。透過這些可愛的擬人化角色，作者試圖探討從敘事結構到人物塑造，引起讀者的介入並誘發回應，並使讀者自己構成相關的認識，進而理解真實概念的國家與政治外交等問題。

江亞軒的〈新海誠動畫電影中超寫實主義運用之探討〉則把焦點放在日本新一代動畫導演代表的新海誠身上。但其論文並非探討新海誠之作品中的人性悲苦疏離、遠距離戀愛等議題，而是把重心放在視覺藝術呈現的「超現實主義」表現手法上，這提供了我們另外一個觀察新海誠作品的切入角度：如果我們覺得新海誠的作品太多畫面色彩炫麗，但劇本和角色多樣性略顯雷同不足之時。最後林執中的〈幻想與真實間的戰鬥——《海貓鳴泣時》〉則以《海貓》這部帶有推理懸疑的解謎作品為重心，不過其主旨不在於陳述魔女之詭計是否合理，或是玩家的科學論述是否經得起挑戰，而是從更上方一層的觀點在看這個錯綜理性和魔法的鬥爭，真實的意義又在何方？

綜觀而言，這次日式動漫作品研究的深入性遠勝過以往，逐漸跳脫傳統單一作品的劇情陳述與說明，並注意到相關性之連結，或以日本為核心，旁觀注視到周邊其他國家對於日本動漫遊戲文化之受容與文化折射相關議題。臺灣作為一個日本 ACG 文化的重要海外受容地，如何接受、理解，過去已經有許多研究和基礎，但我們希望更深入的是帶有「旁觀者清」的第三人觀點，以及透過日本作品所產生自我反省與稜鏡折射角度，這是我們研討會後續關注的焦點與展望。

第二部分則是「ACG 的理論實踐與多元角度」。梁世佑的〈在地下城尋求真理並沒有搞錯了什麼：電子遊戲的民主實踐與主體共識〉以兩款日式遊戲為例子，探討這些遊戲如何透過當代網路資訊和操作者的遊玩來實踐遊戲的能動性？而這些能動性是否可以用來印證當代民主理論和集體意識之形成？隨著遊戲聲光科技與虛擬技術應用的突飛猛進，未來我們轉面對的又是一個怎樣嶄新的互動世界？陳冠亨的〈從生存作品中找到面對生命的價值〉同樣以電子遊戲為例子，探討帶有暴力血腥色彩的生存遊戲如何透過電子遊戲的聲光效果與帶入感，一次又一次來詢問玩家自我本身戰鬥與生命的意義，並同時考驗玩家的人性選擇。

沈奕廷、陳啟英的〈虛擬偶像的發展模式〉則以當代最紅的電子歌姬初音未來為核心，探討虛擬偶像的發展路徑，而邱懷瑤、宋玫玫的〈人工伴侶未來狂想〉也同樣提到了初音未來，但整個觀點則大相逕庭，該作者試圖探討隨著科技的進步，未來人類是否可以接受任何形式的電子伴侶？如果成真，電子伴侶又應該是什麼樣的型態，乃至於承擔起如何的義務與權利？張智涵的〈從二次元跨越到三次元〉把焦點放到「電影」和「電玩」改編議題上。今天絕大多數的電影和電玩都有某些牽連，這兩個產業的關係也越來越密切，但是成功或失敗的改編作品是否又有什麼脈絡可尋？吳培寧的〈實境幻想：淺論臺灣執事文化接收與發展〉則研究臺灣「執事」的次文化現象。由日本漫畫《黑執事》的形象開始、實體的執事喫茶店開張，臺灣的執事文化受到日本動漫文化影響深遠，但在發展的過程中又與日本產生了什麼不同？

朱家賢的〈3D 動作角色扮演遊戲戰鬥動作節奏製作實務之研究〉則是較為少見的技術類型論文，3D 動作角色扮演遊戲（3D Action role-playing game，簡稱 3D ARPG）乃是當代遊戲的主流，遊戲中角色的動作是否自然，將直接影響到作品的好壞，而如何把流暢的動作與打擊感呈現出來則成為本論文之核心。本文以 3Ds Max 為例進行解說，也同時提及了 EPIC 旗下次世代遊戲引擎 Unreal Engine 4 的相關應用。最後則是任教於中國四川重慶大學的鄭聖勳之〈我們相愛如罌粟與記憶〉，文中以個人的生命經驗和觀看為主軸，陳述了一位喜好 ACG 文化的人如何在浮生塵世中游移、感悟與體知；或許，這也是大多數喜歡這一文化的共同低吟。

現在，請享受這本充滿愛與萌的動漫電玩輕論文吧。

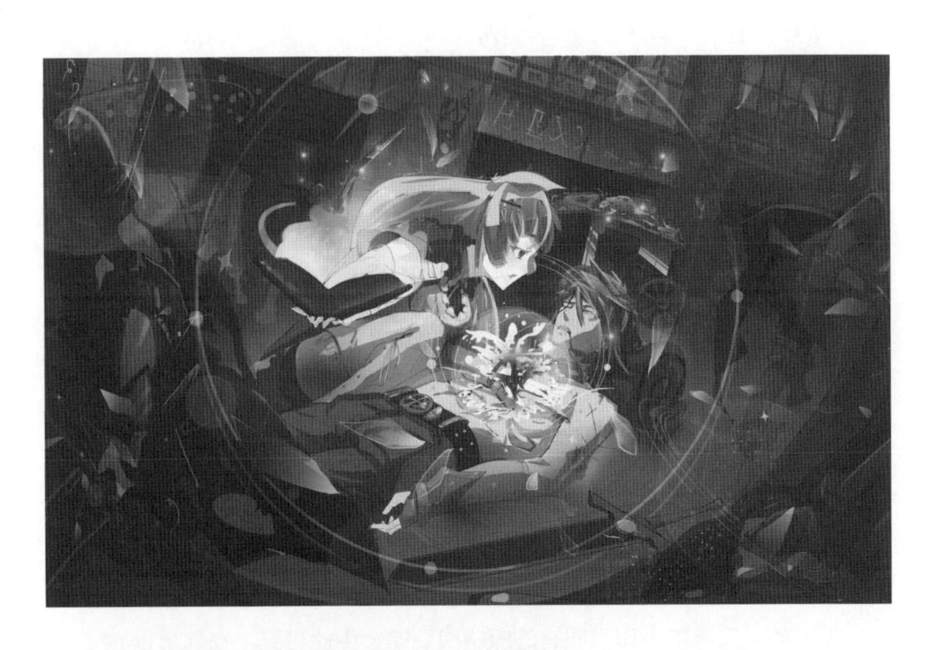

# 日本動漫遊戲作品的受容與衍生

插畫／啪兜一樂

# 獲得強大的理由：論漫畫文學中的異能設定與故事接受

## ——以《神兵玄奇》系列與《Hungry Joker》為例

周文鵬

## 一、前言

異能設定的存在，猶如一座接軌理序與虛構的折衝橋樑，不斷將各種奇思妙想調整成能被讀者接受的頻率。基於圖像載體的具體表現特性，帶有幻想要素的題材與故事，始終都是漫畫文學最被讀者期待的內容。於是，天馬行空的精彩情節，往往需要許多「不正常」的角色共同演出。如果沒有他們的「特殊能力」，所有扣人心弦的衝突及發展，或許根本沒有開始的機會。

如果《七龍珠》沒有氣與賽亞人體質的設定，如果《火影忍者》沒有忍術及查克拉，如果《航海王》沒有惡魔果實，敘事元件的減少，勢必只會消去作品原有的脈絡與環節。由此可見，在建構世界觀的視角前提下，無論「氣」、「查克拉」或「惡魔果實」的存在，其實更像是種協助讀者進入故事、掌握細節、整合關聯的認知錨點。這樣的基礎結構，使得前述任何一部作品都能透過「因為 X，所以可以 Y」的邏輯，引導讀者在閱讀過程裡產生規律化、系統化的接受思維，自行將眼前並不合理的故事世界讀取為合理的存在。

換言之，一旦能夠結成趨近通暢、鮮有矛盾的錨點關係，在「合理的不合理世界」裡所上演的一切，自然更有機會以「角色異能」為鎖鑰，大幅開啟想像歷程的滿足。

# 二、在敘事與接受之間

除了改以視覺圖像作為表現載體，漫畫文學與其他文學類型並無二致，都是一種希望把內容介紹給讀者的敘事創作。也因為大多進行情節化的內容演繹，所以又與小說極為相似，形成了各種獨立的體系，被接受者認知為故事般的存在。由於能力設定屬於故事設定的一環，而故事設定又與邏輯說服同樣屬於接受者認同的討論層次，因此，在著手處理主題之前，必須先從接受者視角釐清敘事行為的本質與運作，才可能進一步延伸出邏輯說服的討論，觸及故事設定與接受者思維的關聯。

## （一）常識、虛構與時空夾縫

敘事是一種在接受者意識中重新構築具體或抽象認知的行為，隨著使用載體的轉換與操作技術的優劣，施、受之間幾乎不可能達成全然的同調。[1] 而情節化的敘事創作則不僅構築接受者意識中的具體或抽象認知，更企圖在系列化、曲折化的鋪排中實現特定的寄寓或凸顯，所以除了本就存在的施受不同調問題之外，也加深了認知衝突與邏輯說服的連動，影響著接受者所能給出的認同。舉例來說，在普遍流傳的童話故事《小紅帽》裡，身為動物的野狼不只一次與身為人類的小紅帽對話無礙，[2] 便是一段因為明顯衝突了常識

---

1 例如向某人轉述一朵眼前的紅花，由於視覺經驗無法完整轉譯成口語，因此在語文想像因人而異的情況下，花朵的形體、色彩、鮮度便容易失真。儘管數位影像不再存在執行與分享的門檻，但以創作為前提，要求敘事者進行情節化、故事化的意涵表述，截至目前，無論以文字、圖像、影像為載體，轉述鮮花一般的失真問題其實不曾消失。

2 寫定自 1697 年法國作家夏爾・佩羅（Charles Perrault）《鵝媽媽的故事》（英譯：Mother Goose's Tales）的古老故事，講述女孩探望祖母卻遭遇野狼的覬覦、欺騙及吞食。該故事成書後經德國格林兄弟等各國、各家版本的改寫及流傳，產生了多種不同的情節設計與延伸結局。但無論版本如

邏輯，所以可能令閱聽人產生接受障礙的情節。

一般來說，童話（或傳說）故事之所以能夠快速引導接受者進入，其實與「很久很久以前」這段開場說詞有著密切的關聯。由於只有時間向前回溯，接受者的想像自然會在常識的軸線上行進，這樣一來，後續所有情節的發生，便會被預設在已知的邏輯前提之下。例如人不會飛、心臟在左邊、野獸愛吃肉等等，種種沒有特別細說的基礎設定，只消一句話便完成了給予。

如果把「很久很久以前」的時間概念再加上空間補述，那麼時空變遷所形成的不現實感，便能進一步消解對於故事的想像限制，塑造出一道足以容納虛構的段差。例如某 A 作為不甚瞭解歷史常識的非中國人，自然更難抗衡「2000 年前中國如何如何」的資訊灌輸，這樣的基礎，使得「很久很久以前」一旦獲得「在某個遙遠國度」之類的強化，便能協助「法師」、「仙術」、「神怪」這些彷彿曾經存在文史脈絡裡的事物，在傳說、歷史、想像、印象所共構的夾縫裡找到容身之處。[3] 只不過，無論時空環境如何變換，無論可利用的夾縫寬度如何被技巧性地擴大，由於「會說人話的動物」終究不曾存在常識與歷史的某處，因此，除非透過「在一個不可思議的魔法世界」之類的說法，把非常識的要素也內置成時空夾縫的一部分；否則，就算「很久很久以前」後面接了「在某個美麗的森林裡」，能和小紅帽正常對話的大野狼，依舊容易引來一連串的追問。

## （二）干擾、中斷與比較檢核

基於智能與知識水準的成長，對幼童以外的接受者而言，無論

何落差，故事中野狼與女孩的對話互動大抵不曾消失。

3 作為一種虛構設定手法，以操作未知觀感為基調的「時空夾縫」，其實存在多種不同的應用方式。除了確實利用時間、空間的基本類型之外，也包括藉由專業領域、經歷背景、環境異變、世代差距製造陌生觀感的應用型。

哪種作品，如果敘事者在沒有說明的情況下給出一段不合邏輯的情節，通常等於創作端沒有完整處理思維中的盲點。一如電腦系統如果除蟲（Debug）不完全便難以運作，帶有盲點的成品，同樣容易被接受者解讀為敷衍、搪塞的手法，招來俗稱「吐槽」的嘲諷攻擊。相當程度上，「怎麼可能啊？這種情節是在騙小孩啊！」之類的批評，也可以理解成閱聽人認為敘事內容衝突於既有常識的程度，不僅超越了作品本身時空夾縫的負荷度，甚至不亞於野狼、女孩對話自如的童話世界，有著各種干擾接受者認同的雜訊。

但，在招來嘲諷和批評的同時，「不合邏輯」真的會是一個足以影響敘事成果的問題嗎？為了瞭解兩者的連動關係，必須進一步分析接受者面對敘事內容的思維模式。一般來說，在一段交付敘事內容給閱聽對象的過程中，至少有四項變因影響著施、受之間能否達成名為「說服」的認知調節：

表1 接受變因與類型性質整理表

| | 變因名稱 | 性質分類 | 說明 |
|---|---|---|---|
| 1. | 喜惡説服問題 | 主觀非邏輯型 | 無視敘事內容與相關邏輯理序，單純以個人好惡為判斷標準者。 |
| 2. | 主觀説服問題 | 主觀邏輯型 | 具系統化與思辨式的判斷機制，不以個人好惡認知敘事理序者。 |
| 3. | 常識説服問題 | 客觀邏輯型 | 思辨機制尚未獨立化與系統化，藉由常識邏輯判讀敘事理序者。 |
| 4. | 趨勢説服問題 | 客觀非邏輯型 | 思辨機制尚未獨立化與系統化，藉由大數趨勢判讀敘事理序者。 |

表格來源：作者整理

如果暫不討論無關思辨的喜惡及趨勢變因，顯而易見的是，無論來自個人思維或常識標準，接受者心中其實早已存在一組自成系統的邏輯結構，等著檢驗敘事者給出的內容是否存在盲點。以漫畫、小說等立基於情節化敘事的文學創作為例，最常見的檢討方式，便是對照作品中世界觀、事件因果、人物個性、行為動機與一般常識之間的適性，以及以上四者彼此之間有否矛盾。簡單來說，儘管很容易就能透過背景設定的手法創造出合乎常規的故事世界，但如果情節糾葛、角色行動背後的理序並不周延，那麼在過於莫名或想當然爾的情況下，想要達成與閱聽大眾之間的同調，其實並不是件容易的事。

## （三）訕笑、憤怒與無法信任

如果在一個以真實世界為背景的故事裡，角色遭遇飛車搶匪之後的反應不僅不是追喊、報警或求助，反而還突然仰天大笑，激昂、憤慨地在都會街頭咬舌自盡，不難想像，若敘事者沒有妥善處理箇中突兀而脫序的部分，這種突如其來的「超展開」，[4] 大多只能成為接受者眼中難被圓說的「紕漏」，而無法被操作成帶有深遠意義的「懸念」。事實上，即便一切設定都以現實世界為範本，一再堆疊的「紕漏」，依舊可能因為充斥著不合理的人、事、物，而令過多的嘲諷累積成實質的抗拒，甚至轉化成接受者對於敘事內容的不信任。

以坊間流行的鄉土劇和早期的言情小說為例，劇中許多逾越常識的行為模式及情緒程度，儼然牴觸了原本設定的正常世界觀，令敘事內容處處凸顯著正常世界與不正常人類的組合。由於無法阻止

---

4 原為日文漢字用詞，讀作「ちょうてんかい」。由於「展開」（てんかい）一詞在日文系統可以名詞表示「發展的過程及情況」，因此一旦和形容詞用法下表示「超出」、「超過」、「超常」等意義的「超」字聯用，便形成了「超出原本發展狀況」或「超過常識發展邏輯」的語意。也因為日式漢字對華語文社會而言較無辨讀困難，以臺灣、大陸為例，「超展開」一詞目前已過渡了動漫愛好者對日式用法的黑話套用期，並逐漸透過網路平台轉化為泛大眾向的流行用語。一般多以廣東方言「無厘頭」或流行用語「KUSO」、「惡搞」作為意義對架。儘管未能在「打破邏輯」的概念下保持「急轉直下」的語意呈現，亦不失為一種基本的譯註方式。

接受者產生「為什麼一定要崩潰嘶吼？」、「為什麼只能負氣自殺？」、「為什麼非得開車衝撞？」、「為什麼沒人想到報警？」等常識質疑，一再落差於真實世界的情節，將使得故事世界成為某種看似合理，實際上卻一點也不合理的詭異存在。而面對令人無法理解的劇中角色，接受者自然也就難以產生代入感，只能把他們視為不同與自己的「另一種生物」。也因為不斷巧合、不斷意外、不斷衝突、不斷激化的發展明顯過於造作，惡性循環之下，非但作品越來越難獲得閱聽大眾的認同，敘事者與接受者之間的唯一關聯，也終將脫鉤於敘事內容的理序及說服，轉而倒向效果性、話題性、娛樂性等剩餘的旁觀價值

## （三）正常、非常與故事接受

由於接受者本有常人般自成理序的邏輯思維，比起正常世界與不正常人類所衝撞出的陌生感，不正常世界與正常人類的搭配，反而更是科幻、奇幻等虛構故事之所以能夠引人入勝的理由。以《進擊的巨人》為例，儘管巨人橫行的世界並不正常，但敘事者卻利用了時空夾縫的特性，巧妙地把巨人的出現問題懸置成了故事最大的謎團。這樣的手法既穩固了整體內容的基礎理序，同時也發揮了牽引劇情的主題功能，保留了最大限度的敘事自由。

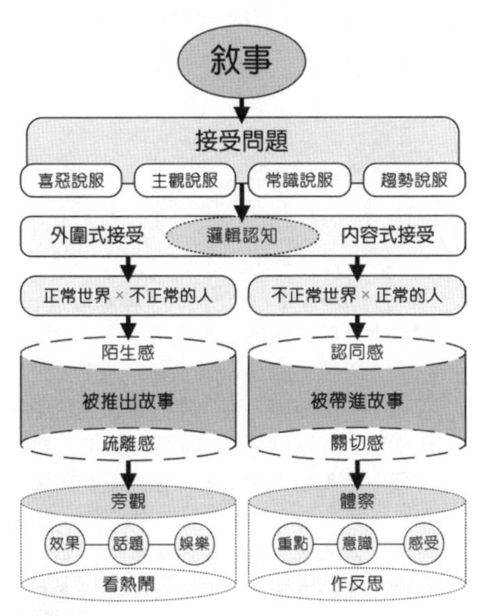


圖1 敘事接受問題與邏輯接受類型效應脈絡示意（圖片來源：作者繪製）

以艾連・葉卡、米卡

莎·阿卡曼、艾爾敏·亞魯雷特、里維·阿卡曼等主要角色為代表，劇中人物在面對壓抑、戰鬥、死亡、絕望等乖舛境遇時，心理之於恐懼、勇氣、悲憤、執著、自欺的觸發及扭轉，都有著具體可循的人性脈絡。有了這樣的底蘊，接受者便相對容易捕捉劇中角色的立體內在，也才得以牽動「同為人類」的共鳴，從而跟上情節引導，隨情緒起伏深入敘事內容。[5]

換言之，雖然以漫畫文學的處境為例，「虛構」一詞往往容易被理解成「虛假」的延續，甚至在「不真實」或「不合常理」的觀感裡被莫名淘去敘事內涵所應得的價值認定；但，如果一個充滿了未知、不安、死亡及殘酷的世界，真能藉由許多血性常人的掙扎心路，以每一段忍痛、壓抑著悲傷和無力的過程折射出生命、自由、人性與現實的反思；那麼事實是，無論以圖像或文字形式表現，以「邏輯說服」的作用而言，「虛構」與「真實」所交錯的「架空寫實」，[6]不僅並不容易因為疏離感而把接受大眾外推成故事世界的旁觀者，反而更有機會導出扣人心弦的認同結果，帶領閱聽人往敘事深處察想種種寄寓及設問。

---

5　同理，例如《魔力小馬》、《幽遊白書》、《魔法少年賈修》、《犬夜叉》、《銀魂》等跨越物種的設定手法，則可以視為上述搭配法則的應用。儘管妖祟、異怪、魔族、天人等非人生物充斥的情況使得故事世界儼然「並不正常」，但隨著人性比率的調和及給予，卻同樣能夠透過非人角色的人性化處理，在確實平衡人類角色與非人角色之間的同調基準以後，進一步取得眾角色人性與接受者人性之間的對接。這樣一來，不只能在劇中人物的舉止、思維間召喚閱聽大眾的認同，物種之間的差異化糾葛，也更有機會塑造出鮮明的人格特質與故事張力。

6　比照「魔幻寫實」的層次化類型設名，目的在於梳分構成作品敘事內容的世界觀與人物特質。依據題材不同，可再細列出科幻寫實、職場寫實、文史寫實等。

## 三、在理據與考據之間

如果邏輯說服是接受者之所以接受敘事、認同情節、深入故事的導線，那麼下一個必須梳理的問題，便在於受眾需求、論述深度與邏輯質量之間的關聯。

### （一）理論、資料與需求方向

以科幻故事為例，儘管艱深的科學知識是入手設定的必要基底，但從接受者的角度來看，一切閱聽過程的樂趣所在，卻大多並非來自知識的獲取，而更須仰賴敘事者消化資料、提煉理論之後的情節應用成果。不僅以《空想科學讀本》系列為代表，[7] 各界研究者針對動漫、特攝經典挖掘出的虛實對比，陸續呈現出了受眾反應如何連動於科學真實與創作設定之間的落差；電影方面，例如英國導演克里斯多福·諾蘭於2014年創作的《星際效應》（Interstellar），雖然內容涉及相對論、蟲洞、黑洞、引力、維度空間等專門學理，但這部「從導演、編劇到製片，所有人都尊重科學的電影」，[8] 卻並未顛反情節化敘事之於故事表述、知識呈現的排序基調，始終保持著劇情發展與科學論述的主客之分。即便把用來呈現五維空間假說的概念畫面也納入計算，在總長度約170分鐘的影片中，針對前述學理進行點帶或解說的篇幅，至多不過19分鐘，約占總片長的11%：

---

7 日人柳田理科雄針對漫畫、動畫、特攝進行科學化考證之系列書寫。自1999年迄今，日文版本發行16冊，由角川集團旗下品牌·MEDIA FACTORY出版；臺灣方面由遠流出版社取得授權，目前出版9冊，皆由談璞翻譯。

8 《聯合新聞網》，2015年5月5日，〈電影《星際效應》幕後揭密，物理學家基普·索恩現身說法〉，取自 http://udn.com/news/story/7060/883264。

表 2 《星際效應》理論解說情節暨時段長度整理表

| | 內容 | 時間區段 | 總計（秒） |
|---|---|---|---|
| 1. | 點出蟲洞的功能與重力異常概念 | 31:30 至 32:25 | 55 |
| 2. | 說明光速和黑洞的時間延遲效應 | 39:20 至 40:00 | 40 |
| 3. | 說明蟲洞運作與空間跳躍的原理 | 58:00 至 58:50 | 50 |
| 4. | 說明黑洞引力與時光延遲的理論 | 62:50 至 63:20 | 30 |
| 5. | 說明相對時間論與重力五維假說 | 74:55 至 76:00 | 65 |
| 6. | 說明黑洞結構與視界邊界的概念 | 102:35 至 103:00 | 25 |
| 7. | 承前項說明內容點出黑洞潮汐力 | 106:40 至 107:00 | 20 |
| 8. | 承前項內容述牛頓第三運動定律 | 133:50 至 134:25 | 35 |
| 9. | 重述第五維時空與重力作用假說 | 147:10 至 147:40 | 30 |
| 10. | 呈現形象化的五維空間結構狀態 | 141:00 至 154:10 | 790 |
| | | 合計 | 1140 |

表格來源：作者整理

據統計，2014 年上映的《星際效應》全球總票房約美金 6 億 3740 萬元，為該年度 10 大賣座強片第 9 名。[9] 這或許說明了一部能夠成功說服接受者、獲得閱聽大眾青睞的情節化敘事作品，無論題材如何、探討什麼，其實不一定需要展開太多過於厚重的本質理論。甚至可能必須超越證述、演示的思維，才有機會確實扮演好輔助的角色，到位而明快地托引著精彩的劇情。

9　第 10 名與第 1 名分別為《馴龍高手 2》（How to Train Your Dragon 2）的美金 6 億 1890 萬美元，以及《變形金鋼 4：絕跡重生》（Transformers: Age of Extinction）的美金 10 億 8740 萬美元。相關統計數據，見 Box Office MOJO 官方網站 2014 年全球票房統計排行榜（2014 WORLDWIDE GROSSES，取自 http://www.boxofficemojo.com/yearly/chart/?view2=worldwide&yr=2014）。

## （二）功能、層次與橋板理論

順著閱聽需求的角度加以梳分，不難發現接受者所需求的「邏輯說服」，其實更像是種概念式的「說法」。事實上，正因為閱聽行為的目的在於獲取敘事內容的樂趣與底蘊，多數受眾之所以針對作品邏輯進行吐槽，其實並不是因為期待依靠內容學懂什麼知識，而是因為無法跟隨劇情順利地從 A 認知前往 B 認知，所以才質疑敘事者為什麼沒有主動進行搭橋。換言之，一如「追問」與「追劇」之間的難以兼顧，為了不脫落於情節的開展，[10] 對接受者而言，即使眼前的劇情真的突兀而脫序了什麼，如果程度和頻率還在容忍限度之內，那麼只要能被給予一個還算合理的交代，通常也就不會再刻意深究下去。

於是，多數人其實並不關心也不需要《哆啦A夢》解釋縮小燈、任意門、時光布等異想道具的科學原理，也不會要求《聖鬥士星矢》分析小宇宙與聖衣相互激盪的反應機制；甚至可以默許《名偵探柯南》演出想踢中什麼就踢中什麼的超凡球技，或是看著《中華一番》的劉昴星僅 13 歲稚齡，[11] 卻能辨識對手所有搬上檯面的菜式、工法與素材。因為那些都不是重點，只要每個邏輯斷點都有橋板作為連接，只要每片橋板都有足以承重的支撐力，那麼在劇情失去吸引力之前，大家還是會繼續追看下去。

---

10 由於影視、動畫為被動式接受，因此觀眾大多無法在觀賞影片時分心他事。然而，即便改以漫畫、小説進行主動式接受，追問行為所造成情緒中斷、劇情停滯、時間耗損等無形成本，其實依舊沒有太大的不同。

11 日版角色原稱，即「リュウ・マオシン」。或因別字與唸讀問題，臺版多作「劉昴星」。「昴」為中國 28 星宿之一，渡瀨悠宇 1992 年的《夢幻遊戲》堪稱日人參用相關脈絡的近代經典。而谷村新司 1980 年的曲目〈昴〉則呈現日人慣以昴星象徵命運與指引，亦可輔讀原名寓意。（中國則以昴星代指胡人，見岑參，唐，〈輪台歌奉送封大夫出師西征〉。）此外，據傳統一集團 2000 年贊助臺視重新製播該動畫，故眾角色配合產品改名「小當家」及其他。儘管繪聲繪影，卻難得佐證。

也正因為如此，敘事者常會應用前文提及的時空夾縫原理，在情節中提取來自專業領域、經歷背景、環境異變、世代差距等陌生要素。目的在於操作「未知」往「不可知」的觀感質變，構成一組既能防堵提問意識，又能誘導接受者取捨思維的操作手法：

**表 3** 情節引導與觀感操作概念整理表

| | 情節 | 給出與被引導 | |
|---|---|---|---|
| 1. | 那些道具都是未來的東西，都超越現在的科技兩百年。 | 敘事方 | 接受方 |
| | | 那不是你能理解的 | 的確不是我能理解的 |
| 2. | 聖衣都是神話時代的器物，聖徒都是領悟小宇宙的人。 | 敘事方 | 接受方 |
| | | 那不是你能掌握的 | 的確不是我能掌握的 |
| 3. | 工藤新一曾是足球隊王牌，曾經有職業球隊前來邀約。 | 敘事方 | 接受方 |
| | | 那不是你能體會的 | 的確不是我能體會的 |
| 4. | 劉昴星是料理仙女的兒子，從小跟著媽媽在廚房玩耍。 | 敘事方 | 接受方 |
| | | 那不是你能參與的 | 的確不是我能參與的 |
| 結論 | 敘事方 | 所以我就不細說了，先演正事了！ | |
| | 接受方 | 嗯，別細說了，你趕快演下去吧！ | |

表格來源：作者整理

另一方面，除了排除追問的處理方式，擷用常識認知的邏輯製造手法，則能引導接受者把「已知」當作跨越「未知」的橋板。在《超人》的例子中，儘管「外星世界」是種能夠大幅拉展時空夾縫的優勢設定，但面對「超人為什麼可以舉起大樓？」、「超人為什麼刀槍不入？」等來自物理、生物面向的常識提問，「因為他是外星人」的敘事橋板顯然沒有足夠的承重力。於是，敘事者額外導入了重力法則、輻射原理、恆星級距等多種實際存在的理序：

1. 超人母星（氪星）的重力遠高於地球，所以該星球的人種生來便擁有更勝於地球人的肉體強度。[12]

2. 氪星人因為具有吸收太陽輻射的體質，所以一旦來到「黃色太陽」照耀的地球，便能蓄發出極為強勁的能量。

這樣一來，便能給予接受者訂做般的專屬邏輯，既滿足了順利閱聽故事的需求，也不至於開啟「氪星人的輻射吸收原理」、「重力落差的其他影響」、「恆星壽命與質量的比率」等過於細瑣的追問。

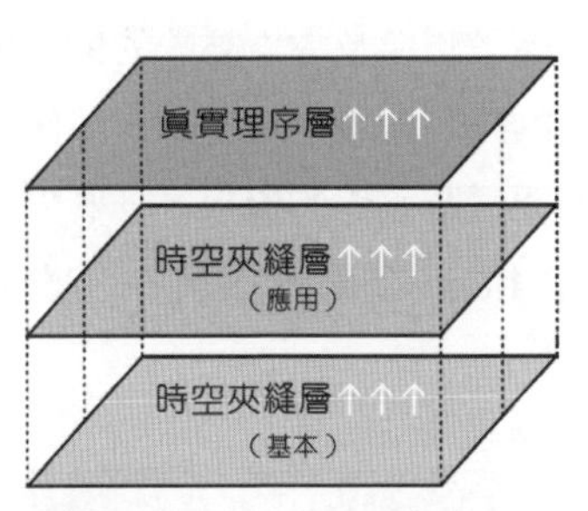


圖2 敘事橋板與層次關係概念示意圖（圖片來源：作者繪製）

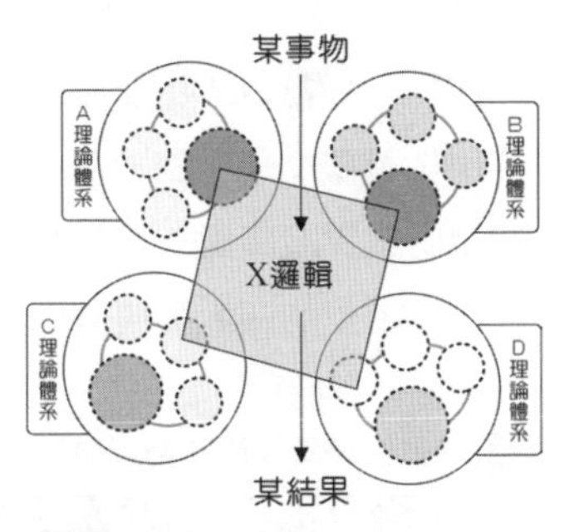


圖3 邏輯製造與說法建構概念示意圖（圖片來源：作者繪製）

總括來說，從敘事端的角度著眼，一組足以連接 A、B 兩點的橋板，至少包括了基本時空夾縫層、應用時空夾縫層與真實理序層等三種承重向度。[13] 也因為第一支撐力大多使用於故事的背景設定，所以第二支撐力便時常成為角色、物件等細節的處理手法，或依據實際敘事需要，以第三支撐力來黏著彼此搭配的比率，完成整體邏輯質量的強化。而在接受者方面，由於閱聽大眾用來檢驗敘事

12 以概念而言，如果氪星的重力是地球的 50 倍，那麼能在該星球抬起 50 公斤重物的一般人，到了地球便能自由移動 250 公斤的重物。

13 以下分別以第一支撐力至第三支撐力簡稱之。

邏輯的標準其實充滿了目的性與公約性，[14]因此儘管每片橋板都代表了一組運行不悖的獨立邏輯，但這類動輒穿截多種體系、維繫在不同領域之間的訂做理序，卻也往往顯得較為平薄，彷彿未曾探向更深一層的脈絡，僅能止步於說法式的合理。

# 四、在異能與可能之間

## （一）敘事橋板的作品應用：方法、類型與四大名作

作為一種常以「不正常角色」開啟想像及故事趣味的情節化敘事創作，漫畫文學中對於「異能」的設計與設定，多是一部作品最為關鍵的重點及斷點。於是自然需要最為協用的橋板，一般來說，以近代漫畫史的四大經典為例，可以粗分成四種說服讀者的邏輯：[15]

**表 4** 漫畫文學異能設定暨邏輯理序分類整理表

| | 類型 | 說明 |
|---|---|---|
| 1. | 繼承型 | 泛指以常人身分，因血統、遺傳等生物理據而具有異能者。 |
| 2. | 取得型 | 泛指以常人身分，因食用、傳送等外來途徑而具有異能者。 |
| 3. | 異質型 | 泛指不屬於常人身分，因無須服膺常識法則而具有異能者。 |
| 4. | 道具型 | 泛指以常人身分，因持有、操作某特定物件而具有異能者。 |

表格來源：作者整理

14 除了追看故事發展的目的性，由於針對敘事內容進行邏輯檢驗的受眾主要包括主觀邏輯型與客觀邏輯型兩類，因此相當程度上，「能被閱聽大眾認同的敘事邏輯」更猶如一種公約化的門檻。

15 由於就性質而言，「異能」並不同於可因後天鍛鍊而越發掌握、純熟的「技能」，因此以下分類概以「非修練具有，異於常規，能人所不能」作為定義「異能」的分類前提，亦不增列「修練型」為第五項目。

首先，由於「與生俱來」是一種最可能聯想、最不容易駁證與最容易設證的邏輯，因此猶如天生神力一般，許多漫畫文學裡聲名顯赫的異能角色，通常都有一個同等強大甚至更為強大的父親（或母親）。例如《火影忍者》裡的宇智波一族與日向一族，雖然「瞳術」原本只是一種磨練夜視、速視、遠視等強化目力的生體技能，但因為「查克拉」的設定使得故事中除了體術以外的忍技幾乎都只能被解釋成異能，所以無論佐助的寫輪眼或寧次的白眼，顯然都是家族血脈所恩賜給繼承者的瑰寶。相較於此，《航海王》裡因為吃下「惡魔果實」而獲得特殊能力的魯夫等人，便明確屬於取得型的異能擁有者。[16]

另一方面，試圖以物種解釋異能的作法，則可以歸納為強調生體差異的異質型邏輯。例如《七龍珠》裡會因滿月而變身成巨猿的悟空等人，從設定來看，賽亞人在作為非地球物種的同時，其實還揉合了狼人般的非人觀感，形成了更有別於一般常識的存在。事實上，由於《七龍珠》對於地球的描述相對更不真實，因此那個存在著願望實現法則、死者復活法則、次元接合法則的世界觀，自然也就因為混雜了神龍、恐龍、閻王、界王、魔人、獸人、機械人的奇妙平衡，而具備了更多向、更寬廣的時空夾縫，甚至足以巧妙擺脫《超人》使用外星設定時的種種制肘。

道具型是四大理序中較難處理的類屬。由於必須二度考量接受者對於敘事認同的邏輯中斷問題，比起其他三種由內而外的運作機

16 隨著情節敘事的翻變與需求，一旦故事發展趨向轉折，無論異能本質的類型或初始設定，其實都可能出現相當程度的轉換。例如《JOJO 冒險野郎》自 1987 年連載以來，名為「替身」的異能設定以沿承「波紋功」武技的「幽波紋」為起點，一路使用了「與生俱來」、「親屬激發」、「自我覺醒」、「被謎之箭射傷後生還」、「經過神秘地帶」等多樣化的邏輯橋板，甚至還包括「被自我覺醒的異能者給植入異能」的複層次手法，說明了表中四項分類的存在、連結和移動。

制，[17]道具型異能在給予角色特殊能力的同時，還需額外建構一組物品之所以和異能互為表裡的原因。否則不僅不足以鞏固道具作為異能樞紐的立場，一旦結合系列化的操作策略，也將難以深化異能道具之間的內在張力，只能單純仰賴角色的人際糾葛來推導衝突。

90年代以來，漫畫文學對於道具型異能的處理大抵可以《魔力小馬》的獸矛為代表。有趣的是，相對於該作品中鍛造者身世、獸矛、主角之間三位一體的關係模式，《寄生獸》這部同樣在1990年面世的經典作品，儘管遙身在青年向的創作領域，卻透過米奇兼具生物性、人格性、道具性的多重特質，映照出了道具型異能可能因其他設定要素而獲得擴充的複合效果。

## （二）敘事橋板的操作實例：舊說、新說與無中生有

談及道具、異能、主角之間的邏輯黏著，1999年由香港玉皇朝集團於推出的《神兵玄奇》系列，是一部完成了長時連載、大量內容、多向轉製等各種記錄的經典作品。由於成功塑造了第一部以奇幻兵刃為主線的港漫作品，《神兵玄奇》的出現不僅為香港漫畫開創了全新的創作進路，在閱讀市場方面，更獲得了接受群眾的廣大迴響，甚至形成了商品化行銷的高度能量，連動了「拆信刀」自實用而賞玩的定位質變。[18]

17 除了血統、物種以外，由於以食用、傳送、給予、契約等外來形式取得的異能，一旦成立便無須再以原始物件為媒介，可被視為一體於角色本身的存在（例如魯夫吃了「惡魔果實」便永久將橡膠能力化為己有），因此同樣屬於由內而外的異能機制，有別於物件本位的道具型異能。

18 事實上，馮志明於1995年推出的《霸刀》，才是真正首開漫畫武器和拆信刀結合概念的港漫作品。然而，由於《霸刀》並未額外展開異能設定或其他足以深化兵器內在的邏輯體系，因此劇中兵器儘管造型相對鮮明，卻未能完整脫離傳統的「配件」概念，使得道具個性終須仰賴角色及武學招式的存在，無論作為商品或行銷元件，質量效應皆有所不足。

作為漫畫史上以道具操作異能設定的超規模案例，如果把福龍漫畫有限公司的《神兵》也列為系列之一，[19] 創刊至今已超過 16 年的《神兵玄奇》，包括本傳、外傳、前傳、續作等琳瑯滿目的類項在內，總計擁有 23 部相關作品，劇情涵蓋五胡十六國至近未來的漫長時間軸：

表 5 《神兵玄奇》系列作品暨期數時間整理表

| | 刊名 | 單元 | 期數 | 時間 |
|---|---|---|---|---|
| 1. | 神兵玄奇 | | 146 | 1999/03~2002/01 |
| 2. | 神兵玄奇 2 | | 100 | 2002/01~2003/12 |
| 3. | | 神農烈山篇 | 2 | 2002/03~2002/04 |
| 4. | | 無上虎魄篇 | 2 | 2002/04~2002/05 |
| 5. | | 天晶琉璃篇 | 4 | 2002/05~2002/07 |
| 6. | 神兵外傳（短篇式） | 噬魂雷刀篇 | 4 | 2002/07~2002/09 |
| 7. | | 太虛天劍篇 | 8 | 2002/10~2003/01 |
| 8. | | 驚邪玄異篇 | 4 | 2003/02~2003/02 |
| 9. | | 十方玄奇篇 | 4 | 2003/06~2003/07 |
| 10. | 神兵 Z | | 3 | 2003/08~2003/09 |
| 11. | 神兵 3 | | 76 | 2003/12~2005/05 |
| 12. | 神兵科幻紀 | 序章 | 4 | 2003/12~2004/01 |
| 13. | 神兵 3.5 | | 35 | 2005/05~2007/07 |
| 14. | | 巔峰終戰篇 | 16 | 2004/03~2004/11 |
| 15. | | 不滅傳說篇 | 24 | 2005/03~2005/09 |
| 16. | 神兵前傳（中篇式） | 亂世英雄篇 | 24 | 2005/09~2006/03 |
| 17. | | 玄天邪帝篇 | 15 | 2006/03~2006/08 |
| 18. | | 萬神之神篇 | 8 | 2006/08~2006/10 |
| 19. | 神兵玄奇 F | 清末篇 | 14 | 2006/11~2007/06 |

19 雖然包括作者邱福龍本人在內，都在刊詞、後記、文案等內容一再以「神兵4」標榜該作品「正統繼承」的定位，但從封面來看，其實只有「*Amazing weapons 4*」的英文書名呈現了本書作帶有續作的性質。

| | 刊名 | 單元 | 期數 | 時間 |
|---|---|---|---|---|
| 20. | 創世神兵 | | 40 | 2007/07~2008/05 |
| 21. | 神兵 4 | | 72 | 2008/02~2009/08 |
| 22. | 神兵玄奇 F | 二戰篇（上） | 10 | 2009/07~2009/12 |
| 23. | 神兵問天 | | 36 | 2013/07~2014/05 |
| | | 合計 | 651 | > 15 年 |

表格來源：作者整理

為了令持有者能夠順理成章地揮灑各式異能，面對如何把特殊能力賦予給道具的問題，黃玉郎帶領文敵、胡家寶、鍾英偉等《神兵玄奇》編劇群，鎖定初代《天子傳奇》之前的時間軸，[20] 援引我國至夏朝為止的神話底蘊，試圖以神能為異能，塑造出屬於女媧、伏羲、神農、軒轅、蚩尤、雷公、大禹的上古神兵。以《神兵玄奇》本傳（1999）為例：

**表 6** 《神兵玄奇》初期天神兵能力與神話對象整理表

| | 兵器名 | 形式 | 創始對象 | 能力 |
|---|---|---|---|---|
| 1. | 天晶 | 子母劍 | 女媧 | 女媧神能護持使用者 |
| 2. | 虎魄 | 雙手刀 | 蚩尤 | 以斬擊吸噬血肉精元 |
| 3. | 太虛 | 巨輪 | 軒轅 | 依使用者正義感強化 |
| 4. | 十方俱滅 | 十字扇 | 伏羲 | 掌握預知與方位生剋 |
| 5. | 神農尺 | 柄尺 | 神農 | 治療傷勢與解除毒疾 |
| 6. | 噬魂 | 三節棍 | 羅剎邪神 | 提取陰氣以強化能力 |

20 《天子傳奇》為玉皇朝集團 1993 年創業作品，以明代章回小說《封神演義》為基底，講述周武王姬發滅殷開周的故事。初期由作家黃易執筆劇情，確認融合武俠、玄幻要素的敘事調性。值得一提的是，執筆本該系列以歷史為軸線，經〈秦皇篇〉、〈流氓天子〉、〈大唐威龍〉、〈如來神掌〉、〈洪武大帝〉、〈三國驕皇〉、〈蒼天霸皇〉迄今，依序已重新構逐周、秦、漢、唐、宋、明、三國、元等八代開國事跡。

| | 兵器名 | 形式 | 創始對象 | 能力 |
|---|---|---|---|---|
| 7. | 天誅 | 九箭弩 | 羅剎黑母 | 光雷冰土火風等九力 |
| 8. | 驚邪 | 叉剪 | 雷公電母 | 操控雷閃電轟聲殛等 |
| 9. | 神舞 | 琵琶 | 女媧 | 聲波攻擊與精神擾亂 |
| 10. | 鳳皇 | 巨斧 | 大禹 | 操控水火與息壤神土 |

表格來源：作者整理

作為故事初期軸心，不難發現，除了「噬魂」、「天誅」來自編劇群原創角色，「十大天神兵」與神話人物之間各自的異能連結，其實多與某種「印象特質」或「形象精神」有關。前者泛指如同刻板印象一般，早先已經存在於大眾常識中的具體元素，例如神農氏作為百草藥祖，其神異威能自然可能傾向「醫治」、「療癒」等關鍵概念；後者則類似以詮釋事蹟內涵的方式形成關鍵概念並運用之，例如以畫八卦、教漁獵、設畜牧的伏羲氏為「先知」、「覺智」的化身，進而發展出五行變位、陰陽相生、啟悟大智、探見未來的異能設計。

完成了上述的第一道邏輯橋板，其次便是接合器物與神話人物之間的關聯。由於表列人物大多並未如同「雷公電母」與「雷叉電剪」一般擁有既成於神話脈絡的聯結，因此，各種「二次創作」自華人共同記憶的「假神話」，便形成了對通人／物關係、建構持／有說法的第二道橋板。以蚩尤、黃帝這組因涿鹿之戰而流傳千古的人物為例，為了使「虎魄」、「太虛」能夠確實融作時空夾縫的一部分，《神兵玄奇》在第 31 期〈太虛的神話〉中提道：

> 天地初開，大地混亂一片，妖魔四出據地殘殺，當中以蚩尤最是怨戾凶暴，侵擾天地祥和。女媧遂派遣黃帝下凡征討。蚩尤悍勇善戰、邪能巨大。黃帝雖聚集八方之力，但多次圍剿仍無法將之消滅，雙方斷續轉戰百年。

蚩尤節節敗退，某夜發現一隻天外異妖，啃食人肉，並能吞皮化骨。蚩尤心知煉製此物必成神兵。不斷以人餵食，最後連親生骨肉亦奉為飼料。異妖噬食萬人後體質開始變硬。蚩尤欲把牠煉成兵器，豈料異妖企圖反噬，戰虎救主心切。及時將牠一口吞掉。但蚩尤唯恐神兵受損，竟無視戰虎忠義，一手將戰虎脊骨連同異妖抽出。異妖與戰骨已融為一體，變成凶器「虎魄」。蚩尤得此神兵，登時信心十足。

仗著虎魄的詭邪神鋒，蚩尤主動挑戰黃帝於涿鹿之地，虐殺百萬民眾，死傷枕藉，血流成河。黃帝終碎兵慘敗，負傷而逃。其後，女媧派九天玄女送來南北精鐵。另附上一幅顯示太虛的版圖，只要能參詳其奧義鑄成兵器，便可抗衡虎魄。

又

殫精竭智，黃帝終有所頭緒，在萬民齊心協助下，把精鐵共治一鼎；熔煉成液。黃帝耗盡心力，日以繼夜不斷打造、削磨。九天玄女見他不實圖逸樂，埋頭苦幹，仁義之心惠及萬民；這高尚偉大的情操，令玄女漸由敬仰轉化為愛慕。皇天不負有心人，黃帝窮盡心血與精力下，「太虛」終鑄煉成功。是時候一試它的鋒芒了。可惜太虛沒有預期中的威力，經過連番撼擊，竟產生裂痕，有形無實。

又

抱著一線希望，黃帝把太虛碎片重投熔鑄。只見玄女解除仙氣躍進鼎中，黃帝始料不及，欲阻已遲。雖身受熔漿的劇痛侵蝕，但玄女卻面泛笑意。為愛而犧牲的努力並沒白費，玄陰之體令鑄煉過程陰陽交泰，「太虛」成形飛升，似在發放玄女的生命光華。

又

宿敵再遇，一正一邪各執神兵展開激戰，鬥得難分勝負，最後虎魄越用越凶，反噬傷主，蚩尤肉身遭邪能反噬成灰，墮

入萬劫不復的九幽深淵。（黃玉郎，1999：4-12）[21]

雖然可以再細分出「神物鑄造」與「神體轉化」兩種不同的橋接理路，[22] 但透過「虎魄」、「太虛」這段具體而微的劇情，不難看出內容陸續包羅魔兵、妖兵、神器，甚至結合了王莽、張三豐等文史人物的《神兵玄奇》系列用來設定故事、開展情節的操作手法。簡單來說，由於神話故事本身已經擁有相當程度的第一支撐力，因此只要善加利用第二支撐力，維持住角色形象、物件氛圍的古幻觀感，便能產生一套近乎模組化的作法，不斷透過「神話二創」或「傳說二創」的方式，有效擴大接受者既有的認同意識，在虛構世界裡實現五鬼搬運般的無中生有。

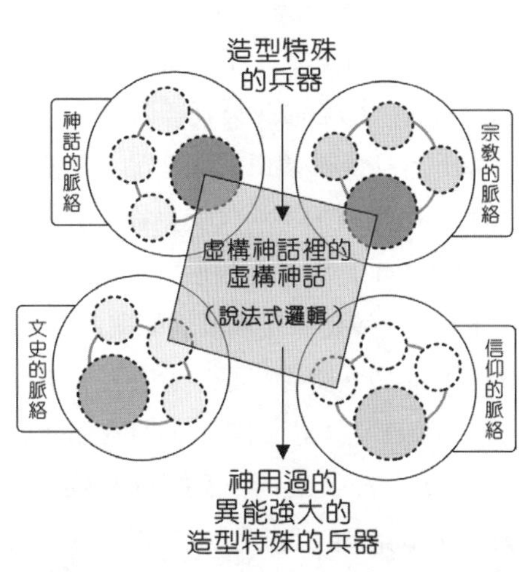


圖 4 《神兵玄奇》暨「無中生有」式邏輯製造與說法建構概念示意圖（圖片來源：作者繪製）

## （三）敘事橋板的操作實例：實事、實物與取有生無

自 90 年代至今，以《魔力小馬》為分歧，漫畫文學一般涉及道具型異能的處理方式，主要可以分成三種不同的邏輯：

---

21 黃玉郎，1999 年 10 月，《神兵玄奇》。香港：玉皇朝出版集團，頁 4~12。

22 例如「神農尺」是神農氏以九地玄玉浸煉千蟲千藥而製成；「十方俱滅」是原始天尊坐騎・龍馬被雷公電母砍落四體後，由伏羲救其純陽內丹，再搭配自身純陰內丹以融鑄殘落四肢而成；「神舞」是由女媧臂上血肉化作靈龍，再以靈龍於人間歿化的神木製成等等。

**表 5** 道具型異能邏輯表

| | 類型 | 說明 | 例作 |
|---|---|---|---|
| 1. | 異器類 | 持有者本身未有異能，因道具而得以使用。 | 《魔力小馬》 |
| 2. | 法寶類 | 持有者本身已有異能，因道具而施以增幅。 | 《GS 美神》 |
| 3. | 生物類 | 異能以外，道具自有意志、人格或人形者。 | 《武器種族傳說》 |

表格來源：作者整理

不難發現，無論《刀劍亂舞》、《艦娘》等作品是否應該基於「實物擬人」意識的疊用而另作他類論述，在近年風行且知名的動漫作品中，已越發少見純粹著眼於「異器」的異能邏輯。非但如此，綜觀當代少年漫畫的代表作品，在《航海王》、《火影忍者》、《死神》（BLEACH）、《美食獵人》、《銀魂》、《進擊的巨人》、《魔導少年》等多部故事中，大抵只有《死神》中的「斬魄刀」與「卍解」，算是真正觸及異能與道具設定的處理。儘管，「斬魄刀」的運作本質，更像是種中介在法寶與生物之間的存在。

相較於《神兵玄奇》為期十數年的浩瀚，集英社漫畫家田畠裕基的 *Hungry Joker* 無疑是部微不足道的小品。總計 24 話、發行集數 3 冊的篇幅，以日式少年漫畫的「大章回認知」而言，[23] 自然也

---

**23** 以集英社和《少年 JUMP》週刊為例，由於日本漫畫採取以漫畫家搭配助手的工作室創作制，有別於港式漫畫以公司概念進行部門化運作的生產線製作形態，因此在出版社與責任編輯的把關之下，不僅能夠更加個別化、特性化地塑造作者的個人調性及風格，對於讀者反應及市場風向的扣合及應對也就相對更為機動。換言之，自 1980 年代迄今，《七龍珠》（1984-1995）、《城市獵人》（1985-1991）、《聖鬥士星矢》（1985-1990）、《灌籃高手》（1990-1996）、《航海王》（1997- 連載中）、《火影忍者》（1999-2015）、《死神》（2001- 連載中）、《死亡筆記本》（2003-2006）等世人耳熟能詳的暢銷／經典作品，其實都是一種創意複合策略化經營的

說明了創作者在故事或敘事的經營上似乎仍有不足。[24] 但，如果回歸到題材再興與技法傳承的視角，這部在 2011 年《少年 JUMP》的「金未來盃」新銳創作賽事中取得優勝的「異器類故事」，卻儼然是個觀察當代漫畫家如何設用道具型異能的有趣指標。事實上，如果以異能設定和接受者邏輯的引導來看，*Hungry Joker* 中各種不同於「假神話」的「真象徵」手法，確實有它值得玩味的妙處。

作為一部核心於道具設定的異能故事，*Hungry Joker* 並未採用「往虛構衍生虛構」的敘事橋板，反而改以實際存在的事物為對象，嘗試以某種手法進行想像式的補白。換言之，敘事者選擇介紹一段見山不是山的說服過程給接受大眾。一如針對身世、經歷都載錄分明的人物加諸奇幻元素，可以想見，該如何在已知和顛覆之間取出可用的興味頻率，勢必影響著所能獲得的認同成果，取決於敘事者調用橋板層次的能力。尤其，當作品以「科學理論」為題材時，更猶如一次以想像演繹真實的挑戰：

> 科學，將不可能化為可能，不斷使世界發生變革，是人類創造出的智慧結晶、最強的武器。

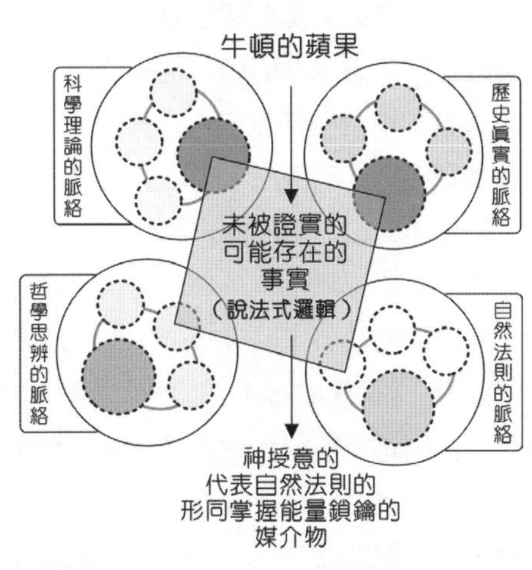


圖 5 《Hungry Joker》暨「取有生無」式邏輯製造與說法建構概念示意圖（圖片來源：作者繪製）

---

結果。也正因為如此，如果一部作品無法越過某種程度的時間門檻，通常代表了多重意義上的並不成功。

**24** 該作者現於《少年 JUMP》週刊連載《黑色草五葉草》（2015 年 2 月起）。已發行兩冊單行本。

但是那些……或許也只不過是將偉大的「神的知識」中微不足道的細枝末節中的一部分加以引導出來的產物罷了——。（田畠裕基，2013：1）

為了解決本質上的不相容，敘事者回到客觀研究與主觀想像都必然會經過的 Y 字路口，找出了比科學、定義、常識都更為初始的認知錨點。在名為「假設」的概念之下，不僅發想與妄想、揣摩與杜撰往往只有一線之隔，所謂的「已知」與「未知」、「虛構」或「真實」，自然也就可能互為表裡，不會只是兩組沒有交集的平行線。一如發明顯微鏡以前，人類其實無法覺察高倍率世界下的一切，從這個角度來看，所謂的「存在」與「不存在」、「合理」與「不合理」，其實更像是種視界極限的內外拉扯，沒有任何一方能夠透過駁反另一方來證明或否定些什麼。於是，一面誘導讀者反思科學與事實、事實與真實、真實與現實之間的從屬邏輯，*Hungry Joker* 透過存在辨證的手法，巧妙開出了時空夾縫的橋板支撐力，[25] 跨過了科學與科幻之間的第一道鴻溝。

假設科學只是一系列窺看巨大真實的窗扉，那麼理論便是形成這些窗扉的骨架；假設所謂「巨大的真實」猶如一股堪比自然造化的能量，那麼每一組足以開成視野的理論，自然形同一把把抽象化、法則化、特定化的能量鑰匙。換言之，如果科學家與理論之間的關係其實並非來自發現或建構，而是因為被各種媒介給挑選、召喚去發現鑰匙的存在，那麼每一個促成了理論問世的關鍵物品，或許也就不只是種名義上的象徵，而可能承載著人所未知的任務與意

25 由於眼見為憑、實證本位的思維模式一旦鬆動，便能為超現實與現實世界的共存備妥立基，因此以「這個世界上，存在著人類肉眼所無法辨識的黑暗一族。他們時時等待機會，摩拳擦掌準備襲向無知的人類。」這段《靈異教師神眉》的開場白為代表，利用存在辨證開出時空夾縫的手法，一般其實更常見於妖異主題的故事設定。

志。例如，如果牛頓之所以體悟重力，其實不是因為意外般的巧合，而是因為那顆蘋果本就作為一種形象化的象徵，承載著造物主期待子民追求真理的意志，所以才代表了重力法則的能量鑰匙，召喚人類摸索著「某一部分的真實」；那麼不僅世上所有自然系的科學理論都能獲得詮釋的框架，每一個曾經領航過人類文明的關鍵物品，無疑還存在著另一種「媒介」意義，可以被應用成掌握鑰匙、提取能量的必要道具。

可惜的是，雖然 *Hungry Joker* 成功地在虛、實之間疊出了七種「象徵」意義的絕妙平衡，[26] 卻因為素材挑選和處理手法的粗糙，反而打亂了初始設定、情節設計、敘事重點、演出節奏、角色功能、強弱比例、對架邏輯等結構平衡：

**表 7**　《Hungry Joker》媒介道具與對架對象、異能整理表

| | 媒介道具 | 異能 | 對架對象 | 登場 | |
|---|---|---|---|---|---|
| 1. | 蘋果 | 重力 | 牛頓 | 理論提出 | 第 1 回 |
| 2. | 豌豆 | 基因 | 孟德爾 | 理論提出 | 第 3 回 |
| 3. | 鐵錘 | 聲波 | 畢達哥拉斯 | 理論提出 | 第 5 回 |
| 4. | 琥珀 | 電 | 泰勒斯 | 現象發現 | 第 8 回 |
| 5. | 紅寶石 | 金屬 | 蘇美文明 | 技術發明 | 第 11 回 |
| 6. | 鳥喙 | 毒液 | 苦拉雷毒 | 毒劑名稱 | 第 13 回 |
| 7. | 泵浦 | 霧 | 未交代 | | 第 14 回 |
| 8. | 顏料 | 血液 | 蘭德施泰納 | 理論提出 | 第 18 回 |
| 9. | 螢光紙 | X 光 | 倫琴 | 理論提出 | 第 18 回 |
| 10. | 未交代 | 磁力 | 未交代 | | 第 22 回 |
| 11. | | 冰 | | | |
| 12. | | 爆炸 | | | |
| 13. | 種子 | 進化 | 達爾文 | 理論提出 | 第 23 回 |
| 14. | 伊甸智慧果 | 全知全能 | 神 | 第 24 回 | |

**表格來源：作者整理**

---

26　即：鑰匙存在的象徵、自然法則的象徵、理論體系象徵、科學軌跡象徵、造物主意志的象徵、造化能量的象徵、特殊能力的象徵。

事實上，自從「孟德爾的豌豆」在第 3 回登場以後，敘事者原本設定在媒介道具與對架對象之間的「召喚」概念便再也不曾有所演繹。直到「泰勒斯的琥珀」出現，真實人名作為理論提出者的定位儼然有所質變，被現象發現者的意義給取而代之。尤其「蘇美的紅寶石」與「苦拉雷毒的鳥喙」更是直接破壞了道具、名人、能力、自然法則之間的象徵聯結模式，到了這個階段，不僅真實、理論、科學、異能之間不再擁有接通理序的層次轉折，起初以科學為窗扉，將科學家形象予以重塑的意義和趣味也幾乎蕩然無存。[27]

如果把真實世界稱為第一現實，把故事裡的現實世界稱為第二現實；如果幻想故事其中一種迷人的魅力在於第一現實與第二現實的有所交融，那麼對 *Hungry Joker* 來說，作為閱聽大眾相對熟悉的真實存在，牛頓、孟德爾、畢達哥拉斯等人，其實才是真正連起兩種現實，令存在辨證能進一步拉展出時空夾縫、在「假設」間完成虛實交錯的敘事關鍵。一如金庸小說利用大量歷史人物穿梭著武林江湖與古代中國的縫合，*Hungry Joker* 在未能善用真實人物的狀況之下，隨著每個科學家只在道具登場的少量畫格裡被簡單交代生平資料，非但可被交付想像的趣味蘊藉將逐漸乏善可陳，在接受者眼中，各種異能作為科學表裡要素的核心橋板，也終究就只能一再削薄、弱化成穿鑿附會的俗套。試想：

1. 如果故事能夠妥善整理每一組常見於國、高中數理、自然學科的理論，並結合「神的知識」、「巨大的真實」等設定基調，重新詮釋科學家發現「新知」的歷程，在劇情中交錯應用旁白畫格、人物對話等不同形式加以表現？
2. 如果每組理論、道具的關係能再透過時代、國境、屬性等

---

**27** 相較於科學本位思維下，以科學家作為人智先驅、知識拓荒者的觀念，在試圖顛覆實證主義的 *Hungry Joker* 裡，科學家的定位與形成，其實更像是種被受造物者意志所驅使，所以才在冥冥之中就位於任務，為人類披露出「真實」樣貌的存在。

各種既有的分梳軸線，進一步形成脈絡化、層級化、強弱化、功能化的異能系統，藉以接合陣營化、戰術化、策略化、目的化的章節及劇情設計？

3. 如果能夠應用類似「七武海」、「十二黃金聖鬥士」的理序手法，在故事前期提早確立「神」與「神的道具」的存在，而非濫用「神」的名號，導致人與神、主角群與敵方勢力之間如同《龍狼傳》一般的強弱定義及失序問題？[28]
4. 如果「伊甸智慧果」與「牛頓黑蘋果」的重合伏筆，能夠應用道具既有的造型設計，在情節中置入縫紋消褪或顏色趨亮的變化懸念，而非只以力量強化作為每場戰鬥之後的所謂獲得及提升？

由於擁有相對嚴謹的邏輯發想及初始設定，無論加諸前述任何一項修正意識，對於不忘以「神選之人」、「基因操作」分別為正、反勢力搭建敘事橋板的 *Hungry Joker* 而言，自然更有機會善用作品既有的框架優勢，協助敘事者喚起閱聽人更深入、更續航的興趣動機及接受認同。事實證明，相較於《神兵玄奇》系列無中生有的「假神話」手法，試圖以「真象徵」實現取有生無的操作方式，雖然極有機會催化立竿見影的想像說服與虛實趣味；但橫跨兩類現實的敘事技巧卻顯然更難駕馭，甚至可能因為共生策略的搭配失衡，導致邏輯橋板之間的連鎖斷裂，令作品陷入支絀洞開的窘境。

---

**28** 以關羽為例，雖然屬於《三國演義》中僅次於呂布等級的武將，卻因為在《龍狼傳》的初期就登場戰鬥，因此形成與中、後期登場的「強敵」之間有所矛盾，難以協調史實戰績與敵將強化之間的平衡。

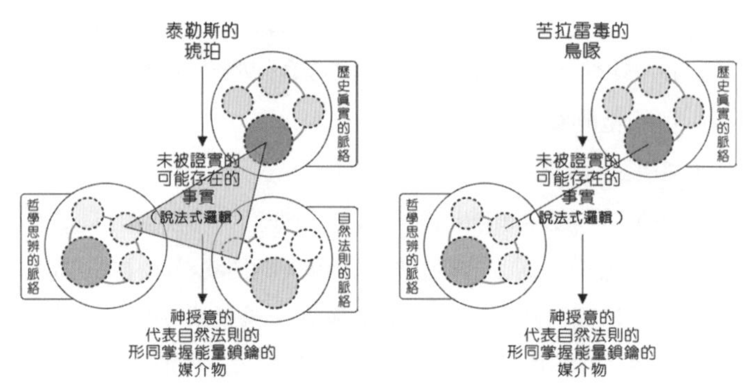


圖7 《Hungry Joker》中後期邏輯製造與說法建構概念示意圖
（圖片來源：作者繪製）

## 五、結語：在似有與若無之間

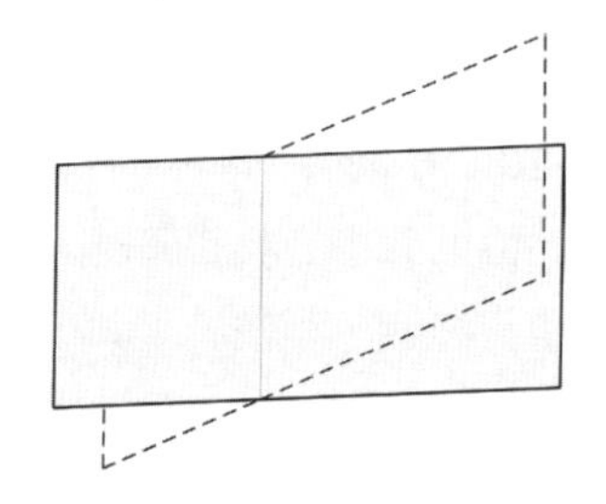

圖8 敘事橋板與常識邏輯關係暨接受影響概念示意圖（圖片來源：作者繪製）

回到本文最初的整理，不難發現，面對交錯在故事設定與邏輯接受之間的種種問題，所謂「敘事橋板」的搭建與調用，其實只是一個基礎化的工作。該怎麼更全面地穩固故事中每一道「敘事橋板」的存在，從而建構一組足以抗衡接受者檢驗的完整體系，或許更是個將作品也視為「敘事橋板」的大哉問，形同以內容為媒介，引導接受者從已經理解的此岸前往從來不曾想過的彼岸。例如透過漫畫、小說、電影的呈現，令接受者在閱聽過程中蛻變成願意隨著劇情一同喜怒哀樂的那個自己，平心而論，不管科幻、魔幻、奇幻或社會寫實，要說服閱聽人認同些什麼，要促使他們關注、喜愛或著迷些什麼，其實並不容易。

由於任何作品都無法逃離來自常識與生活的檢驗，如果不能理清旁觀者可能存疑的部分，自然不可能藉由厚實而深入的接受經驗去引導他們感同身受。這樣一來，自然也就召喚不了深遠而綿長的群眾共鳴，遑論在共鳴的基礎上，往創作、產業、文化等多個面向操作更進一步的說服。換言之，如果希望敘事情節、故事內容與創作內涵能夠獲得關切及認同，唯一可行的作法，便是正視正常與非常、人性與理性之間的平衡，才可能促成必要元素的重合，以「作品」為最終極的「敘事橋板」，打造一道不僅擁有三種內在支撐力，更具有整體融著力的穩固對架。例如無論發生在正常或不正常世界的故事，終須回歸世所共知、人所共感的常識及常理基準；也唯有如此，才能在不接往外圍岔路、不歧出陌生感與疏離感的情況下，如同所有曾令世人趨之若鶩的經典作品一般，把異能、奇遇、驚變、名器等各式各樣的精彩介紹給接受大眾，為彼此共同找到縱橫想像世界的強大理由。

# 參考文獻

## 中文


小川悅司，1996-1999，《中華一番》。臺北：東立，全 17 冊。

山原義人，1994-2007，《龍狼傳》。臺北：東立，全 33 冊。

田畠裕基，2013，《Hungry Joker》。臺北：東立，頁 1。

尾田榮一郎，2003 迄今，《航海王》。臺北：東立，全 78 冊。

車田正美，1993-1994，《聖鬥士星矢》。臺北：大然，全 28 冊。

岩明均，2014，《寄生獸》。臺北：東立，再版，全 10 冊。

岸本齊史，2000-2015，《火影忍者》。臺北：東立，全 72 冊。

空知英秋，2005 迄今，《銀魂》。臺北：東立，59 冊。

青山剛昌，2007 迄今，《名偵探柯南》。臺北：青文，全 85 冊。

柳田理科雄，2003 迄今，《空想科學讀本》。臺北：遠流，9 冊。

格林兄弟，2013，《精選格林童話》。臺北：臺灣商務印書館。

真倉翔（作）岡野剛（畫），1996-2000，《靈異教師神眉》。臺北：東立，全 33 冊。

荒木飛呂彥，2004 迄今，《JOJO 的奇妙冒險》。臺北：東立，113 冊。

高橋留美子，2004-2009，《犬夜叉》。臺北：青文，全 56 冊。

樫義博，1992-1995，《幽遊白書》。臺北：東立，全 15 冊。

基普·索恩，2015，《星際效應：電影幕後的科學事實、推測與想像》。臺北：漫遊者文化。

鳥山明，1992-1995，《七龍珠》。臺北：東立，42 冊。

渡瀨悠宇，2004，《夢幻遊戲》。臺北：尖端，再版，全 17 冊。

馮志明，1997-2000，《霸刀》。臺北：東立，24 冊（港版出版至 2011 年 5 月完結，全 800 期）。

黃玉郎，1993 迄今，《天子傳奇》全系列。香港：玉皇朝，917 期。

——，1999 迄今，《神兵玄奇》全系列。香港：玉皇朝，651 期。

雷句誠，2002-2008，《魔法少年賈修》。臺北：青文，全 33 冊。

諫山創，2011 迄今，《進擊的巨人》。臺北：東立，16 冊。

羅貫中（明），2004，《三國演義》。臺北：聯經。

藤子·F·不二雄，2002，《哆啦 A 夢》。吉林：吉林美術，再版，全 45 冊。

藤田和日郎，1992-1998，《魔力小馬》。臺北：大然，全 33 冊。

## 網路

《全唐詩》，中國哲學書電子化計畫，取自 http://ctext.org/text.pl?node=143519&if=gb）。

Box Office Mojo：〈2014 年全球票房統計排行榜〉（http://www.boxofficemojo.com/yearly/chart/?view2=worldwide&yr=2014）。

## 其他

谷村新司，2003，〈谷村新司全曲集〉，臺北：朝陽唱片，TCD-9264。

李察．唐納，1978，《超人》，臺北：富翔文化。

李察．萊斯特，1980，《超人 2》，臺北：富翔文化。

李察．萊斯特，1983，《超人 3》，臺北：富翔文化。

辛尼．富瑞，1987，《超人 4》，臺北：富翔文化。

布萊恩．辛格，2009，《超人再起》，臺北：得利影視。

查克．史奈德，2013，《超人：鋼鐵英雄》，臺北：得利影視。

克里斯多福．諾蘭，2015，《星際效應》，臺北：得利影視。

# 日本妖怪文化與地方都市傳說對動漫角色創作影響之研究
## ——以角色「妖狐」為例

王文劭
曾鈺涓

## 一、緒論

### （一）研究動機與目的

動漫畫的故事種類多元，神怪角色有其歷史與吸引人之處。動漫畫最大的特性在於其可塑造性，依照作者的詮釋方式，可以任意改變形象、性格、外表等特徵；因此依據不同地區的傳統文化跟不同作家詮釋的方式，同樣的一個神怪角色可能有不同的呈現風格。

日本對於神怪角色的塑造與熱愛，長久下來已經成為他們的一種地方文化，並且也有相當多的深入研究。本研究要探討的重點如下：

1. 歸納日本傳統妖怪文化在動畫中的應用。
2. 以妖狐為主題的動畫中，特色差異性與呈現方式。
3. 分析妖狐角色在設計上的設定方式與存在形式。

### （二）研究方法

本研究著重在分析神怪文化跟動漫畫角色之間的關係，以日本傳統神怪文化與現代都市傳說作為角色的動漫畫為主，從中探討角色在漫畫中存在的形式以及其在作品中扮演的角色與傳達的意涵，以「妖狐」作為研究對象，並挑選具代表性之作品《靈異教師神眉》（地獄先生ぬ～べ～）、《幽遊白書》（幽☆遊☆白書，ゆうゆう

はくしょ）、《火隱忍者》（NARUTO - ナルト -）、《神奇寶貝》（ポケットモンスター）、《デジタルモンスター》、《航海王》（ワンピース），以「歸納法」與「比較法」分析討論「妖狐」在動漫中的存在形式，以及其在作品中扮演的角色與傳達的意涵，以理解「妖狐」在不同漫畫家的概念中，是否有其固定的設計方式，以及與民間傳說故事原型之異同，並分析推論出日本神怪角色設計在動漫畫中的特色差異與成功要素。

# 二、文獻探討

## （一）名詞解釋

### 1. 妖怪學

妖怪學雖然並不屬於一門真正的學科，但已是一門有系統的學說。井上圓了（1970）在《妖怪學講義》中提出妖怪學可分類為三種方法：(1) 心理學之應用；(2) 諸學之變式變態學；(3) 社會人類諸學中之一科。之後，井上圓了完成六大卷《妖怪學講義》，妖怪學成為顯學。柳田國男（1875-1962）將民間風俗研究引入大學課程，在田野調查中，將遠野盆地的山神、天狗、河童、雪女等傳說寫成《遠野物語》，隨後擴大範圍蒐集全國妖怪，寫成《妖怪談義》，將妖怪與幽靈做了明確的劃分（張草，2005）。

### 2. 百鬼夜行

百鬼夜行（ひゃっきやこう）是流傳於日本民間傳說，夏日夜晚的妖怪大遊行。據說日本的平安時代，是一個幽暗未明，人類和妖怪共存的時代，妖怪與人類的居住空間重疊，人類在白天活動，妖怪們則於晚間出現。在京都，當夜晚來臨，整條路空無一人，此時會出現許多奇形怪狀的妖怪，像是廟會行列般走在大路上，帶著猙獰面孔，人稱「百鬼夜行」，有的像破碎茶壺、鍋碗瓢盆成群結隊地在夜晚的街道遊行，據說親眼目睹的人會遭受詛咒喪命（孔領昊，2012）。

許多人認為這是付喪神[1]的傑作，此傳說於室町時代漸漸形成。源於當時海外貿易興盛，從大陸運來的手工飾品充斥，人們開始不懂得珍惜物品，而開始了「百鬼夜行」傳說，以警惕人們要珍惜物品。然而，付喪神雖然在流傳初始，讓人們感到無比恐懼，但不久後，人們卻將付喪神當作是一種消遣用的材料，大大地降低原有令人敬畏不已的神秘感（真倉翔，1993）。

### 3. 都市傳說

「都市傳說」從字面上的意思係指都市中的傳說。例如網路上流傳的故事、生活偏方等，都可以被視為「都市傳說」。然而，「都市傳說」的構造與古代鄉間的流言及傳聞的構造相當類似，只因傳聞發生於都市，或傳遞流言的人居於都市，因而那些流言被稱為「都市傳說」。在日本，古代鄉間的傳聞或是流言叫作「世間話」（せけん ばなし）。其功能是當村子發生異常怪現象時，世間話可以將這些異常現象，解釋成一種村民都能接受的現象，以達安撫人心的效果。例如 塚ひろみ（1975）於《昔話傳說研究》發表指出，日本富山縣的某個村莊中，有村人在上山採蕨時因不明原因死亡，村人便解釋成：此人可能是上山時被狐狸的法術捉弄而死。以「世間話」解釋死亡事件，也是村民以既有的知識避開災禍，得以安心過日子。古時候的農村、漁村、山村等村落都是封閉的地區。對村民而言，村外世界是一種異界，以動漫畫說法即是「異次元」，異次元中有許多村人無法理解的事物，當異次元的有害事物入侵村子時，世間話就是抵擋這些有害事物的工具。

當小村落發展成大都市後，人類的生活空間大幅擴張。都市是一種經過嚴密設計的均質生活空間，大家依照都市中既定的繁鎖規

1 由物品所變成的妖怪。

矩行事。住在都市的人幾乎沒有機會接觸到異界。依照上述世間話的原理，在此均質空間中，應該沒有生成世間話的必要。然而，日本的次文化評論家大塚英志（1989）發表〈噂論—物語的生成〉一文指出，在極度安定的都市空間中，多少會有人對過度均質化的環境感到不自在而反彈。當人們被都市中的種種大小規則壓得喘不過氣，而且又沒有門路逃到異次元時，人們就會自己造出新的「異界」，而都市傳說是一種新的異界。民俗社會中的世間話，是為了排除異物求取安定而產生，都市空間中，都市傳說繼承了民俗社會的世間話功能，在過度安定的均質環境中，創造出的新異物（Heppoko，2009）。

## （二）妖怪研究

妖怪跟人類的思想知識關係是密不可分的，妖怪是把無法解釋、不可思議的事情，將之形象化後使之合理。因此人類的知識水平與思考型態，都會影響妖怪故事生成的原因與形象塑造。

漢初《山海經》記載天下物產、異族（如長臂國、小人國）、異獸（如巴蛇、人魚）、異物（如鳴石、貳負神）等等（張草，2005）。晉朝干寶[2]於《搜神記卷六》中定義妖怪一詞：「妖怪者，蓋精氣之依物者也。氣亂於中，物變於外。形神氣脺，表裏之用也。本於五行，通於五事。雖消息升降，化動萬端。其於休咎之徵，皆可得域而論矣」（張草，2005）。干寶以五行論[3]說明妖怪的出現與意義，並且說明妖怪具有「變化」的特徵，此不可思議的變化包括人、物變幻。其後《太平廣記》、《西遊記》、《聊齋》等志怪小說；清朝鬼怪筆記，如袁枚《子不語》、紀昀《閱微草堂筆記》，

---

2 干寶，字令升，晉朝河南新蔡人。元晉朝史官。其著作《搜神記》乃中國有名之志怪小說，對後世的志怪小說皆有深遠影響

3 五行，指金、木、水、火、土。

也對妖怪做了些討論（張草，2005）。

日本則有井上圓了《妖怪學講義》認為，妖怪學最早可探究到太古時代。當時人類處於無知時期，對自然現象產生畏懼感，之後，開始探究萬象背後的成因，賦予萬象存在的意義，因此產生宗教，想像神妖的存在，解釋內心的疑問並作為精神的依歸，而是百科諸學發展的開始（楊佳慈，2009）。脫離太古時代後，是人類無思無慮的時代，人類開始思想發達時期。井上圓了《妖怪學講義》分析並製作了妖怪全表。並將妖怪歷史分為三個時期：第一時期感覺時代（智力之下級）、第二時期想像時代、第三時期推理時代（智力之高等）（楊佳慈，2009）。

第一時期：感覺時代，一切事情都是由有形的道理證明。當時的人還不能想像到無形的事物，縱使知道有無形的，都當作有形的來想像。而隨著時代漸進，也開始想像鬼神，也認為鬼神是有形體的。第二時期：想像時期，原本人們一開始只認知世界上有形的存在，就算有無法理解的事物也都當做有形的去解釋之，但之後終於發現有形的事情無法解釋所有的事，便開始想像無形的存在，並利用想像去解釋無形的東西，而此時的妖怪則是關於神鬼說。隨著人類的智商愈發達而推理能力也愈完全，開始對於想像等論說有不能滿足的感覺，於是到了所謂的第三時期：推理時代。主要是為確實推理，以學術、客觀的方法來推理不管是有形或無形的存在，尋求各種事情的合理解釋，而如此累積下來客觀的論點便成為學問，而再以學問解釋之前二個時期所認定的妖怪現象（楊佳慈，2009）。

依井上圓了的觀點，人類在初始透過體感了解世界，進而透過精神去想像世界，最後才以知識理解世界。此三者並非線性存在，而是不斷地累加擴展，第三時期除了以體感觀察世界，也用想像再加上知識理解世界。

另外日本學者江馬務在《日本妖怪變化史》（1923）一書中，則把日本妖怪的演化階段分為五個時期。佛教傳入前的第一、二時期，和井上圓了的感覺時期是類似的，均從有形之物探討起。因此，不思議的事形成妖怪，但並無此種無形體的幽靈妖怪。佛教傳入後，如同井上圓了的想像世代，開始有了死後「虛」的世界，並且幽靈出現，輪迴觀念加上想像，妖怪的變化越來越多。第五個時期為推理時期，以知識破除了妖怪存在的疑惑，妖怪減少了。第五個時期之後，妖怪並未消失，雖少有新的妖怪出現，但仍有以傳統妖怪當作題材的作品。雖然妖怪沒落了，幽靈依然盛行，可能因幽靈為人死後的存在狀態，無法以科學解釋，並與宗教有密切相關，所以仍存留著，於是都市傳說登場了（楊佳慈，2009）。

都市興起，自然環境重度開發，人類與自然的關係愈來愈薄弱，科學發達導致妖怪傳說越來越少，人類的恐懼，從自然轉為對人類本身，小松和彥認為「很快地，現代人與自然斷絕的關係，因此可以說是喪失了對自然的恐懼心。」在現代的都市空間中，能讓人類產生恐懼感的也只有人類了。如果可以窺探現代人內心的話，一定是被對人類的恐懼感所襲捲著吧。（朱珍儀，2007） 幽靈係指人死後的存在狀態，因此幽靈成為都市怪談的主流，也因為人類對「死亡」的恐懼，新的傳說開始流傳。故事發生地點通常都與死亡、或造成恐懼的原因有關，例如墓場、深山、深夜的暗巷、封閉的空間等等。而之後的新都市傳說中的鬼怪更是以高科技作為媒介傳播著。銀色快手（2007）認為「都市傳說」的特性是短期大範圍散布，內容圍繞都市生活，或多或少反映現實經驗故事。

### （三）妖狐研究

妖狐亦稱狐仙、狐妖、狐狸精，是一種由狐狸修練成的妖精。在中國神話中，妖狐是狐狸透過修煉、高人指點或吸收日月精華而化為人形的妖精。中國與日本均有許多關於妖狐的傳說，包括妖狐會吐狐火與變身，幻化成美麗的女子，引誘男人，因此，貌美有魅力，會誘惑男人的女子稱為「狐狸精」。

### 1. 中國與日本的妖狐傳說

中國神話故事中，居於塗山的塗山氏是妖狐氏族，其最有名的是大禹的妻子女嬌，也是夏朝第一代君主啟的母親。民間信仰裡，狐仙（狐狸）為「五大仙」[4]之一（開運命理大仙，2008）。神話中，狐狸透過修煉、高人指點或吸收日月精華或人氣，化身成為人形，最終達至不死之身。狐妖多變為美女，以勾引壯丁或少女。在中國北方則有狐仙信仰，以乞求狐仙保祐食物年年不斷。民間也多有狐仙下凡的說法，即指七竅全開之人被狐仙附身後，可預測凶吉，除妖滅鬼（李壽菊，1995）。

日本人認為，狐狸會吃掉破壞田產的田鼠和老鼠，因此「稻荷神」供奉狐狸，主管豐收，形象為白色的狐，會變成各種形態，時以女人、時以男人。日本佛教中將牠們視為稻荷神或荼吉尼天的使者，[5]直至現代仍有神社供奉。日本民間故事中，不管是狐狸還是狸貓，只要將葉子戴在自己頭上，就可以任意改變形體。現今日本流行文化中的動畫、漫畫、輕小說和電玩遊戲裡，也常出現法力高深或是具有多尾的狐狸。萌文化中，狐仙常被塑造成身穿巫女服，個性富有好奇心或較內向的獸人蘿莉。

### 2. 白面金毛九尾妖狐的傳說

傳說中，九尾妖狐曾大鬧中國、印度及日本。（真倉翔，1993）這隻九尾妖狐擁有強大的法力，打算成為統治世界的魔王，因此到處消滅老弱婦孺，迷惑當權男子。西元前 1047 年變身為殷商紂王寵愛的妲己，[6]結束了殷商王朝之後，又出現在天竺（印度）耶竭陀國，幻化成為屯天沙郎大王之子班足太子之后姐嬉：華陽夫

---

4 「五大仙」又叫「五大家」或「五顯財神」，分別指：狐仙（狐狸）、黃仙（黃鼠狼）、白仙（刺蝟）、柳仙（蛇）和灰仙（老鼠）。

5 印度荼吉尼天的坐騎原為胡狼，但日本並無胡狼所以以狐狸取代（真倉翔 1993，《地獄先生ぬ～べ～》卷八）。

6 中國商朝最後一位君主商紂王的王后。

人，[7] 結束該王朝。其後，又於西元前 700 餘年出現於中國，成為周幽王的寵妃褒姒，[8] 結束周朝。經過 1400 年的沉寂，西元 750 餘年中國唐玄宗在位的末年，再現人間，跟隨著日本聖武天皇的遣唐史吉備真備 [9]（695-775）回去日本，九尾妖狐變成司馬元修的女兒若藻，乘船於博多登陸東瀛後消失。

再經 360 餘年後，九尾妖狐變成了平安時代武士坂部蔵人行綱所撿到的嬰兒玉藻前（たまものまえ），18 歲時被鳥羽天皇（1103-1156）選中入宮，當鳥羽天皇賜玉藻前高位時，天地變色，驟雨狂下，玉藻前全身發螢光，光及數丈高，凡人為其美色所震懾。然而，遠在皇宮外的京都知名陰陽師安倍泰成已識破，做法驅之。玉藻前乘著黑雲逃出了京都，來到了下野國那須野 [10] 築巢，以人為食，那須野城主須藤權守貞信向朝廷請兵，三浦半島城主三浦介義明（1092-1180）及千葉介常胤、上總介廣常等人，支援治狐。

經七天七日獵殺撲空後，於今黑羽町的玉藻稻荷神社的樹上發現了九尾妖狐。妖狐隱身成為樹枝上的蟬，透過神社裡的鏡池，三浦介義明等人看到映在池裡的狐身而追殺，逃至地獄谷變成飛天紅珠，三浦以神箭殺之，九尾妖狐倒於血泊中喪命，其怨靈留於滴血之處成為毒石，此為殺生石地名之由來。100 多年之後，日蓮宗開宗法師日蓮上人（1222-1282）見九尾妖狐怨念所居的巨石而訟法華經予以教化後，封住九尾之怨念。再過約 100 年到了 1385 年，源翁和尚（1326-1396）渡化九尾狐怨靈，終結了殺生石怨念。

其後，九尾妖狐之神話，仍繼續被創造。在室町時代前，神話裡九尾妖狐時而變美女，時而成神獸，並不惡。室町時代，殺生石

---

7　楚國貴族，華姓，與秦國的宣太后，穰侯和華陽君有血緣關系。秦孝文王王后。

8　西周君主周幽王第二任王后，最著名的典故為烽火戲諸侯。

9　日本奈良時代的學者、政治家，曾任兩次遣唐使。

10　即今日的那須地區。

謠曲出現後，形象才漸漸變惡。十七世紀的江戶時代，玉藻前殺生石物語出典；高井蘭山所著的《三國惡狐（妖婦）傳》（1804）繪本風行後，九尾妖狐變得惡根深重，並產生不少歌舞伎等創作，不斷複製該物語。一般認為日本的九尾惡狐之說，受漢化影響，延續中國的《封神榜》的說法，將妲己說成九尾狐妖，繼續編故事。而與宗教人物聯上關係，則是因十二世紀佛教傳入日本後，為了傳教而與民話沾上了邊（Rayi，2005）。

## 三、動漫畫中的妖怪與妖狐

### （一）以傳統妖怪為角色的日本動漫畫

以神怪角色來作為故事內容的動漫畫，大致上可以分為兩種類型，一種是和妖怪文化相關的故事，其中又有兩類「斬妖除魔」與「妖怪與人相處」；另一種是完全脫離妖怪文化之全新創作的故事。

「斬妖除魔」類型作品，主角擁有可以驅魔除靈的能力，如《靈異教師神眉》、《學校怪談》（学校の怪談），藉由遇到不同特色的妖怪而有不同的除靈方式打倒妖魔鬼怪，增加了此類型故事的可看性。「妖怪與人相處」類型作品，雖亦具斬妖除魔的情節，但故事的真正意義是探討妖怪與人的相處關係，藉此討論妖怪並非均是邪惡，有時候，人反而有比妖怪更邪惡。此類型作品如《墓場鬼太郎》（ゲゲゲの鬼太郎）、《神隱少女》（千と千尋の神 し）、《多羅羅》（どろろ），主角與妖怪角色的互動，反映出人性與妖怪相處的意義。與妖怪文化無關的全新故事類型的作品則有《幽遊白書》、《神奇寶貝》、《航海王》、《火影忍者》、《數碼寶貝》（デジタルモンスター）。

表 1 以傳統妖怪為角色的日本動漫畫

| 名稱 | 年份 | 故事內容大綱（類型） | 神怪角色 |
| --- | --- | --- | --- |
| 鬼太郎 | 1959-2008 | 幽靈族最後倖存者的少年「鬼太郎」，與一群住在神秘森林裡的妖怪朋友們施展妖術和做盡壞事的妖怪們作戰，一起解決妖怪跟人類兩個世界的麻煩。（妖怪與人相處） | 長頸妖、黑齒女、妖狐…等 |
| 多羅羅 | 1967-1969 | 百鬼丸因父親夢想稱霸亂世，與 48 隻魔神做出約定，將百鬼丸的身體分為 48 個部分送予魔神。百鬼丸為了拿回自己的器官出發討伐魔神，途中遇上多羅羅，展開與妖怪戰鬥的冒險。（斬妖除魔） | 百鬼夜行 |
| 幽遊白書 | 1990-1994 | 14 歲的不良學生浦飯幽助，為了救小孩而被汽車撞死了。但靈界並沒有預計到幽助的死亡，沒有其容身之所，他得到了重生機會。經過靈界的考驗，幽助重回自己的身體，成為靈界偵探。（與妖怪文化無直接關係的創新作品） | 妖狐、四聖獸、鬼魂 |
| 靈異教師神眉 | 1993-1999 | 童守小學五年三班的新任班導師鵺野鳴介，他左手總是戴著手套，自稱是除靈者。當學生遇上不可思議的靈異事件時，他便以其除靈能力保護學生。（斬妖除魔） | 妖狐、裂嘴女、雪女…等 |
| 神奇寶貝 | 1997 至今 | 少年小智為了成為神奇寶貝大師，從大木博士那得到皮卡丘後出發進行修行之旅。在旅途中，小智和不同的人邂逅，更延伸出許多人類和神奇寶貝之間有趣、感人、熱血的故事。（與妖怪文化無直接關係的創新作品） | 九尾妖狐、幽靈、天狗…等 |
| 航海王 | 1997 至今 | 海賊王哥爾羅傑即將處刑前說：「想要我的財寶嗎？想要的話可以全部給你。去找吧！我把所有的財寶都放在那裡！」人們為了爭奪財寶，爭相出海，造就了大海賊時代。蒙其．D．魯夫為了得到 ONE PIECE 成為海賊王出海冒險。（與妖怪文化無直接關係的創新作品） | 阿菊、殭屍、鬼魂 |

| 名稱 | 年份 | 故事內容大綱（類型） | 神怪角色 |
|---|---|---|---|
| 火影忍者 | 1999至今 | 12 年前，九尾妖狐襲擊木葉忍者村。第四代火影犧牲自己的性命，把九尾封印在剛出生的兒子漩渦鳴人身上主角漩渦鳴人以成為「火影」為目標努力，途中遭遇許多緊張刺激又感人的故事。（與妖怪文化無直接關係的創新作品） | 九尾妖狐 |
| 數碼寶貝 | 1999至今 | 八神太一為首的七人在露營時被迫被送入數碼世界，孩子們在面對各種事件的時候不斷成長，而這群被選召的孩子們則被賦予了去拯救數碼世界和現實世界的任務。（妖怪與人相處） | 九尾妖狐、幽靈、吸血鬼…等 |
| 學校有鬼 | 2000-2001 | 針對發生在學校的各種不可思議事件，宮下五月找到媽媽生前寫的鬼日記後，用裡面記載讓妖怪靈眠的方法對付各種妖怪。（斬妖除魔） | 天之邪鬼、花子、人面犬、二宮金次郎…等 |
| 神隱少女 | 2001 | 千尋的父母因為貪吃，被湯屋主人湯婆婆變成了豬。千尋為拯救父母留在湯屋工作。千尋在澡堂遇見各種各樣的妖怪客人，從什麼都不會的女孩變得堅強可靠，也與湯婆婆的手下白龍，產生了真摯的情感。（妖怪與人相處） | 百鬼夜行、河神 |

表格來源：作者整理

## （二）動漫中的妖狐角色分析

妖狐在動畫中的角色形象分類，大致可分三個族群：人型、非人型與半人半妖。不同角色定位衍生出不同的動畫內容呈現方式，與故事發展的差異。

### 1. 人型

以人型為角色設定的妖狐類型，通常是具備有特殊的能力。

**表2** 以人型為角色設定的妖狐類型

| 角色名稱 | 動漫畫 | 角色介紹 | 個性與特徵 |
| --- | --- | --- | --- |
| 漩渦鳴人 | 火影忍者 | 火之國木葉忍者村的忍者，第四代火影的兒子。剛出生時父母將強大的九尾封印於鳴人的體內。鳴人在孤寂與被排擠中長大，但在老師與三代火影的鼓勵下，成為火影。為了守護夥伴，鳴人修煉自我，練就仙術控制體內九尾。成為拯救世界的英雄，得到大家的認同，也成為了第七代的火影忍者。 | 成績吊車尾，愛惡作劇。古靈精怪、口無遮攔是最大的特徵，但後期漸漸地成長。個性愛出風頭，但具有不認輸、永不放棄、堅毅不屈又堅持信念的意志。樂觀又隨遇而安的面對世界，十分注重同伴之間的友情。<br>除了會使用各種忍術外，也會使用九尾的力量。 |

表格來源：作者整理

2. 非人型

單純以妖怪作為外型的設定，多數是以反派角色登場，若做為主要角色，則是以反面角度反諷人類。另外一種設定則為主角的夥伴，幫助主角解決事情。

**表3** 非人型的妖狐類型

| 角色名稱 | 動漫畫 | 角色介紹 | 個性與特徵 |
| --- | --- | --- | --- |
| 六尾 | 神奇寶貝 | 火焰系神奇寶貝。尾巴非常美麗，進化以後尾巴數目還會再增加。 | 擅長絕招為炎系絕招。火焰漩渦是六尾的強力絕招。 |
| 九尾 | 神奇寶貝 | 火焰系神奇寶貝，九隻尾巴裡各具不可思議的力量，據說可以活到一千年。 | 擅長招式為噴射火焰以及火焰漩渦。 |
| 妖狐獸 | 數碼寶貝 | 智力超高的妖狐型數碼寶貝。以速度採取多樣的戰術玩弄敵人。 | 個性沉著冷靜。智力高超。擅長複製對方模樣替換自己結構的變化之術。 |

| 角色名稱 | 動漫畫 | 角色介紹 | 個性與特徵 |
|---|---|---|---|
| 九尾狐獸 | 數碼寶貝 | 一直被擔心會招致破壞與毀滅，但在古代是現身於和平世界的使者。依靠呈藍色熊熊燃燒的四肢在天空馳騁著。 | 擅長隨心所欲操縱鬼火出現的「鬼火玉」。必殺技是從尾巴出現熊熊的藍炎將敵人燃燒殆盡的「狐炎龍」。 |
| 九尾九喇嘛 | 火影忍者 | 被封印在漩渦鳴人體內，最終與漩渦鳴人互相理解，鳴人成為完美人助力。 | 一開始兇殘暴躁，後來逐漸認同鳴人，互相理解成為完美的祭品之力。 |

表格來源：作者整理

3. 半人半妖

半人半妖類，通常是融合了妖怪的特殊能力，並且同時擁有人類的心與情感，可以說是結合了兩者的特色。

表 4 半人半妖的妖狐類型

| 角色名稱 | 動漫畫 | 角色介紹 | 個性與特徵 |
|---|---|---|---|
| 加卡 | 航海王 | 吃了狐狼果實，擁有化身成為狐狼形態的力量。被譽為阿拉巴斯坦的守護神之一，是阿拉巴斯坦王國的忠實護衛。 | 正直又忠心，為國家著想，赴湯蹈火也在所不惜。能力是化身為狐狼。 |
| 玉藻京介 | 靈異教師神眉 | 活了五百多年的妖狐，為了完成人化之術而來到人間。被鵺野鳴介擊敗後，人化之術失敗。之後留在人間研究「人類愛的力量」。故事後期慢慢和鳴介轉化為亦敵亦友的關係。 | 個性冷靜成熟，人化之術後的外表帥氣受女性歡迎，但本人無人類的感情，沒有感覺。會使用狐火之術以及幻視之術，擁有支配管狐的能力。 |
| 妖狐藏馬 | 幽遊白書 | 其真實身分為魔界的邪惡盜賊妖狐，被獵人追捕後逃入人界，和一名未出世的胎兒合為一體，作為人類南野秀一出生。因母親的愛而感化。 | 性格溫柔和平，勇敢善良，可以為重要的人犧牲生命。戰鬥時會手下留情，不喜殺戮，但是變成妖狐後則冷酷又不留情面。 |

表格來源：作者整理

從上述分析發現，動漫畫作品在角色選擇上，會有不同類型的組合，以妖狐為主角的作品較少，多是以配角方式登場。而主角群則可能是人類、妖怪，或是妖怪跟人類的組合。

主角群是人類的作品有：《火影忍者》、《航海王》、《靈異教師神眉》，透過人類主角群與妖怪間的互動為主的類型；而主角群為妖怪，上述分析的妖狐作品中，並無此種類型作品，但傳統妖怪類型作品《鬼太郎》則屬此類型作品。人類跟妖怪的組合則有《神奇寶貝》、《數碼寶貝》，主角群是人類，但其他妖怪：神奇寶貝、數碼寶貝，是與他們一起作戰的夥伴。《幽遊白書》當中，主角群則由兩名人類：浦飯幽助跟桑園和真，搭配妖狐藏馬跟擁有邪眼的飛影。《神隱少女》當中，故事的主軸就是主角千尋與一群非人類的角色之間所產生的有趣互動。此類型作品還包括未納入此研究的作品：《夏目友人帳》、《我的狐仙女友》（かのこん）、《龍貓》（となりのトトロ）…等，都是人類跟妖怪的組合。

### （三）動漫畫中妖狐與人類的關係

動漫畫中，妖怪與人類之間的互動關係，是故事情節發展的重點，僅有妖的存在，並無法發展出吸引人的敘事情節。神話故事中的妖狐，化身為人類後，需要入世與人們產生互動，而每個時期的妖狐，都有個性與特性，以及與人類互動的方式。唐朝時的妖狐是好色而不淫亂、調皮而知分寸，宋朝則成為誘惑男性、禍國殃民的妖女，失去動物的調皮特性。傳統神怪故事中，妖狐和人類處於對立關係，下凡人間是要搗亂人世間並帶來災害，但在動漫畫中會有更多不同跟複雜的關係，也因為這樣拓展了作品中的內容深度跟廣度，同時也是動漫作者對於妖狐的再詮釋。下表為動漫畫中，與妖狐角色具有重要關係的人類。

**表 5** 動漫畫中妖狐與人類的關係

| 人類角色名稱 | 作品名稱 | 介紹 | 與妖狐的關係 |
|---|---|---|---|
| 波風湊 | 火影忍者 | 漩渦鳴人的父親 | 親人（漩渦鳴人） |
| 我愛羅 | 火影忍者 | 五代目風影 | 夥伴（漩渦鳴人） |
| 漩渦鳴人 | 火影忍者 | 主角<br>七代目火影 | 主僕兼夥伴（九喇嘛） |
| 小剛 | 神奇寶貝 | 與主角小智一同旅行，目標是成為神奇寶貝飼育家。 | 主僕（六尾） |
| 牧野留姬 | 數碼寶貝 | 女主角<br>妖狐獸的主人 | 主僕兼夥伴（妖狐獸） |
| 娜芙魯塔莉．薇薇 | 航海王 | 阿拉巴斯坦王國公主 | 主僕兼夥伴（加卡） |
| 隼之貝爾 | 航海王 | 阿拉巴斯坦守衛隊長 | 夥伴（加卡） |
| 鶴野鳴介 | 靈異教師神眉 | 主角<br>童守小學五年三班級任導師<br>靈能力者。 | 亦敵亦友（玉藻京介） |
| 夜月東名 | 靈異教師神眉 | 擅長操縱管狐的靈媒師 | 亦敵亦友（玉藻京介） |
| 浦飯幽助 | 幽遊白書 | 主角 | 夥伴（妖狐藏馬） |
| 飛影 | 幽遊白書 | 藏馬的夥伴 | 夥伴（妖狐藏馬） |

表格來源：作者整理

妖狐與人的關係非常的多樣化，可以分類成以下五種關係類型：親人關係、主僕關係、朋友關係、對立關係、和平相處關係。傳統神怪故事中的妖狐較少出現結婚生子相關傳說。在動漫畫中則有《靈異教師神眉》，最後主角鶴野鳴介與雪女雪姬結婚，《犬夜叉》中的主角犬夜叉亦是妖怪和人所生下的半人半妖。另，《幽遊白書》中的妖狐藏馬，其原本的身分為魔界的邪惡妖狐，在被獵人追捕之後逃入了人界，並且和一名未出世的胎兒合為一體，作為人類南野秀一出生。原本是想等身體能力恢復後離開人間，但是因為母親的愛而被感化，因此擁有人類的情感。這種不算是人跟妖結婚所生的半人半妖，但也是一種人妖共存的概念。可以定義其為「親人」關係的「和平相處」方式，這種「和平相處」關係的概念係指人類跟妖怪和平共處，互相尊重的關係。

另一種常見的存在形式是「主僕」關係，如《神奇寶貝》跟《數碼寶貝》。《神奇寶貝》中主角擁有六隻不同性質特性的神奇寶貝（妖怪），隨時可從寶貝球中叫喚牠們，進行作戰與互動，妖狐類型的九尾、六尾跟人類屬於主僕關係；《數碼寶貝》當中的主角群都各自擁有一支數碼寶貝（妖怪），可以使用神聖計劃跟徽章去驅動牠們的進化戰鬥，妖狐獸與女主角牧野留姬，即是屬於「主僕」關係，透過進化成九尾狐獸，與更強大的對手戰鬥。《航海王》中的加卡則具有維持人形跟變身成狐狼的半人半妖狀態的能力，和隼之貝爾都是國家的護衛軍隊長，忠心的效忠於國王以及公主娜芙魯塔莉·薇薇的身邊。

這幾種關係常常是重疊與交互出現，如《神奇寶貝》中的小剛跟妖狐六尾，雖是主僕關係但也發展出如朋友一般的情誼。《靈異教師神眉》的妖狐玉藻京介，雖然與主角鵺野鳴介及靈媒師東名處於對立，但隨著長久的互動，漸漸發展成亦敵亦友的關係。《火隱忍者》的漩渦鳴人除了跟九喇嘛有和平相處關係外，隨著鳴人不斷的成長，九喇嘛逐漸認同鳴人的存在，也發展出朋友關係。

從上述分析可以發現，妖狐漸漸地被「人性化」，改變了與人相處的態度與方式，此可視為不同「族群」間的融合過程，人跟妖之間具有不同的文化、特徵、習慣與特色，人們常對不同族群產生偏見，對妖怪族群，更因為懼怕而產生偏見。動漫畫傳達了「互相尊重」的概念，人、妖、神三者之間的互相尊重與和平相處。

### （四）妖狐動畫角色的設定與運作模式

傳統的妖狐形象，多是邪惡的、可怕的與冷酷無情，但在動漫畫中卻被賦予更加多元的形象，可能是可愛的、帥氣的、善良的等等。動漫作品無法依照傳統形象繪製，只呈現妖狐外形跟特性，尚須考慮的因素包括美術設定、角色的個性、劇情需求等。如《幽遊白書》裡妖狐的個性和一般男性差不多，擁有人類的喜、怒、哀、樂的情感，也會為了心愛的人付出犧牲性命。《靈異教師神眉》中的妖狐，為了研究人類的感情很努力學習人性，想辦法理解人間的人情冷暖，也會保護亦敵亦友的對手和其學生一起挺身作戰。每部作品中的每隻妖狐都與人類一樣，擁有各種個性與情緒。

造型方面，傳統的妖狐多是妖怪畫師根據傳說繪製，以寫實呈現妖狐形象。然而，動漫畫中通常以傳統形象為本，改變創作成符合動漫的風格，並設定符合角色個性的造型。《火隱忍者》的漩渦鳴人具有孩子氣的外表，穿著忍者服裝並染著金色頭髮。《幽遊白書》中的妖狐造型則是紅頭髮的溫柔美男子，使用荊棘鞭跟魔界植物為武器。在《神奇寶貝》跟《數碼寶貝》中的造型設定，比較貼近傳說的造型設定，具有狐狸的外表、九條尾巴與誇張的顏色與符咒裝飾。另外《我的狐仙女友》中，則有妖狐變成美麗女子的傳說，把女主角設定為美少女的妖狐，穿著學生的制服，並且會主動且大膽地追求、誘惑男主角，相當符合「狐狸精」的特質。

## 四、結論

傳統神怪角色本就具其獨特的故事性、個性特色與外觀相貌，並且會受到文化背景、流行文化、社會現象等等的影響。Joseph Campbell（2006）認為神話其實並不是神仙的故事，而是人類自己的故事。所表達的真正主題，並非神仙世界的秩序與感情，而是人類自身的處境、以及對自然世界以至於宇宙存在的看法。神怪故事原本都是來自於人類生活中的經驗，透過這些神話，人們學習到生命的智慧與自然的奧秘。我們可以從日本神怪文化的諸多文獻探討中發現，妖怪的形成原因來自人們對於不了解的事物的想像以及恐懼的心理，當然也受到了許許多多文化及歷史背景的影響。藉由參考妖怪學家們對於妖狐的論述，以及閱讀日本傳統妖狐故事後，可歸納傳統妖狐故事具有以下幾個特色：

1. 妖狐的外形有很多種類，可以變成人類。
2. 妖狐大多是邪惡的，下凡人間帶來災害以及破壞。
3. 妖狐通常擁有不可思議的靈能力。
4. 妖狐的故事多為妖狐化身為人和人類發生關係的故事。
5. 妖狐有其獨特性以及個性。

而妖狐動漫畫與傳統妖狐的故事，其特色差異性分析如下：

## （一）妖狐的外形

傳統妖狐在描繪上，多依照傳說故事中的特徵照實描寫。然而，傳統對妖狐的認知為惡，因此傳統描繪上，會賦予較恐怖以及邪惡的外形；在動漫畫中的妖狐通常有著奇特的外形，但是傳統的妖狐特徵不再是造形設計中考量的重點，動漫畫中要考量的是美術風格、角色設定、銷售量、表現手法等等因素，因此妖狐在造形上常常是經過改造後的，此亦是為何動漫畫中常見擬人化的造形，並且裝添具有趣的配件、裝備、武器等。

## （二）妖狐的善與惡

與傳統妖狐故事差異最大之處，亦是妖狐動漫畫中非常重要的一個特徵，是妖狐的善與惡特質。過去妖狐多被定位為邪惡，但在動漫畫中已失去此準則，動漫畫中的妖狐多具「人性化」，並嘗試為學習人的行為思想與行事方式，擁有人類的喜怒哀樂，甚至比人類還更加善良，放棄原有的惡的目的，轉而成為幫助主角，讓世界更好的夥伴。

## （三）妖狐能力

動漫作品中的妖狐與傳統的妖狐一樣，擁有不可思議的靈能力，但是卻更多樣化的，擁有許多經過設計招式，角色有其特定的招式。除了妖狐的靈能力比以往更加進化外，人類的能力也跟著進化。這些特殊能力在動漫作品中的表現，通常是非常華麗又精彩，加上了聲光效果的視覺影像，成為吸引閱讀者觀看的重點之一。

## （四）妖狐與人的關係

傳統妖狐的故事和人的關係，大多是妖狐化身為人與人類為敵，但在動漫畫中則不盡然，隨著妖狐的人性化後，妖狐和人類的關係也漸漸變換，形成五種關係類型：親人關係、主僕關係、朋友關係、對立關係、和平相處關係。

## （五）妖狐的個性與形象

傳統的妖狐形象，因為其形成具有其原因跟屬性，其個性是單一的，具有某種固定個性或行為模式。而在動漫作品中，妖狐具有多元的獨特個性，與人類一樣具有喜怒哀樂，擁有不同的想法，因此在形象方面上也大不相同，有帥氣的、有善良的、有可愛的、也會有邪惡的。

本研究中整理了日本知名動漫畫中的妖狐角色，分析其特色以及各種運用傳統妖怪文化的方式，期能作為未來創作妖狐角色動漫畫的基礎研究。

# 參考文獻

## 中文

Joseph Campbell，2006，《千面英雄》。臺北：立緒文化。
水木茂，2004，《世界妖怪世典》。臺中：晨星。
水木茂，2004，《中國妖怪世典》。臺中：晨星。
水木茂，2004，《日本神怪世典》。臺中：晨星。
井上圓了，2004，《妖怪學》。臺北：新文豐。
井上圓了，2014，《妖怪學講義》。臺北：東方。
朱珍儀，2007，《妖怪研究—從妖怪看日本人恐怖對象的變化》。輔仁大學日本與文學系研究所論文。
李壽菊，1995，《狐仙信仰與狐狸精故事》。臺北：學生書局。
岸本齊史，1999，《NARUTO - ナルト -》。臺北：東立。
柳田國男，2014，《妖怪談義》。重慶：重慶大學。
柳田國男，2014，《遠野物語》。臺北：聯合文學。
真倉翔＆岡野剛，1993，《地獄先生ぬ～べ～》。臺北：東立。
張草，2005，〈鬼怪論——中日兩千年鬼怪盛衰考〉。《誠品好讀》57。
鳥山石燕，2008，《妖怪學圖解百魅夜行》。西安：陝西師範大學。
鳥山石燕，2014，《百鬼夜行全圖鑒》。 北京：新星。
富樫義博，1990，《幽遊白書》。臺北：東立。
銀色快手，2003，《日本妖怪誌★百鬼夜行的國度》。臺北：幼獅文藝。
簡妙芳，2008，《電影動畫神怪角色設定準則可行性之研究》。臺中技術學院商業設計研究所論文。
楊佳慈，2009，《日本動畫中的妖怪文化研究 》。臺灣師範大學美術研究所數位內容藝術創作語言發專班碩士論文。

## 網站

Rayi，2005，〈白面金毛九尾狐之神話傳說〉。http://blog.sina.com.tw/rayi/article.php?entryid=12174。（檢索日期：2015/7/28）
銀色快手，2007，〈日本妖怪誌★新都市傳說〉。http://youkai.pixnet.net/blog/post/27633954。（檢索日期：2015/7/29）
開運命理大師，2008，〈民間五大仙的信仰介紹〉。http://blog.sina.com.tw/lifeline/article.php?entryid=586944。（檢索日期：2015/7/30）
Heppoko，2009，〈日本國民漫畫的都市傳說背景〉。http://umesakura.jp/20090114235302.html。（檢索日期：2015/7/31）
孔領昊，2012，〈百鬼夜行百科〉。http://baiguiyexing.baike.com/。（檢索日期：2015/8/1）

# 二十一世紀日本反烏托邦動畫初探

林則堯

## 一、前言

目前學界對於反烏托邦小說、電影和舞台劇等領域，已有豐碩研究成果，反烏托邦動畫則似乎尚未進入學者的研究視野中。[1] 然而筆者欲進行反烏托邦動畫研究時，立刻遭遇一個問題，即至今對反烏托邦動畫存在兩套標準。一種接近辭典定義：反烏托邦即「絕望鄉」，一個被絕望支配的世界。[2]〈電視動畫主要反烏托邦作品表〉循此定義表列了 234 部動畫。[3]

維基百科編輯群則代表另一種觀點，關於日本反烏托邦動畫，中文版著錄 32 部、[4] 英文版列 20 部、[5] 日語版只列 37 部。[6] 國別差

---

1 例如以下專著：Vieira, Fátima, 2013, *Dystopia(n) Matters: On the Page, on Screen, on Stage*. N.U.T.: Cambridge Scholars Publishing. 及 Booker, M. Keith, 1994, *DYSTOPIAN LITERATURE: a theory and research guide*, Westport, Conn.: Greenwood Press。

2 該書採取廣義解讀，整理成五大類—— SF 與社會批判、人類滅亡危機、虛擬現實、管理社會、末日之後——的反烏托邦動畫。2012，《オトナアニメ Vol.26》。東京：洋泉社，頁 49-53。

3 見洋泉社，2012，《オトナアニメ Vol.26》。東京：洋泉社，頁 104-107。以下簡稱〈洋泉表〉。

4 中文維基百科分類「反烏托邦題材動畫」列 23 部，https://zh.wikipedia.org/wiki/Category: 反烏托邦題材動畫 ；分類「反烏托邦題材動畫電影」列 9 部，參見 https://zh.wikipedia.org/wiki/Category：反烏托邦題材動畫電影。（檢索日期：2015/9/12）

5 參見英文維基百科，https://en.wikipedia.org/wiki/Category:Dystopian_anime_and_manga。

6 參見日文維基百科，https://ja.wikipedia.org/wiki/Category: ディストピアを題材としたアニメ作品。

異相對小，日本編輯者間卻至近 200 部的差距，顯見原因並非疏漏而是定義認知不同。這裡浮現的問題是：一般大眾認知的反烏托邦，難道與《オトナアニメ Vol.26》所謂「被絕望支配的世界」不同嗎？

如同烏托邦研究領域存在這樣的問題：「無意探究烏托邦屬性的結果，往往導致他種文類任意僭越，烏托邦本質亦同遭蒙蔽。」[7] 反烏托邦亦然。再加上反烏托邦作品時常伴隨出現 SF、Post-apocalyptic、Post-human、Cyberpunk 等類型，遂使範疇更加混淆不清、言人人殊。[8] 因此儘管進行統一化顯得有些諷刺，筆者仍試著界定範疇，並依此篩選最具反烏托邦要素的動畫、爬梳其特色。

## 二、反烏托邦動畫之界定

在界定反烏托邦動畫之前，在此先簡介反烏托邦（dystopia）之由來。目前所知 dystopia 之名最早由英國政治家彌爾（John Stuart Mill，1806-1873）於 1868 年提出，是作為烏托邦的反義語。[9] 若烏托邦是正無限大，反烏托邦就是對立面的負無限大。如日文譯

---

7 張惠娟，1986，〈樂園神話與烏托邦——兼論中國烏托邦文學的認定問題〉，《中外文學》(15)3：78-100。

8 例如《樂園追放》以「科技帶來人類觀的改變」為主題，亦具備 cyberpunk要素。藤津亮太2014，〈サイバーパンクとアニメの距離感〉。《S-F マカジン》(55)11：80。

9 說見 *New Dictionary of the History of Ideas*, p.608. 彌爾的議會答辯原文為：「I may be permitted, as one who, in common with many of my betters, have been subjected to the charge of being Utopian, to congratulate the Government on having joined that goodly company. It is, perhaps, too complimentary to call them Utopians, they ought rather to be called dys-topians, or cacotopians. What is commonly called Utopian is something too good to be practicable; but what they appear to favour is too bad to be practicable.」全文見 http://hansard.millbanksystems.com/commons/1868/mar/12/adjourned-debate。

為「桃源鄉」與「絕望鄉」，二者含意與差距一望即知。但兩者間果真完全對立嗎？對於反烏托邦，學界意見並不強調它與烏托邦之間的對立關係，而是著眼於其轉化關係：

1. 反烏托邦往往是將烏托邦所信仰的那些原則（諸如理性、科學等原則）發揮到極致，以顯示出這些原則的荒謬性和恐怖性。[10]
2. 反烏托邦點出烏托邦的問題，描寫其反轉的暗黑世界。[11]
3. 烏托邦與反烏托邦是一對相輔相成的概念，它們正是從那些相互關聯的差異當中獲得內涵和意義的。但這對概念並不是平等或對等的。烏托邦具有源初性，反烏托邦則寄生於它，從中汲取養料，它的存在依賴於烏托邦的發展。反烏托邦是對烏托邦的抹黑式模仿，通過把烏托邦中的正面因素轉化為消極的、否定性的因數，從而否定烏托邦的論斷。[12]

與單純「被絕望支配」的說法不同，這裡強調反烏托邦是由美滿的烏托邦墮轉而來，其中「對烏托邦的抹黑式模仿」可謂最簡潔之定義。而落實在各創作領域就是：「反烏托邦所攻詰的目標，乃是烏托邦本身。此正是反烏托邦作為諧擬文體的一大特色。」[13]為何完美的烏托邦會遭受攻詰批判？其實當作者闡述一座「完美」樂

---

10 謝江平，2007，《反烏托邦思想的哲學研究》。臺北：中國社會科學出版社，頁 65。

11 「世界文学大事典」編集委員会，1997，《集英社 世界文学大事典 5》。東京：集英社，頁 541。

12 英國學者克瑞珊．庫瑪爾（Krishan Kumar）之語。譯文引自歐翔英，2009，〈烏托邦、反烏托邦、惡托邦及科幻小說〉。《世界文學評論》2：298-301。

13 張惠娟，1989，〈反烏托邦文學的諧擬特質〉。《中外文學》(17)8：131-146。

園時，也間接埋下不容任何改變的專制種子。因此湯瑪斯・摩爾於1516年出版的《烏托邦》可同時視為烏托邦與反烏托邦作品的起源，[14] 並不矛盾。[15]

反烏托邦文學於十九世紀後半登場，[16] 到了二十世紀，反烏托邦文學攀上高峰。其中被公認最具代表性的作品是：薩米爾欽的《我們》、歐威爾的《一九八四》、赫胥黎的《美麗新世界》，合稱「三大反烏托邦小說」[17]（以下簡稱三部曲）。隨著這三部震撼世人的作品，反烏托邦之名更廣為人知。筆者認為，一般大眾的反烏托邦概念就是來自三部曲，尤其是《一九八四》和《美麗新世界》。有學者歸納三部曲的六項共同之處：劇情發生於未來、抹消過去歷史、極權主義、疏離感、主角為異議分子、面向讀者的警訊。[18] 筆者再

---

**14** *New Dictionary of the History of Ideas*, p.608.

**15** 《美麗新世界》亦同，即「書中並存著對立的烏托邦與反烏托邦。烏托邦與反烏托邦就像光與影、表與裡般共存，像被梅比烏斯帶緊密連繫：從烏托邦出發卻抵達反烏托邦，接著又神奇地返回烏托邦。」說見三浦良邦，〈ユートピア ディストピアージョンの自殺の意味するものー〉，《近畿大学教養・外国語教育センター紀要 外国語編》(2)2：11。

**16** 「反烏托邦〔…〕於十九世紀後半登場。簡單地說，是由一八八〇年代後期急速擴張的社會主義運動所催生。」說見グレゴリー・クレイズ著，小畑拓也譯，2013，《ユートピアの歷史》。東京：株式会社東洋書林，頁256。

**17** 此說最早源於何處未詳，但已收錄於詞典：「The most powerful dystopias from this period firmly cemented the genre as independent from utopia and remain relevant to the present day: Yevgeny Zamyatin's *We*（1920）, Aldous Hux-ley's *Brave New World*（1932）and George Orwell's *Nineteen Eighty-four*（1949）.」參見 *New Dictionary of the History of Ideas*, p.608。臺灣的出版品、論文亦將此三部作品視為三大反烏托邦小說，或稱「反烏托邦三部曲」。

**18** 參見「Nineteen eighty-four de George Orwell como influencia en obras de la cultura de masas -V for Vendetta and 2024-.」取自 https://ruidera.uclm.es/xmlui/bitstream/handle/10578/6615/TESIS%20Gald%c3%b3n%20Rodr%c3%adguez%20%28resumen%20en%20

整理為五點[19]：

## （一）極權性

按極權主義的定義為「政體形式的一種。在此一政體下，政府當局能行使絕對與集中之權力，控制人民生活的所有層面。每一個體均受政府掌控，政治以及文化上的異議言論亦受到政府的壓迫」，[20]這是反烏托邦作品最根本的基調。如《一九八四》即是「預言個體在極權控制的國度，反對者如何透過監控和洗腦，變成機械化社會的一部分。」[21]大眾生活被嚴密地管理監控，想反抗極其困難。[22]

## （二）暴力性

承上，作品往往將「政府的壓迫」推至極致，有時甚至到奪取生命安全的地步。如《我們》：「報紙首頁用大字印著：所有號碼都必須參加手術。不做手術的人將被送上無所不能者的死刑機」；[23]《一九八四》男主角被刑求後告饒：「你們已經讓我餓了好幾個星

---

ingl%c3%a9s%29.pdf?sequence=2&isAllowed=y。

19 要說明的是：在歸納共同點的時候，需保留讓作者發揮創意的彈性空間。例如三部曲都設定在高科學技術的未來，但不一定非得利用高科技，利用咒術亦能達成反烏托邦。又如三部曲的主角最後皆未能戰勝體制方，但不意味所有反烏托邦作品都必須悲觀地失敗作收。

20 見〈藝術與建築索引典」之整理〉，http://aat.teldap.tw/AATFullDisplay/300055516。

21 高千惠，2009，《藝文烏托邦簡史》。臺北：藝術家，頁 144。

22 嚴密性可以來自兩個方面：一是來自統治者監視，二是來自人民互相舉發。在動畫裡可以看到更多高科技監視器，如《未來都市 NO.6》裡每個人的 ID 手環、《下流梗不存在的灰暗世界》裡人人佩戴的 PeaceMaker 頸圈、《Loups-Garous 應避開的狼》中的修造裝置這類高科技產物。

23 尤金・薩米爾欽著，殷杲譯，2014，《我們》。臺北：野人文化，頁 210。

期了。了結這一切，讓我死吧。」[24]

## （三）樂園性

如果「極權性」是根本基調，那麼「樂園性」就是反烏托邦的最大特徵——極惡的反烏托邦是由極完美的烏托邦墮轉的，如前引學界說法「反面烏托邦往往是將烏托邦所仰的那些原則發揮到極致」。表面的樂園形象，使作品更加充滿諷刺意味。

## （四）對比性

承上，統治者在極權性與樂園性恩威齊加之下，獲得大多數民眾支持與服從。作為對比，主角疏離於此「和諧」的世界，以小搏大。如《美麗新世界》野人離群索居：「在熔岩區，他曾經因為他們不讓他參與村落的社群活動而受苦，在文明的倫敦，他則因為他永遠逃不了那些社群活動、從來不能安安靜靜一個人而受苦。」[25]

## （五）警示性

烏托邦作品是歌頌烏托邦世界的美好，但反烏托邦作品卻並非讚頌反烏托邦世界，而是向讀者們提出警告。如薩米爾欽云：「這部小說是對威脅人類的雙重危險——也就是機械異常發達的力量，以及國家異常發達的力量——所提出的警告。」[26]

以上所列三部曲的五項特徵，應與一般讀者對反烏托邦所抱持的印象相去不遠。若依〈洋泉表〉所列「末日之後」等分類，雖合

---

**24** 喬治．歐威爾著，吳妍儀譯，2014，《一九八四》。臺北：野人文化，頁 240。

**25** 阿道斯．赫胥黎著，吳妍儀譯，2014，《美麗新世界》。臺北：野人文化，頁 261。

**26** 薩米爾欽著，吳憶帆譯，1997，《反烏托邦與自由》。臺北：志文，頁 12。（按：此書即《我們》。）

於語源定義，但會與一般人由三部曲而來的固有觀念有落差。筆者所列第一到第三項為作品的「世界觀要素」、第四項為「主人公要素」、第五項則為「創作動機要素」。除了作品呈現的世界觀之外，主角的劇情主軸與創作的動機也必須納入考慮。高度具備這五項要素的動畫，便可以視為接近核心的反烏托邦動畫。這類作品的劇情進展建立在體制方如何「嚴密支配／暴力施刑」，而主角方如何「發覺真相／加以反擊」。另一方面，反烏托邦只是作為背景、主軸是其他活動的——〈洋泉表〉所列的大部分屬於此類——可另視為符合寬式定義的作品。

為便讀者參考，筆者整合了中文維基百科及〈洋泉表〉所列反烏托邦動畫於下。本論文只聚焦於具備五項要素者（即表 1 黑圈者）。

表 1 反烏托邦動畫界定對照表

| 首映年份 | 原名 | 中文譯名 [27] | 來源 | 維基 | 洋泉社 [2] | 筆者 |
|---|---|---|---|---|---|---|
| 1980 | 地球へ… | 奔向地球（劇場版） | 改編 | ○ | | ● |
| 1984 | 風の谷のナウシカ | 風之谷 | 改編 | ○ | | |
| 1985 | 蒼き流星 SPT レイズナー | 蒼之流星 SPT 雷茲納 | 原創 | ○ | | |
| 1993 | 銃夢 | 銃夢（OVA） | 改編 | ○ | | |
| 1999 | コレクター ユイ | 網路安琪兒 | 改編 | | ○ | |
| 2001 | ジーンシャフト | 基因攻防戰 | 原創 | | ○ | |
| 2001 | Metropolis | 大都會（劇場版） | 改編 | ○ | | |
| 2002 | OVERMAN キングゲイナー | 返鄉戰士 | 原創 | | ○ | |
| 2004 | KURAU Phantom Memory | 庫拉烏 | 原創 | | ○ | |
| 2004 | 火の鳥 | 火鳥 | 改編 | | ○ | |
| 2004 | Gantz | GANTZ 殺戮都市 | 改編 | ○ | △ | |

| 首映年份 | 原名 | 中文譯名[27] | 來源 | 維基 | 洋泉社[2] | 筆者 |
|---|---|---|---|---|---|---|
| 2005 | 強殖装甲ガイバー | 強殖裝甲 | 改編 | ○ | | |
| 2006 | ERGO PROXY | 死亡代理人 | 原創 | ○ | ○ | |
| 2006 | DEATH NOTE | 死亡筆記本 | 改編 | ○ | | |
| 2007 | 地球へ… | 奔向地球 | 改編 | ○ | ○ | ● |
| 2008 | とある魔術の禁書目錄 | 魔法禁書目錄 | 改編 | ○ | ○ | |
| 2008 | 書館 | 圖書館戰爭 | 改編 | | ○ | ● |
| 2009 | フレッシュプリキュア! | FRESH 光之美少女! | 原創 | | ○ | |
| 2009 | テガミバチ | 信蜂 | 改編 | ○ | | |
| 2009 | とある科学の超電磁砲 | 科學超電磁砲 | 改編 | ○ | △ | |
| 2009 | 東のエデン | 東之伊甸(劇場版) | 原創 | ○ | | |
| 2010 | ルー=ガルー 忌避すべき狼 | Loups-Garous 應避開的狼(劇場版) | 改編 | ○ | | ● |
| 2010 | クレヨンしんちゃん 超時空!嵐を呼ぶオラの花嫁 | 蠟筆小新:我的超時空新娘(劇場版) | 原創 | ○ | | |
| 2011 | NO.6 | 未來都市 NO.6 | 改編 | | ○ | ● |
| 2011 | フラクタル | 碎形 | 原創 | | ○ | |
| 2011 | 魔法少女まどか☆マギカ | 魔法少女小圓 | 原創 | ○ | △ | |
| 2011 | IS〈インフィニット ストラトス〉 | IS〈Infinite Stratos〉 | 改編 | ○ | | |
| 2011 | ギルティクラウン | 罪惡王冠 | 原創 | ○ | △ | |
| 2011 | UN-GO | UN-GO | 原創 | ○ | △ | |
| 2012 | AKB0048 | AKB0048 | 原創 | | ○ | ● |
| 2012 | PSYCHO-PASS サイコパス | PSYCHO-PASS 心靈判官 | 原創 | | ○ | ● |
| 2012 | 新世界より | 來自新世界 | 改編 | ○ | △ | ● |
| 2012 | ソードアート オンライン | 刀劍神域 | 改編 | ○ | △ | |

| 首映年份 | 原名 | 中文譯名[27] | 來源 | 維基 | 洋泉社[2] | 筆者 |
|---|---|---|---|---|---|---|
| 2012 | 劇場版 魔法少女まどか☆マギカ | 魔法少女小圓（劇場版） | 原創 | ○ | | |
| 2012 | 図書館戦争 革命のつばさ | 圖書館戰爭 革命之翼（劇場版） | 改編 | ○ | | ● |
| 2012 | こちら、幸福安心委員会です。（MV）[29] | 這裡是幸福安心委員會 | 原創 | | | ● |
| 2013 | COPPELION | 核爆末世錄 | 改編 | ○ | -- | |
| 2013 | キルラキル | KILL la KILL | 原創 | ○ | -- | ● |
| 2013 | 進撃の巨人 | 進擊的巨人 | 改編 | ○ | -- | |
| 2014 | 世界征服～謀略のズヴィズダー～ | 世界征服 謀略之星 | 原創 | | -- | ● |
| 2014 | 魔法戦争 | 魔法戰爭 | 改編 | ○ | -- | |
| 2014 | 楽園追放 -Expelled from Paradise- | 樂園追放 -Expelled from Paradise- | 原創 | ○ | -- | ● |
| 2015 | 夜ノヤッターマン | 夜晚的小雙俠 | 原創 | ○ | -- | ● |
| 2015 | 劇場版 PSYCHO-PASS サイコパス | 劇場版 PSYCHO-PASS 心靈判官 | 原創 | ○ | -- | ● |
| 2015 | 下ネタという概念が存在しない退屈な世界 | 下流梗不存在的灰暗世界 | 改編 | ○ | -- | ● |
| 2015 | ガッチャマン クラウズ インサイト | 科學小飛俠 Crowds Insight | 原創 | | -- | ● |

表格來源：作者整理

27 作品名稱若為英文則保留，日文則優先引用臺灣正式代理版之名、次則依維基百科、再次則依網路常見通名、再次則筆者自譯。角色姓名之中譯亦同。不另出注。

28 〈洋泉表〉列入管理社會類的打○、列為其他分類的打△。該表只收錄到2012 年為止。

29 MV 亦屬動畫，因為是片長只有 4 分 34 秒的歌曲，故事性稍不足。但最後一幕出現「理想鄉」及「でぃすとぴあ（按：即 dystopia）」字樣，見

## 三、反烏托邦動畫面面觀

《アニメ研究入門 增補修訂版》一書介紹了九種研究動畫的方法論，[30] 本研究接近該書「文學理論」研究法中的文類批評（Genre Criticism），並且期待日後研究成果能串連成「史」的研究。在本節，筆者將指出 17 部反烏托邦動畫在劇情內容及表現方式的各種特色，並舉例說明。（筆者認為至少有三種研究進路：反烏托邦動畫特色個論、反烏托邦作品之跨媒體比較、反烏托邦動畫史之轉向與深化。囿於篇幅，俟日後他文專論。）

### （一）對衰落期的描繪

作為政體的一種，反烏托邦在理論上也有成立、強盛、衰敗的時期，而各期面貌當然也不同。最能帶給觀者鮮明印象的當屬強盛期，如三部曲小說即是。《夜晚的小雙俠》故事情背景是邁向「衰敗期」的反烏托邦社會。最初小雙俠確實為人們帶來幸福，但被骷髏兵衛據為己有後已失去其樂園性，虛有其表。人民生活貧困，還得歌功頌德。特別是丈夫被徵召時，即將臨盆的妻子迫於機器兵士威嚇，不得不流淚高舉雙手和其他人一起高喊「萬歲！萬歲！」的一幕，最具代表性。

---

http://www.nicovideo.jp/watch/sm18100389。作詞者曾說創作方向是反烏托邦。見うたたP原作、鳥居羊著，猫ノ助譯，2015，《這裡是幸福安心委員會 女王陛下與永遠幸福的死刑犯》。臺北：台灣東販，頁 283。衍生小說（已出版五集）也是向喬治．歐威爾致敬的反烏托邦作品。見うたたP原作、鳥居羊著，猫ノ助譯，2015，《這裡是幸福安心委員會》。臺北：台灣東販，頁 293。

30 即文學理論、映像論、性別論、音效配音研究、歷史研究、視聽消費者研究、藝術研究、著作流通機制研究、音聲視覺研究等九大類。見小山昌宏、須川亞紀子編，2014，《アニメ研究入門 補修訂版》。東京：現代書館。

## （二）對形成期的描繪

大部分作為故事背景的反烏托邦社會都是既已形成、強大不可動搖的，但也有特例如《科學小飛俠》（Crowds Insight）。隨著故事展開，觀眾們也跟著體驗了一個反烏托邦社會如何形成。儘管出發點是純粹善意，外星人格爾桑德拉還是帶領人們一步步走向恐怖之境：

1. 格爾桑德拉宣布參選首相並勝選。
2. 他認為議員無甚用處，於是廢除內閣，各項議題由人民直接利用智慧手機投票決定。此舉如同復原直接民主制，應該離極權主義甚遠了吧？實則不然。
3. 手機投票選項出現「交給格爾桑德拉」。人們即使有直接決定權，最後還是很樂於將它送還統治者。這種懶不只表現在行動，更弱化了人們的思考。
4. 怪物「空大人」出現，不合群的人會被吞食。劇情到這裡仍有許多人支持空大人和格爾桑德拉。但面對「極權性、暴力性、樂園性」具備的社會，始終支持格爾桑德拉的女主角翼也終於分道揚鑣。最後藉由一之瀨初的犧牲，喚起大眾覺醒，走出「人人合為一體」的虛假樂園。

## （三）控制單一變因

這是一種特殊的管理社會，它只嚴密管制某項特定事物。這類動畫強調「樂園性」以及隨之而來的反諷。例如《AKB0048》是不准進行偶像活動的未來社會，歌手被視為恐怖份子，演唱會必須私下進行。《圖書館戰爭》裡，依據「媒體良化法」，媒體良化委員會和良化特務機關可以對書籍雜誌等媒體進行檢閱，禁止書籍販售流通。圖書隊員為了保障人民閱讀自由必須在槍林彈雨中拚命。《下流梗不存在的灰暗世界》嚴加取締所有與「性」相關的事物。

動畫每集開頭都重複播放一次「依據公序良俗健全育成法……（配上人們打砸違法物品的畫面）……此法推行數十年後，日本擁有了思想最健全的完美國民，成為世界上思想最健全的完美國家。」但由「思想最健全」的學生會長安娜的過激舉止便可知此教育方針完全荒謬失敗。僅嚴管單一事物便造成人們思想巨大扭曲，動畫具體揭示出此一令人心驚的結論。

## （四）對友情羈絆的執著

《一九八四》裡，人們互相監視，相愛的男女主角最後也出賣了彼此。在反烏托邦社會裡能有友情嗎？《未來都市 NO.6》便彷彿是為了回答這個疑問而生的作品。主角紫苑因為救了逃犯老鼠被剝奪舒適生活與升學的機會，但仍一路無怨無悔。相較於三部曲對人性的悲觀，動畫則多為觀眾帶來更多人性光明面。《AKB0048》裡， 沙沒把夥伴當作競爭對手，救出受傷的智惠理。《樂園追放》裡，女主角安潔拉能理解人工智能 Frontier Setter 的志向，為它掙取發射時間、對抗同樣來自 DIVA 的友軍。《應避開的狼》（Loups-Garous）的步未殺死管理者後，女主角葉月握上她沾血的手說：「和我一樣的喔，因為你和我同樣，有著同樣的溫度。」《來自新世界》裡，真季和覺即使被奪去記憶，兩人也要為被遺忘的友人而戰：「我不要一直想不起來他的名字，然後死去。」動畫著墨友情、令悲劇消隱，未知是否針對動畫閱聽人年齡較輕之商業考量。

## （五）暴力的畫面呈現

「暴力」作為反烏托邦重要的組成要素，在動畫媒體上展現了彩色畫面、動態速度、音效等優勢。上世紀 1980 年之《奔向地球》劇場版與 2007 年新版電視動畫之對比，會是很好的研究題材：如宇宙戰艦彼此以光束武器互射、地球軍對行星投下爆彈，謬族人無法抵擋、大量死亡的畫面。光線武器和槍炮是科幻動畫中常見的武器。時至今日，設計也越趨新穎。《心靈判官》（PSYCHO-PASS）中，被 Dominator 槍「破壞分解模式」射中的嫌犯，身軀會膨漲爆裂而死、不成人形、甚為淒慘。如此對人類生命的摧毀帶給觀眾的震撼力又更強。《KILL la KILL》使用冷兵器肉搏也不遑多讓，女主角如字面上的噴血如柱、浴血奮戰。除此之外，也有靜態的呈現方式，如《這裡是幸福安心委員會》的歌曲 MV。原本閉眼微笑的女歌手露出嗜虐的表情，背景也換成黑底爆破圖案，用紅色文字告知「絞刑／斬首／槍殺／下油鍋／溺死／電刑／火烤／活埋／毒殺／扔石頭／鋸子／凌遲」、「選一個自己喜歡的吧」。[31] 未出現死者的故事裡，如《世界征服 謀略之星》則有烏姆教授被全裸拷問的情節。《科學小飛俠》用的方式較俏皮，異議分子會被看起來像大兔子的外星生物用綠舌頭捲起吃下肚。

## （六）體制內改革的可能

反烏托邦雖然是一極惡的環境，但如果能改善體制、修正錯誤，或許仍能抵達幸福結局。如《心靈判官》以女主角常守朱和搭檔狡嚙慎也作為對照。他們兩人都強烈感受到目前執法系統的侷限性，執行官狡嚙慎也則離開公安局，實踐自己的「非法正義」。小朱在被邀請見識「真相」之後選擇協助改善 Sibyl 先知系統，在自己的犯罪係數不至於惡化的情形下繼續逮捕罪犯的勤務。相較劇中其他角色雖亦有微詞但不知從何下手改變，女主角的思想經歷「見山又是山」的蛻變，已非懵懂無知或消極服從，而是主動尋求在體制內以合法手段達成改變之目的。

31 參見〈vocaloid 中文歌詞 wiki〉：http://www9.atwiki.jp/vocaloidchly/pages/4558.html。

## （七）喜劇手法諷刺

《世界征服 謀略之星》特別安排一話，由女主角星宮凱特強行推動禁煙，癮君子們一夕間成為全民公敵。觀眾中如有二手煙受害者當能會心一笑。在《下流梗不存在的灰暗世界》裡，女主角華城綾女不停歇的下流發言和男主角奧間狸吉的接招吐槽，此喜劇互動模式是本作品特色。面對善導課追捕，主角們一次次化險為夷逃出生天，已完全是喜劇筆法。接受最健全教育的學生會長安娜，因為不認識「下流」而不知道自己一直在對狸吉進行誇張性騷擾。用這種反諷筆法凸顯一味追求健全之可笑。「反烏托邦文學並不輕鬆好笑」[32]之說，在動畫領域並不成立。反烏托邦動畫可以從第一集至最後一集都是既好笑又諷刺的。

## （八）主角獲勝的光明結局

從三部曲看，「反烏托邦文學的另外一個中心概念是當權者的不可推翻性」。[33]今日動畫領域殊非如此，表 1 所列 17 部反烏托邦動畫中，除了《這裡是幸福安心委員會》，全為反抗者獲勝的結局！[34]這或許是受到漫畫出版界「友情、努力、勝利」[35]風潮影響。

---

32 如 Carter Kaplan 指出：「Except in rare instances, literary dystopia is not funny. The mood of dystopia is usually dark, pessimistic, and often reflects paranoia, alarm, or hysteria.」 見 Hui-chuan, Chang , 2003, Zamyatin's We : A Reassessment.《臺大文史哲學報》58：231-250

33 韓立，1984，〈反烏托邦文學——紀念「一九八四」〉。《新書月刊》(5)：15。

34 但改編小説亦為主角獲勝之結局。見うたたP原作、鳥居羊著，猫ノ助譯，2013，《這裡是幸福安心委員會》。臺北：台灣東販。以及うたたP原作、鳥居羊著，猫ノ助譯，2015，《這裡是幸福安心委員會 女王陛下與永遠幸福的死刑犯》。臺北：台灣東販。

35 比較精確的説法是：「少年ブック」曾對小學四、五年級學生進行問卷調查：由五十個候補單詞中選出「最讓內心感到溫暖」的詞是友情、「最重獲勝結局又可分為兩種：

1. 全面勝利的結局

《應避開的狼》最後使用了「入侵網路」的方法——這不能算是很有創意——先將管理程式消滅，最後步未殺死管理者結束一切，人們又回復正常生活。步未雖然消失，但女主角仍抱著再見的希望。又如《未來都市 NO.6》全劇最後一幕是隔離富裕 NO.6 與貧民區「西區」的高牆毀壞，人們起先呆望著從來沒見過的彼端，接著 NO.6 的居民和牆外貧民都朝著牆走去。這互相靠近的意象，告訴觀眾雙方將迎向和解共生的未來。

2. 部分勝利的結局

《樂園追放》最後的戰鬥裡，男女主角擊退眾多追兵，讓 Frontier Setter 成功發射，可算達成目的。不過遠端的 DIVA 系統仍毫髮無傷，它們判斷這次失敗是因給予女主角太多自由，未來應更加強掌控——此乃獨裁者的思考模式——樂園依然健在、並將更強大。為什麼動畫不做成完全勝利的結局？監督虛淵玄表示：「我想呈現出多樣性，而不是將 DIVA 完全否定的 HAPPY END、那種二元對立下的結局。我覺得有多種各式各樣的價值觀比較好吧。」[36] 如果動畫強硬灌輸某一方作為正確價值，則與反烏托邦作品追尋自由之精神相悖。觀眾在因主角勝利而獲得情感滿足之後，也應該持續思辨。

---

視」的詞是努力、「最喜歡」的詞是勝利。《少年 JUMP》公司據此決定旗下作品都必須具有此三要素，至少要有其一。參見齋藤次郎，1996，《「少年ジャンプ」の時代》。東京：岩波書店，頁 11-12。

**36** 藤津亮太、日詰明嘉，2014，《樂園追放》。東京：ティ・ジョイ社，頁 47。

# 四、跨媒體改編比較
# ——以《未來都市 NO.6》為例

在上節，我們試著宏觀反烏托邦動畫的各種特色。接著，筆者將進行微觀分析。有鑒於反烏托邦動畫中改編作品不在少數，因此有必要進行「跨媒體改編比較」以彰顯動畫之特色。小說、漫畫、動畫、電影、舞台劇等各種媒體，都有自己的強項與弱項。傑出作品必須將自身優勢放到最大，將劣勢減至最低。這也意味著：即便原作甚佳，在改編為動畫之際仍需有意識地重新安排內在劇情及外在表現方式，以便最大程度發揮新媒體的優勢。若只知照本宣科，改編成果必令觀眾失望。反之，能發揮動畫媒體優勢，在改編後「爆紅」之例亦不少。

本節將以動畫《未來都市 NO.6》為例，剖析跨媒體改編之際是如何重新安排原作劇情，賦予作品新生命力。[37] 此外要注意的是，作品如何置入反烏托邦要素。反烏托邦文學與動畫的差異性，由此也可窺一斑。《未來都市 NO.6》原作為全九冊的長篇少年小說，[38] 之後改編為 11 集動畫於 2011 年播出。九冊的內容只做成 11 集並不是因為原作太「輕」，[39] 而是動畫發揮該媒體優勢、掌握章

---

**37** 擔任系列構成的水上清資表示自己是「將動畫視為一個連貫故事，考量整體的流動。」見アニメディア編集部，2011，《オトナアニメディア vol.1》。東京：株式会社学研ポブリッシング，頁 18。

**38** 小説參照日文原作あさのあつこ，2011，《NO.6》。東京：講談社。以及淺野敦子著，珂辰譯，2010，《未來都市 NO.6》。臺北：皇冠文化。

**39** 就所包含的資訊量而言，大眾文學如《有頂天家族》，小說一冊改編為動畫 13 集（一集片長約 24 分鐘）；《來自新世界》小說二冊，改編為動畫 25 集。輕小說改編動畫的例子較多，一本輕小說通常製成動畫 2 到 4 集。另外也有將文學作品大幅混合改編的例子——如《UN-GO》致敬坂口安吾、《亂步奇譚》致敬江戶川亂步——動畫內容與原作差異相當大。如果是在電視頻道播放，必須受到每集片長固定、中間被廣告時間分割等硬性限制，因此製作必須格外注意勾住觀眾的注意力與好奇心。

法以簡馭繁，改編成效也相當好。筆者在此使用麥基的編劇理論：「節拍是主角行動／反應之間的行為更替」[40]作為分析工具，先將劇情拆成最小的場景與節拍，分析角色的行動與反應如何引導劇情前進；接著觀察原作既有的反烏托邦要素在新媒體又是如何發揮。因篇幅所限，僅以第一集動畫為例，略示大要。

**表 2** 《未來都市 NO.6》場景節拍表

| 第一話 濕漉漉的老鼠 | | | |
|---|---|---|---|
| 場景 | 節拍 | 劇情大要 | 備註 |
| 第一景<br>下水道 | 節拍 1 | 老鼠試著擺脫黑衣持槍者的追殺，逃至柵欄受阻。【老鼠：希望→絕望】 | A-PART<br>開始 |
| 第二景<br>教室 | 節拍 2 | 沙布課堂發表到一半和其他學生打架，老師調停。【沙布：冷靜→生氣】 | |
| 第三景<br>船艙內 | 節拍 3 | 沙布和紫苑聊天【沙布：不悅→開心】 | |
| 第四景<br>沙布祖母家 | 節拍 4 | 沙布贈送生日禮物，紫苑忘記以前曾稱讚沙布的毛衣。【沙布：期待→失落】 | |
| | 節拍 5 | 餐會【紫苑、沙布、奶奶：歡樂】 | |
| | 節拍 6 | 餐後聊天，老奶奶言及沒有生活目標。【紫苑、沙布、奶奶：歡樂→苦澀】 | |
| | 節拍 7 | 送別時沙布親吻紫苑臉頰【沙布：苦澀→欣喜】 | |
| | 節拍 8 | 紫苑表示不解【沙布：欣喜→生氣】 | |
| | 節拍 9 | 月亮的露珠鳴響【沙布：生氣→欣喜】對照【紫苑：惡感】 | |

40 羅伯特・麥基著，戴洛棻、黃政淵、蕭少嵫譯，2014，《故事的解剖》。臺北：漫游者文化。頁 257。

| 第一話　濕漉漉的老鼠 | | | |
|---|---|---|---|
| 場景 | 節拍 | 劇情大要 | 備註 |
| 第五景<br>紫苑房間 | 節拍 10 | 紫苑開窗嘶吼【紫苑：沉悶→解放】 | |
| | 節拍 11 | 老鼠侵入、扼住紫苑命令他不許動。【紫苑：解放→拘束】 | A-PART 結束 |
| | 節拍 12 | 紫苑說要幫忙包紮【老鼠：緊張→放鬆】 | B-PART 開始 |
| | 節拍 13 | 通話鈴響起【老鼠：放鬆→緊張】 | |
| | 節拍 14 | 紫苑對媽媽隱瞞事實【老鼠:緊張→放鬆】 | |
| 第六景<br>小房間 | 節拍 15 | 紫苑幫老鼠止血。老鼠稱讚紫苑 IQ 高，紫苑認為被調侃。【紫苑：平靜→微慍】 | |
| | 節拍 16 | 紫苑想幫老鼠打針、縫傷口。【紫苑：微慍→興奮】 | |
| | 節拍 17 | 紫苑覺得老鼠的名字奇怪，老鼠生氣。【紫苑：興奮→退縮】 | |
| | 節拍 18 | 開始縫合傷口【紫苑：退縮→平靜】 | |
| | 節拍 19 | 紫苑詢問受傷原因，老鼠回答自己是被城市狩獵的一方。【紫苑：平靜→感傷】 | |
| 第七景<br>紫苑房間 | 節拍 20 | 紫苑叫老鼠換上毛衣，看到老鼠背後的傷痕。【紫苑：加強感傷】 | |
| | 節拍 21 | 老鼠說飲料好喝【紫苑：感傷→安心】 | |
| | 節拍 22 | 老鼠試探：「你一直都這麼對人毫無防備嗎？」【紫苑：安心→生氣】 | |
| | 節拍 23 | 紫苑反駁【紫苑：生氣→疑惑】 | |
| | 節拍 24 | 老鼠露出微笑道謝【老鼠：刺探→相信】 | |
| 第八景<br>紫苑家客廳 | 節拍 25 | 媽媽和紫苑收到治安局通知，紫苑告知老鼠。【老鼠：安心→警戒】 | |

| 第一話 濕漉漉的老鼠 | | | |
|---|---|---|---|
| 場景 | 節拍 | 劇情大要 | 備註 |
| 第九景紫苑房間 | 節拍 26 | 紫苑送上晚餐【老鼠：警戒→放鬆】 | |
| | 節拍 27 | 紫苑詢問老鼠能否安全逃脱【紫苑：愉快→擔心】 | |
| | 節拍 28 | 老鼠詢問 NO.6 的真相【紫苑：擔心→平靜】 | |
| | 節拍 29 | 紫苑詢問老鼠為何被抓。老鼠的回答和新聞不一樣。【紫苑：平靜→驚訝】 | |
| | 節拍 30 | 老鼠告知將被送到市中心【紫苑：更加驚訝】 | |
| | 節拍 31 | 紫苑詢問原因，老鼠不回答。【紫苑：驚訝→生氣】 | |
| | 節拍 32 | 老鼠反問「聽完能假裝什麼都不知道嗎？」【紫苑：生氣→更加生氣】 | |
| | 節拍 33 | 老鼠提醒紫苑的處境【紫苑:生氣→沉默】 | |
| | 節拍 34 | 老鼠説自己看到紫苑在窗台嘶吼【紫苑：沉默→害羞】 | |
| | 節拍 35 | 紫苑想抓住老鼠卻被反擊倒地。老鼠對自己的殺人技巧很得意。【紫苑：害羞→好奇】 | |
| | 節拍 36 | 紫苑發現老鼠發燒，老鼠拒絕紫苑去拿藥。【紫苑：追求客觀知識→提供情感陪伴】 | |
| 第十景紫苑家 | 節拍 37 | 治安局來訪。紫苑站在窗外遙望藍天，表情爽朗。【紫苑：被動捲入事件→自覺迎向未來】 | B-PART 結束 |
| 第一話 完 | | | |

表格來源：作者整理

在故事剛開始，男主角紫苑的形象是優秀的乖孩子。雖然在班上守秩序、在長輩家有禮貌，但都是被動的作為。他人生的轉捩點就在與老鼠相遇後，由被動捲入事件變為自覺迎向未來，最後促成反烏托邦城市之隳圮。男主角命運的劇烈轉變在第一集 23 分鐘的劇情裡已奠下基礎，使接下來的行動具有說服力。

第一集共使用了十組場景。最前面 1 到 4 景的功用相當於為觀眾導覽這座城市。此時登場角色中以沙布最為重要，這段就由沙布引導著紫苑的行動。到節拍 11，紫苑被拘束是本集第一個高潮。在廣告之後、B-PART 開始到本集結束的六個景，都只在紫苑家中。劇情也進入主線、由紫苑和老鼠交互帶動。最後的節拍 37，男主角的心理轉變是第二個高潮，令觀眾期待此後的故事發展。第一集前後半的劇情銜接相當順暢，事實上，A-PART 第一到四景幾乎全是動畫對原作的「再創作」。原作小說相當於從動畫的節拍 1 跳接到節拍 10，現在看到的節拍 2 到節拍 9 全是動畫製作組的填充。

我們接著仔細看動畫製作組對哪些地方進行再創作——小說讓讀者接觸角色「怎麼想」，動畫則直接讓觀眾看「是怎樣」——在節拍 1，雖然小說開頭同樣是寫老鼠逃離追捕、經由下水道前往住宅區；但是老鼠的中彈已於過去發生，最後也沒有被柵欄擋下。小說採第一人稱視角、以緩慢的語調描述，讓讀者感受老鼠因傷蹣跚的步伐。動畫則直接演出一段驚心的追逐，將警察開槍、老鼠中彈流血的畫面送到觀眾眼前。這是動畫增加的細節，宣揚違抗者即死的「暴力性」。[41] 下水道盡頭的柵欄一景，意味無處可逃的絕望，在在加強反烏托邦特色。

接著第 2 景，沙布在台上發表專題、同學在底下喧鬧破壞秩序的情節，是出現在小說第八冊。同學嘲笑沙布穿的、祖母所織的毛衣是出自小說第二冊、沙布的回想中。在原作沙布的祖母只有被提及而沒有出現，故第三、第四景也全是動畫原創。在此展現了沙布對紫苑的好感、讓觀眾看到之後將成為線索的沙布大衣外套、一位

41 無獨有偶，《來自新世界》動畫第一集開場也採用與小說開場不同的暴力場景。

和藹的老奶奶。沙布的祖母在第五集住進黃昏之家、第六集便過世，她的死亡又與NO.6的殘酷真相連結。這個角色的加入可說「人盡其用」，相當成功。最後，我們要再次確認動畫在改編之際是否仍然抓緊原作既有的反烏托邦要素。以《未來都市 NO.6》第一集而言，一個反烏托邦社會的輪廓已大致呈現於觀眾眼前——

1. 極權性：老鼠告知 NO.6 不為人知的一面，人民實為任其宰殺的獵物。
2. 暴力性：全片開場，治安局追殺老鼠的喋血場面。
3. 樂園性：沙布的祖母表達住在 NO.6 生活沒有任何不便。
4. 對比性：逃亡者老鼠一人，對比治安局的高武力、高科技全面通緝。
5. 警示性：藉老鼠和沙布的祖母，明示暗示 NO.6 並非真正的樂園。

而這些反烏托邦要素，將會在接下來的劇情再獲得強化。對於《未來都市 NO.6》之跨媒體改編成果，應當給予極高評價。

## 五、結論：自 2015 年展望

對娛樂產業而言，反烏托邦題材會太政治、沒市場嗎？答案應是否定的。2012 年美國反烏托邦電影《飢餓遊戲》熱賣，其後又有《戰爭遊戲》、《分歧者》、《記憶傳承人：極樂謊言》以及《移動迷宮》等作品持續此熱潮。[42] 在日本，賣座的動畫作品會透過改編為漫畫或小說，再試著向動畫觀眾之外的客群傳播。例如《心靈

42 見〈是慰藉還是逃避？反烏托邦小說改編電影的過去、現在與未來〉http://www.hypesphere.com/archives/60176。

判官》發行了四部動畫，還有六部改編小說、四部改編漫畫，[43] 作品世界觀還在持續擴大。日本今年（2015）已上映四部反烏托邦動畫，且其中三部是原創劇情，各具特色。接著還將由上映伊藤計劃的反烏托邦小說《和諧》所改編的劇場版動畫。未來似乎可以期待會有更多具思想深度、又富趣味性的作品。以研究者的角度看，反烏托邦動畫的內在思想與外在表現兩方面，都具有深入探討的價值與空間。從閱聽人的角度看，觀賞動畫所接收到的警示，正足以刺激我們反思在龐大社會機器裡渺小的個人「應該如何活著」這個切身的大哉問。筆者身為研究者和閱聽人，在此期待反烏托邦動畫往後能更臻精美，也期待學界給予更多的關注。[44]

43 動畫有第一季、第二季、新編集版、劇場版；小說有《PSYCHO-PASS サイコパス》、《PSYCHO-PASS GENESIS》、《PSYCHO-PASS ASYLUM》、《PSYCHO-PASS サイコパス 追跡者 縢秀星》、《PSYCHO-PASS サイコパス 執行官 狡噛慎也 理想郷の猟犬》、《PSYCHO-PASS サイコパス（0）名前のない怪物》；漫畫有《監視官常守朱》、《PSYCHO-PASS サイコパス 2》、《PSYCHO-PASS サイコパス 監視官 狡噛慎也》、《学園さいこぱす》等。

44 本文初稿於交通大學通識教育中心數位動畫文創學程主辦「2015 第四屆御宅學術文化國際研討會」宣讀，感謝評論人鄭聖勳老師給予許多寶貴意見，今依建議修改主題及內容。會後來賓熱情討論，多有助益，在此一併誌謝。又，刪修之際忽聞聲優松来未祐小姐訃訊，睹物悵然。《下流梗不存在的灰暗世界》是本文重要研究對象之一，由松来小姐配音的安娜・錦之宮極有魅力。在此表達敬意。

# 參考文獻

## 中文

うたたP原作、鳥居羊著，猫ノ助譯，2013，《這裡是幸福安心委員會》。臺北：台灣東販。

うたたP原作、鳥居羊著，猫ノ助譯，2015，《這裡是幸福安心委員會 女王陛下與永遠幸福的死刑犯》。臺北：台灣東販。

尤金・薩米爾欽著，殷杲譯，2014，《我們》。臺北：野人文化。

王國安，2012，《臺灣後現代小說的發展——以黃凡、平路、張大春與林燿德的創作為觀察文本》。臺北：秀威資訊

阿道斯・赫胥黎著，吳妍儀譯，2014，《美麗新世界》。臺北：野人文化。

高千惠，2009，《藝文烏托邦簡史》。臺北：藝術家。

張惠娟，1986，〈樂園神話與烏托邦——兼論中國烏托邦文學的認定問題〉。《中外文學》(15)3：78-100。

張惠娟，1989，〈反烏托邦文學的諧擬特質〉。《中外文學》(17)8：131-146。

淺野敦子著，珂辰譯，2008，《未來都市 NO.6 #1》。臺北：皇冠文化。

——，珂辰譯，2008，《未來都市 NO.6 #2》。臺北：皇冠文化。

——，珂辰譯，2009，《未來都市 NO.6 #3》。臺北：皇冠文化。

——，珂辰譯，2009，《未來都市 NO.6 #4》。臺北：皇冠文化。

——，珂辰譯，2009，《未來都市 NO.6 #5》。臺北：皇冠文化。

——，珂辰譯，2010，《未來都市 NO.6 #6》。臺北：皇冠文化。

——，珂辰譯，2010，《未來都市 NO.6 #7》。臺北：皇冠文化。

——，珂辰譯，2010，《未來都市 NO.6 #8》。臺北：皇冠文化。

——，珂辰譯，2012，《未來都市 NO.6 #9》。臺北：皇冠文化。

喬治・歐威爾著，吳妍儀譯，2014，《一九八四》。臺北：野人文化。

歐翔英，2009，〈烏托邦、反烏托邦、惡托邦及科幻小說〉。《世界文學評論》2：298-301。

謝江平，2007，《反烏托邦思想的哲學研究》。臺北：中國社會科學。

韓立，1984，〈反烏托邦文學——紀念「一九八四」〉。《新書月刊》(5)：12-15。

薩米爾欽著，吳憶帆譯，1997，《反烏托邦與自由》。臺北：志文。

羅伯特・麥基著，戴洛棻、黃政淵、蕭少嵫譯，2014，《故事的解剖》。臺北：漫游者文化。

## 外文


Booker, M. Keith.1994. *DYSTOPIAN LITERATURE: a theory and research guide,* Westport, Conn.: Greenwood Press.

Hui-chuan, Chang. 2003. “Zamyatin's We : A Reassessment.” 臺大文史哲學報 , 58: 231-250.

Horowitz, Maryanne Cline. 2005. *New Dictionary of the History of Ideas,* N.Y.: Charles Scribner's Sons.

Vieira, Fátima. 2013. *Dystopia(n) Matters: On the Page, on Screen, on Stage.* N.U.T.: Cambridge Scholars Publishing.

「世界文学大事典」編集委員会，1997，《集英社 世界文学大事典 5》。東京：集英社。

あさのあつこ，2003，《NO.6 #1》。東京：講談社。

——，2004，《NO.6 #2》，東京：講談社。

——，2004，《NO.6 #3》，東京：講談社。

——，2005，《NO.6 #4》，東京：講談社。

——，2006，《NO.6 #5》，東京：講談社。

——，2007，《NO.6 #6》，東京：講談社。

——，2008，《NO.6 #7》，東京：講談社。

——，2009，《NO.6 #8》，東京：講談社。

——，2011，《NO.6 #9》，東京：講談社。

アニメディア編集部，2011，《オトナアニメディア vol.1》。東京：株式会社学研ポブリッシング。

グレゴリー・クレイズ著，小畑拓也譯，2013，《ユートピアの歴史》。東京：株式会社東洋書林。

三浦良邦，2012，〈ユートピア ディストピアージョンの自殺の意味するもの一〉。《近畿大学教養·外国語教育センター紀要 外国語編》(2)2：1-12。

小山昌宏、須川亞紀子編，2014，《アニメ研究入門 増補修訂版》。東京：現代書館。

洋泉社，2012，《オトナアニメ Vol.26》。東京：洋泉社。

藤津亮太、日詰明嘉，2014，《樂園追放》。東京：ティ・ジョイ社。

藤津亮太，2014，〈サイバーパンクとアニメの距離感〉。《S-F マカジン》(55)11：78-81。

齋藤次郎，1996，《「少年ジャンプ」の時代》。東京：岩波書店。

## 網路

「反烏托邦題材動畫」條目，維基百科，取自 https://zh.wikipedia.org/wiki/Category: 反烏托邦題材動畫。

「反烏托邦題材動畫電影」條目，維基百科，取自 https://zh.wikipedia.org/wiki/Category: 反烏托邦題材動畫電影。

〈是慰藉還是逃避？反烏托邦小說改編電影的過去、現在與未來〉，取自 http://www.hypesphere.com/archives/60176。

〈藝術與建築索引典〉，取自 http://aat.teldap.tw/AATFullDisplay/300055516。

〈vocaloid 中文歌詞 wiki〉，取自 http://www9.atwiki.jp/vocaloidchly/pages/4558.html。

〈ADJOURNED DEBATE.（Hansard, 12 March 1868）〉，取自 http://hansard.millbanksystems.com/commons/1868/mar/12/adjourned-debate。

〈Nineteen eighty-four de George Orwell como influencia en obras de la cultura de masas -V for Vendetta and 2024-.〉，取自 https://ruidera.uclm.es/xmlui/bitstream/handle/10578/6615/TESIS%20Gald%c3%b3n%20Rodr%c3%adguez%20%28resumen%20en%20ingl%c3%a9s%29.pdf?sequence=2&isAllowed=y。

〈wikipedia: Dystopian_anime_and_manga〉，取自 https://en.wikipedia.org/wiki/Category:Dystopian_anime_and_manga。

〈ウィキペディア：ディストピアを題材としたアニメ作品〉，取自 https://ja.wikipedia.org/wiki/Category: ディストピアを題材としたアニメ作品。

〈【初音ミク】こちら、幸福安心委員会です。【オリジナル】〉，取自 http://www.nicovideo.jp/watch/sm18100389。

# 迷的戰鬥：
## 試論 APH 國家擬人文本及次級文本的政治表現

蔡佩真

## 一、前言

動畫及漫畫文本作為一種庶民文化（popular culture）的表現，本身就具有抵抗及批判的性格本質。從報紙副刊的諷刺政治漫畫開始，到現今每一部動漫作品，裡面的文本敘事結構潛藏著各種政治表現，包含故事背景、形成的世界觀、角色人物的設定、情節發展等，以及更重要的是文本和閱聽人之間的政治關係。

諸多動畫和漫畫文本呈現的可親近性，在大多數時候時常使人們忽略背後隱含的政治問題以及政治意識，使人們產生對於文本裡面的政治應該要避而不談的錯覺。徐佳馨（1990）的研究指出，日本動漫文本中的可愛人物圖像塑造了無害形象，能夠輕易的進入人們的視野，這些文化商品透過文化工業正在大舉傾銷至亞洲各國，逐漸形成另一種文化殖民，營造了一個新的東亞共榮圈。然而，這種以可愛圖像塑造的無害錯覺，並不足以使閱聽人忽略它們的政治問題，而是根據動漫文本的內容是否「踩到政治上的紅線」作為判斷的標準，特別是那些對閱聽人來說，以現實的歷史經驗作為基底的文本，相對比起其他奇幻或改編的動漫文本更容易被放大檢視。

漫畫文本引發的政治問題，是發生在文本外的政治表現。APH 以歷史情節作為主要故事脈絡，透過性別、身體、民族性、刻板印象作為文化符號相互堆疊，將每個國家擬人化形成一個角色人物。戰鬥（在文本中更常見戰爭）本身作為敘事結構的一部分是在文本內的政治表現，如同真實世界的鏡像及反映。在 APH 裡，任何一種縮寫（尤其是姓名／國名）都不是單純指涉的，而是藉此比喻、投射真實世界的樣貌。這也就是為何即使 APH 原作載明「本作中的人物和國家一切無關」、「本故事純屬虛構，與實際人物、團體、事件等，毫無任何關聯」，[1] 卻難逃網路上的政治追殺和政治論戰，在網路上牽動了敏感的政治神經。[2] 為了避免引起更大的政治爭議，日本網友針對 APH 發起「檢索規避」（ 索避け），在二次創作時利用圖案或符號夾雜於角色人物姓名（國名）之間，尤其是那些原作沒有設定姓名的角色，藉以規避網路搜尋。臺灣的 APH 迷承接日本的檢索規避原則，發展自主規避的 APH 網路禮儀，[3] 除了要避免網路搜尋，主要迴避來自三次元真實世界的尖銳政治攻擊。PTT APH 板規提到 APH 文本題材是相當敏感並具有危險性的，而且為了不挑起網路上的政治爭端，在 APH 迷之間設有自主規避的規定，這是在其他動漫文本二次創作時少見的公開規則。[4]

自主規避原則就是在一來一往之間的真實世界與虛像世界的攻防戰，透過符號的重新拼貼與再製，透過 APH 文本以及次級文本表達政治態度、嘲諷政治時事，用二次元的敘事結構手法在第三級文本重新取得政治的話語權。APH 迷並不只是單純地狂熱 APH 以及文化商品，而是從原本入門的讀者（reader），到專注、崇拜的消費者迷，更進一步，迷之間形成狂熱氛圍，加強情感資本的投入，進而產生愉悅和意義。這股積極的實踐力使得迷從消費層次進階到

---

1 參見作者官網 http://www.geocities.jp/himaruya/hetaria/index.html 以及 APH 漫畫，2009，宣告頁。臺北：原動力亞細亞。

2 當 APH 動畫在韓國放送時，隨即引起韓國網友一陣抵制與撻伐，認為這部作品冒犯並侮辱韓國（角色名），其他相關描述則美化了戰犯國等，應該要中止放送。參見〈アニメ「ヘタリア」に怒っている韓国ネチズンがいる？〉，ITmedia News，2009 年 1 月 13 日，http://www.itmedia.co.jp/news/articles/0901/13/news088.html。

3 APH 網路禮儀推廣，網址 http://kuruma.holy.jp/aphm/APH_manner.htm。

4 APH 自主規避規則並沒有強制力，無法約束每個迷都必須依照規則進行二次創作。

解讀（reading）層次。迷經由文本架構的敘事理解世界，在閱讀及反映的過程中，崩解或重新建構這個大敘事，開始建造屬於自己的小敘事，迷和文本之間產生了「空隙」。這層空隙使得每個迷位在一個可以任意游移於虛像世界和真實世界之間，閱聽人自身——也就是具備積極主動態度的解讀的迷，正在以自己的方式和真實世界戰鬥。

本文將從 APH 文本分析出發（主要討論漫畫和動畫作品），從符號論系統的觀察，徹底解析 APH 從敘事結構到人物塑造一系列過程，以及角色人物如何進行標籤及識別，並探討其中的政治表現。接著討論文本如何引起入門讀者的介入並誘發回應，使得入門讀者進階成為解讀的迷，迷會從文本中提取人物符號的意義，建構自己以及人物符號及符號之間的關係，以造成收編消費者迷以及解讀的迷進行意義再生產的循環，並分析迷自己重新情境化的第三級文本，討論介於二次元角色人物和三次元真實國家概念之間的政治問題。最後解讀迷的文本敘事策略，如何投射、反映、嘲諷真實世界，進而扭轉成為一個二點五次元的空間，在迷文本演繹的二次元平行世界和三次元的真實世界之間，彼此交錯發生戰鬥。在政治符號、商業化符號和迷的三方妥協中，這裡將借用 de Certeau 的概念思考 APH 迷作為「文本的盜獵者」（textual poachers）展現的詩意的抵抗，從不是浪漫的，而是充滿批判的。

## 二、漫畫與政治

漫畫在字典中的定義是：

> 抓住人物特點，用誇張或歪曲的手法呈現，以產生滑稽諷刺的繪畫。筆法簡單，不拘形式；題材自由變換，或出於想像，

或掇拾時事，或描繪片段人生，而以趣味為主。[5]

這段官方對於漫畫的解釋，就某種程度來說，可視為宰制階級向庶民妥協的結果。

漫畫和政治的關係，是在社會場域中奪取政治詮釋權的攻防戰，以 Fiske（1993）的話來說，庶民文化是和宰制階級鬥爭的場域。漫畫是臺灣社會當前的流行文化，作為一種採取象徵符號結構的文化體系，本身隱含社會群眾的認同正當性，以及在流行傳播之中滲透著意識形態（高宣揚，2002：402-403）。宰制階級透過文化工業大舉收編並掌控流行文化，利用流行文化的通俗大眾特質灌輸意識形態，使得大眾無法察覺。但是，下層階級的閱聽人不再是文化工業機制的無知大眾，而是具有能動性的積極閱聽人，他們將文化工業的文化商品重新編碼再生產意義，巧妙利用弱者的戰術（a tactic is an art of the weak，de Certeau，1984：37）在秩序結構之中取得一席之地。因此，臺灣的漫畫發展成為流行文化之時，就形成了宰制階級和下層階級相互拉鋸的動態場域。

#### 1. 關於臺灣漫畫的發展

許多關於動漫畫的研究（陳仲偉，2009；蕭湘文，2002）都指出臺灣漫畫的發展受到政治經濟結構層次影響，宰制階級由上而下介入生產控管及傳播意識形態，將漫畫收編作為宰制階級所用。從日治時期開始，臺灣漫畫受到日本漫畫的影響開始發展。在這個階段，漫畫文本產製以關懷社會及諷刺時事為主要內容，在報紙或雜誌上也出現相關的漫畫，這些漫畫以圖像的方式反映臺灣在地社會經驗及政治現實（洪德麟，2003）。戰後初期，漫畫形式及表現風格延續日本漫畫的影響，但漫畫的政治諷刺精神以及社會政治諷刺性格逐漸固著下來，漫畫就是應該具有批評時政的特質形成了社會

5　參見教育部《重編國語辭典》修訂本：「漫畫」條目。

共識。但是，面對臺灣民間急遽成長的漫畫風潮，國家機器試圖收編並積極控制這種「流行的」大眾媒介，直接從結構面向介入其中，以奪取這個庶民文化的詮釋權。[6] 國家機器從結構面介入漫畫的生產過程，凡是不合國家敘事意識形態的內容都必須修改或刪除，只能呈現官方主導之下的意識形態，即使在臺發行的日本漫畫，仍舊必須服膺於大敘事架構底下運作。[7] 日本漫畫文本的輸入，本土漫畫陷入發展困境，臺灣讀者逐漸「習慣」日式美學風格，日本漫畫也成為讀者拿來評比本土漫畫創作的憑藉（蕭湘文，2002），觀看某些日本動畫作品也形成世代集體記憶的一部分。迄今，臺灣漫畫承繼以往庶民文化抵制的歷史經驗，搭合鄉土意識潮流，將臺灣的歷史文化片段融入漫畫圖像敘事情節當中，以漫畫作為對於臺灣歷史及文化經驗的重新認知能夠成為一種流行趨勢，透過通俗大眾化的方式使人們了解並回溯臺灣歷史經驗的可能性。

晚近的漫畫研究加上了日本動畫，從政治經濟結構走向文化社會的脈絡，相關動漫次文化以及深入動漫文本的討論漸多。例如李衣雲（1999／2012）以 Bourdieu 社會資本、文化資本及象徵資本的場域動力學（the dynamics of fields）解讀漫畫的文化結構，探討臺灣政治經濟社會場域的變化，改變漫畫場域在整個文化場域中的位置，影響漫畫場域中的生態。也有其他許多文章深入討論宮崎駿動畫電影或是《新世紀福音戰士》（新世紀エヴァンゲリオン，1995）等，指出日本動畫文本的表現美學形式及社會影響力。從文

6 漫畫審查制，漫畫創作視作文藝活動，納入 1950-60 年代國家反共（懷鄉）文藝政策的一環，1966 年頒行《編印連環圖畫輔導辦法》，掌控漫畫文本的出版。

7 日本進口的漫畫經過審查和刪減修改後（例如將主角名改為中文名等）仍可出版，例如《ドラえもん》中譯名是小叮噹（哆啦 A 夢），主角人物原名是野比大雄改為葉大雄，同時也有很多出版社盜版日本漫畫，在電視播映的動畫亦採取相同的作法。

化社會脈絡來看，動畫和漫畫的文化建構不能忽視讀者，文本、作者和讀者之間的互動，共同構築整個漫畫生態的結構。這群閱聽人表現對於文本的態度，以及更重要的，跳脫單純的入門讀者身分，從消費者迷轉而成為具備主動實踐力的積極閱聽人（positive audience），掌握了文本的解讀詮釋權。

### 2. 從「迷」出發

漫畫具有的通俗及大眾特質，特別注重讀者的反應，尤其是那些積極的閱聽人——迷，在文本和讀者的空隙中重新建構意義，透過自己的敘事策略和意識形態發生鬥爭。Hills（2009）重新檢視迷文化及理論建構，他如此定義「迷」：

> 他們可以用各種有趣的方式解讀媒體文本，其解讀手法甚至可能出人意料之外；…迷們其實頗熱衷於參與社群活動，並非一般想像中的「社會孤僻者」，或是一群疏離的觀賞者／讀者。

當一般讀者開始成為某特定事物的閱聽人，成為一個入門的迷及消費的迷，並大量地攝取關於文本的訊息，透過不斷消費文本，投入大量情感和知識，進而自我能夠任意閱讀文本，解讀文化符號，從各種有趣的方式重塑文本對於自我的意義，進一步提升成為具備實踐力成分的解讀的迷。Jenkins（1992：86）提到崇拜者閱讀（fan reading）特色是具有強烈的知識投入與情緒投入…，崇拜者是透過社群一份子的方式來消費文本。崇拜文化是有關公共展現，與意義生產和閱讀實踐的流通。迷意謂著他們對文本的參與是主動的、熱烈的、狂熱的、參與式的，他們的著迷行為會激勵他們生產自己的文本（Fiske，1989）。相對於消費者迷，這些解讀的迷重新轉化文化商品的意義，透過迷的文本敘事策略抵制宰制階級支配的秩序。de Certeau（1984）認為具有能動性的消費者具有重新組織與解構編碼的創造力，他們以自己的方式「使用」這些由支配性的經濟秩序所強加產品的方式來展現自己，挪用生產者的生產成果，庶民以具體實踐活動進行二次生產（secondary production），這是對抗強而有力策略的弱者之戰術（weak tactics）形式。

動畫和漫畫研究轉向閱聽人——迷的視角，探討迷形成的社群、組織、文化商品的消費型態、同人誌販售會、認真休閒的特質、身體展演以及 BL（Boy's Love，女性向男性同性愛創作）等，這些二次生產的文本共同構築整個動漫迷社群。在臺灣，動漫迷[8]是喜愛動畫、漫畫或相關文化商品的一群人，他們從喜愛作品開始，到廣泛獵取文本，自己又再度演繹文本形成各種二次生產文本，例如創作同人誌、寫同人小說、製作影片、角色扮演（costume play，簡稱 cosplay）等。從迷的視角出發，取得迷的視野，持續維持高濃度的情感勞動，並將共享的文本符號進行意義的再製及延續，形成了一個完整的迷體系。迷用自己的敘事策略，形成了文本的多義性（polysemy），在二次元的敘事結構中取得政治詮釋權。而文本本身的敘事結構、符號構成、人物設定等，每一項符號的形塑都具有政治表現，並且影響文本是否能夠流行，以及能否引起讀者的回應。

## 三、關於 APH

*Axis Powers Hetalia*（Axis powers ヘタリア）首字母縮寫為 APH，作者日丸屋秀和，文本定位是一個國家擬人化歷史喜劇漫畫

---

8 動漫或遊戲作品的愛好者形成的族群正式名稱為御宅族，這裡採用媒體呈現的用法，以顯示動漫文本作為一種媒介文本引起的媒體迷（media fandom）。

作品（国擬人化歴史コメディ漫画），敘事架構以世界史作為題材主軸，將世界各國固有的風俗、潮流、地方習性、文化環境等要素構成人型化的角色。故事內容是一戰到二戰期間，以主人公義大利（弟）和軸心國為中心，描繪圍繞著他們的史實喜劇，並穿插感人的民族笑話（ethnic joke）。有時題材不盡然是世界史，也包含許多時事話題或人物角色的改編軼事（anecdote）。實際上，APH 文本名稱本身，來自於日本 2CH 網路討論版上諷刺二戰時期的義大利，身為軸心國卻怠惰軟弱的形象（へたれなイタリア）。[9]

APH 不是定義上的歷史漫畫，[10] 而是將歷史以政治漫畫的嘲諷手法，重新解讀歷史，以一個非主流的歷史觀點，將一戰及二戰歷史切片作為故事背景寫入漫畫中，以嘲諷幽默的喜劇方式呈現敘事結構，在文本內容的表現上更接近於青年漫畫。[11] 此作和其他連載漫畫形式不同之處在於它不是以固定的漫畫章法表現，圖像線條介於草稿和完稿之間，也沒有使用分鏡技法。它最初發表是在作者部落格的網路漫畫（web comic），加上題材方面多是以歷史軼事或時事話題為主，並多使用政治漫畫（editorial cartoon）常見的一格和四格漫畫，以漫畫圖像諷刺現實社會和政治，具有濃厚嘲諷批評政治的特質（石武耕，2006；王柏鈞，2010）。APH 動畫每集五分鐘，內容近似於單元劇，有時並不連貫，和一般常見改編漫畫的動畫格式亦不相同。而 APH 能夠引起廣大的迴響，在文本方面，以歷史作為主題的架構，以時事作為內容的話題，搭合日本新一波擬人化風潮，將國家擬人化的人物形象，透過網路迅速傳播。Fiske（1993）認為庶民文本要和庶民文化消費的日常生活接軌，

---

9　參見作者官方網站，維基百科 Axis powers ヘタリア條目。

10　以歷史人物或史實作為題材，虛構和寫實部分參雜的文本。參見維基百科歷史漫畫條目。

11　通常較為寫實，也包含較多主題，內容有社會、經濟、思想或政治，有時和少年漫畫或少女漫畫界線並不明顯。參見維基百科青年漫畫條目。

以媒體作為中介，媒體的消費模式是開放且彈性的，庶民從政治經濟結構的空隙發起個體的能動性，將漫畫符號重新挪用、拼貼或重製，重新產製意義對抗真實世界的意識形態。發表在部落格的APH 網路漫畫引發了第一波讀者的討論與回應，網路的開放性討論空間使得讀者和作者之間幾乎沒有隔閡，實際上，作者也時常以一個社會個體的能動性，重新情境化操作這些人物符號，並在網路上和讀者互動。作者不是一個標準作者，他和讀者幾乎沒有界線。當讀者成為積極閱聽人之後，他們的反映在某些程度上影響作者對於文本的設定，[12] 引發閱聽人自身及其他閱聽人的關注以及對於人物角色的符號認同，形成了文本、作者和閱聽人之間相互影響的迴路。因此，從文本來源結構來看，APH 文本從敘事結構到人物塑造一系列過程，以及角色人物的標籤及識別，每一項文本構成的要素是發生在文本內的政治表現。

### 1. 敘事結構

敘事結構是一個文本的章法與準則，主要是情節設定與主題安排。在漫畫研究中，文本劇情是決定文本是否引人入勝的主要原因（蕭湘文，2002；李衣雲，2012）。事實上，APH 在某些程度上規避現實的歷史經驗，以真實世界作為藍本營造二次元想像空間，在這個相對安全的二次元世界中，圖像作為一種象徵意義形成安全距離，召喚讀者的歷史經驗進入文本當中。但是，不能否認有些讀者「很自然地」不喜歡這類型的文本，他們認為這是對於歷史的冒犯。[13] 李衣雲（2012）認為漫畫文本需要讀者產生認同文本情境，

---

12 例如讀者任意將人物角色性別轉換，影響作者也發表了相關的人物設定，稱為本家性轉。

13 如同先前提到的韓國問題引發的政治爭端，但是他們不是自然地否定APH，而是有意識的解讀文化商品隱含的意識形態，Otmazgin（2013）認為日本以國家主導文化工業的產製，業餘繪師及御宅族推波助瀾整個文化工業意識形態的形成。

以及讀者和文本產生共通經驗。APH 的敘事情境沒有造成讀者與日常生活世界的完全阻隔及斷裂，反而需要讀者透過自己認知的歷史經驗套用在其中的情節，才能看懂歷史梗或時事梗，加上文本沒有依照歷史線性時間發展脈絡，而是以類似單元劇的方式，將民族笑話或刻板印象拉攏在一起，例如希臘與日本的和緩關係（漫畫第 2 冊 34 頁）這一段落包含：果然很喜歡貓、西元前非常強盛、裝傻也是種特技、以和為貴等五個子題。因此，APH 以二戰時期義大利（弟）的故事作為連續性的開端，但敘事章法卻是以主題呈現，沒有既定安排的規則。

APH 文本敘事結構可以拆解成兩大部分，一部分是以人物帶動劇情的民族笑話和時事趣聞，另一部分是國家戰爭（角色之間的戰鬥）的軼聞。在文本中，每個角色代表的是每個國家的民族性或國民性，民族笑話透過角色之間的互動，諷刺對於各國的刻板印象或社會文化的黑色幽默。這些國家民族性之刻板印象的文化基礎，來自於每個國家或民族共有的價值觀體系和文化表現，例如美國具有英雄主義的特質，法國很會做料理，德國性格很謹慎小心等，透過這些將刻板印象定型化的誇大漫畫角色，加強符號指涉。戰爭作為文本的主要情節脈絡，疊合大敘事的架構。在文本中，以角色之間相互「打架」指稱國家戰爭，例如美國獨立戰爭（漫畫第 1 冊 73 頁美國的倉庫整理），瑞典波蘭之戰（漫畫第 3 冊 106 頁北歐霸主與中歐王者）等，但是，戰爭情節有時並沒有連續性，戰爭軼事常常才是諷刺重點。軼事是基於歷史事實的微小片段，在主流歷史觀點時常被掩蓋或隱而不談，然而文本卻擷取這些片段加以放大，透過角色之間的互動關係，強調軼事在劇情脈絡中的作用，加強故事性。

### 2. 人物塑造

漫畫文本的劇情走向需要透過鮮明刻劃的人物，敘事情境才能完整，而讀者則需要透過人物圖像的角色設定幫助理解劇情，進入文本，以及產生認同角色的心理。在文本中，每個形塑的人物角色代表每個國家，透過性別、身體、民族性、刻板印象以及歷史經驗作為文化符號相互堆疊，將人體的各種生理表徵比喻為國體和身體，角色之間的人物關係比擬為國與國之間的歷史糾結，描繪具體的政治關係，形成國家人格化形象，也就是國家化身（national personification）的擬人化符號。擬人化是將人類的形態、外觀、特徵、情感、性格特質套用到非人類的生物、物品、自然或超自然現象，[14] 時常用於文學及藝術表現，而日本漫畫的始祖《鳥獸人物戲画》即是以擬人化的動物諷刺政治腐敗（陳仲偉，2009），在這之後，擬人化成為重要的漫畫文法，擴大了漫畫圖像意義的表達範圍。到了當代，擬人化的發展接合御宅族對於動漫人物角色判斷的一種萌發的情感（王佩廸，2011；傻呼嚕同盟，2007），形成了新一波的擬人化傾向—萌擬人化。將擬人化的對象目標，從人物角色的萌屬性（moe-attribute）和萌要素（moe-elements）[15] 資料庫中任意提取某些元素組合，形成一個人格化的符號，作為虛擬角色代言人或是再度構成動畫、漫畫或遊戲相關文本，[16] 從二次元再現三次元世界的政治意義。

國家作為一個想像的共同體概念，將之擬人化或擬物化，都是將某些特質疊合在對於國家的特定印象。國家的民族性格是反映某個國家或民族的生活經驗及文化價值，透過文化媒介及全球化的影

14 參見維基百科擬人論條目。

15 參見 Wai H. Yiu and Alex Chlng S. Chan. 2013. ""Kawaii" and "Moe"—Gazes, Geeks (Otaku), and GlocaMzation of Beautiful Girls (bish jo) in Hong Kong Youth Culture". Position, 21(4): 853-884.

16 前者例如藍澤光，臺灣微軟分公司開發技術平台 Microsoft Silverlight 的虛擬宣傳代言人，後者例如艦隊これくしょん（艦隊 Collection），以二戰時期大日本帝國軍艦為題材，萌擬人化的網頁遊戲。

響，使得多數人對於某個國家的刻板印象更為深刻，刻板印象的特定指涉形成共通經驗脈絡，以及漫畫人物形塑的法則，[17] 才能夠使每個人物符號性格鮮明且容易區辨，所以每個國家的民族性格（national character）以心理特質區分，例如古巴重情重義又豪爽，西班牙個性陽光、熱情、大而化之而且有點遲鈍，日本是安靜、認真，個性有點死板（漫畫第二冊人物列表）。這些角色人物形塑民族性格刻板印象，強化讀者和這些符號的連結關係，構成了國家擬人化的基本邏輯。在文本中的女性角色及男性角色，則是以歷史經驗作為參照的摹本，故事時間常以幾百或幾十年進行，人物年齡也會依據歷史時間不同而有不同的變化，例如以戰爭作為背景時，人物角色穿著改良後的軍服，以歷史軼事作為主題則改為當時的流行時尚。在人物角色的身體設定方面，人物角色身體的生理病痛，意味著國內經濟衰退、因外部或內部因素導致政局不穩；受傷的身體，表示國內人民受到傷害或死去，通常比喻成戰爭中的國家，因戰爭而經濟衰弱、民生凋敝、人民流離失所、領土被他國所侵略等，性別和身體，構成國家的陰性化或陽性化想像。從表 1 可得知設定為女性角色的國家，相較於男性角色鮮明的父權特質，女性角色國家幾乎都有著共通的歷史經驗，受外部侵擾或國家主權較不明朗、國際關係地位較不明確的地區（被支配或被隸屬）。在姓名方面，擁有自己的名字等同於掌握自我主體意識，其中有很大一部分都是男性角色，例如英國（Arthur Kirkland）、美國（Alfred F. Jones）、法國（Francis Bonnefoy）、俄國（Ivan Braginsky）等，匈牙利（Elizaveta Héderváry）及白俄羅斯（Natalia Arlovskaya）二個女性角色擁有自己的名字。擁有自我的名字，表示自我對於自我的認知，明確地認清自我的主體意義，並與他者形成區別。

---

17 在漫畫語言中，黑髮代表冷硬、強勢、深沉、神秘，白髮代表柔弱、光明、溫柔、教養等。參見李衣雲，2012，《變形、象徵與符號化的系譜：漫畫的文化研究》。臺北：稻鄉。

**表 1** 地理分界與國家角色性別對照表

| 地理分界 | 男性角色 | 女性角色 |
|---|---|---|
| 亞洲 | 中國、日本、韓國、香港、澳門、蒙古、泰國 | 臺灣、越南 |
| 美洲 | 美國、加拿大、古巴、祕魯 | 無 |
| 歐洲 | 義大利（兄弟）、德國、俄羅斯、英國、法國、西班牙、希臘、摩洛哥、奧地利、瑞士、波蘭、波羅的海三小國（立陶宛、拉脫維亞、愛沙尼亞）、北歐五國（丹麥、挪威、冰島、芬蘭、瑞典）、荷蘭、土耳其 | 列支敦斯登、比利時、烏克蘭、白俄羅斯、匈牙利 |
| 非洲 | 埃及、喀麥隆 | 賽席爾、摩納哥 |
| 大洋洲 | 澳洲、紐西蘭 | 無 |

表格來源：整理自 APH 人物列表

從符號觀察這些國家擬人化人物形塑的標籤及識別，以真實歷史經驗作為故事基底，在故事中的每一個歷史段落都具有強烈諷刺意味，人物角色符號則是將國家民族性格轉化擬人，透過性別和身體連結國體，對於國家的想像被定型為二次元世界的漫畫人物符號，這個想像的共同體發生在讀者和文本之間，在動畫化之後持續延伸閱聽人對於符號認同的意義。然而，文本區分為本家版（又稱同人版）和商業版兩種形式，漫畫版和網路漫畫版則有些許差異。本家版由作者主導，相對於商業版的編審機制，本家版除了本篇嘲諷政治及歷史之外，也有將敘事情境改為校園故事的學園 APH。許多 APH 迷詮釋的二次創作（derivative work）的第三級文本（tertiary text）都是以本家版作為指標的參考；商業版則是傾向出版社或動畫公司，以媒體守門人的編輯篩選機制呈現文本，掌控動畫監督或故事腳本的設定等。因此，APH 動畫化之後，透過文化工業的產製模式及行銷手法，圖像人物符號的呈現加上聲優的聲音表情，原本漫畫文本表現的庶民特質被轉化，動畫文本以電視和網路作為媒介，隱含宰制階級的意識形態，在故事腳本設定強調某些事件的發生，或是在畫面特別呈現某些特定人物符號，以及人物角色聲優的選擇等，每一項人物設定的屬性，都是要讓讀者將人物角色符號及聲音連接在一起，各種要素的集合也就引發了 APH 的政治爭議性。這些文化工業的手法，收編消費者迷，讓他們在消費文本的當下，僅僅止於人物符號單純作為符號，忽略了隱含其中的大敘事架構。但是，身為積極主動的閱聽人事先在網路上接收本家版的人物設定屬性，之後才有商業版的出現，APH 迷透過本家版建立共通經驗的共識，將商業化的符號盜獵過來，用以進行角色和國家之間連結的指認與辨識，建構自己以及人物符號及符號之間的關係，形成自己重新情境化的第三級文本。

## 四、迷的戰鬥

身為生產者的狂熱迷，他們的實踐與行動的動態過程，始終處在一個不斷地詮釋意義與生產意義的階段。由於漫畫畫格之間的空白需要讀者填補，讀者需要自行建立每個畫格之間的連續性，完成整個文本閱讀的過程（李衣雲，2012）。迷經由文本架構的敘事理解世界，在閱讀及反映的過程中，崩解或重新建構這個大敘事，開始建造屬於自己的小敘事，一個積極主動的迷就在反覆不斷地經驗文本中，關注文本沒有敘述的情節，將故事中的人物角色符號擷取出來，抽離原本文本的情節或重新安排意義，進行任意的排列組合，選擇各種面向詮釋情節或故事，例如改編、重新拼貼（bricolage）、戲仿（parody）、混雜（hybridity）等。在 BBS APH 版定位 APH 是一個戲仿（parody）文本，迷認定 APH 具有調侃、嘲諷、遊戲（play）特性的文本。Eco 認為迷狂熱文本的三個主要條件，說明了迷如何狂熱於迷文本的基本預設（引自 Hills，2009：236-237）：

1. 須具備一個完整敘事世界，於其中迷可以視之如同私人的、個人歸屬派別的空間，隨時均可返回……。
2. 具有可分性（detachability），或是非有機的不穩固性（ricketiness），使詞組、場景甚至感覺可以自文本中抽離出來……。
3. 具有活躍的文本性，意指狂熱文本應超越作者之設限，成為一個文本的文本，其起源別無其他，就只有純粹的文本性而已。

Hills（2009：243-244）強調的媒體狂熱展現獨特敘事形式的程度，是持續不斷地闡釋（perpetuated hermeneutic）或者是狂熱的無限延期敘事（endlessly deferred narrative）。無限延期敘事是讀者持續不斷地提出問題、沒有任何特定的意義或優先性，是持續不斷地再創造意義。APH 文本以歷史情境作為敘事架構的脈絡，故事以主題或單元的方式呈現，這些零散的片段或連續情節散落在文本四處，讀者必須將這些片段重新組合連結在一起，以形成完整的連續情節。因為整個文本的敘事情境是段落的組成，主題彼此之間有關或無關，對於迷來說，在進行閱讀及生產的行為時，APH 的每個片段和人物符號都可以從原本文本的敘事中抽離，文本當中的每一小片段都可能自成一個小故事，每個故事並不一定都有相關，每個出現在文本之中的角色也不一定都會出現在迷文本裡面，每個人物符號都是流動的。與其說 APH 超越作者的設限以及純粹的文本性，不如說 APH 作為一個諷刺政治漫畫本身的特性，就是要讓每個讀者（包含作者自己）反諷真實世界意識型態，遊戲（play）人間。

在 APH 裡，任何一種縮寫都不是單純指涉的，而是藉此比喻、投射真實世界的樣貌，也因為這種強烈的政治諷刺意味是真實的，而文本是虛像的，因此迷自己設下一道保護牆。日本的 APH 迷針對 APH 發起「檢索規避」（ 索避け），在二次創作時利用圖案或符號夾雜於角色人物國名之間，尤其是那些原作沒有設定姓名的角色，藉以規避網路搜尋，臺灣的 APH 迷承接日本的檢索規避原則，發展自主規避的 APH 網路禮儀，最常見的方式是用斜線「／」或句點「.」標註，例如美／國、普／魯／士、日本等，或是改用歷史簡稱，俄羅斯改用「露」，美國改用「米」等，這些自主規避原則是介於真實和虛像世界的緩衝中介質，在一來一往之間的真實世界與虛像世界的攻防戰中，這道牆能夠有效地讓 APH 迷獲得高度的諷刺自由與彈性空間，在虛像世界和真實世界之間，迷在自己的敘事情境中建立人物符號和人物符號以及符號和自己的關係。

這種建立人物符號之間的關係，這裡借用東園子（2015）YAOI 詮釋遊戲的關係消費圖（相関図消費）概念，她以 Jonathan Cullter 文學解讀詮釋遊戲以及 Niklas Luhmann 愛情親密關係的符碼建構，討論女性御宅族的 YAOI 創作敘事情境。YAOI 創作是將原作描繪的角色人際關係從文本中抽出，形成配對（coupling，簡稱 CP）置換為戀人的愛情關係來創作文本。這些腐女解讀文本中人物符號關係的連接空隙，腦內補完[18]這些空白，重新用愛情符碼再書寫這層關係。相對於大塚英志的敘事消費以歷史和政治作為敘事架構，以及東浩紀的資料庫消費將人物符號組成元素進入資料庫，女性御宅族的 YAOI 創作重視的是人物角色之間的關係，實際上在 YAOI 作品中能被配對的，僅限於原作設定上彼此多少也有關連的角色。這種人物角色符號相互指涉的關係，在腐女的眼中用愛情連接在一起。在 APH 裡，每個國家是一個人物角色，每個國家的歷史關係等同於人物角色之間的關係，透過歷史事件或戰爭軼事的題材互動，經由特殊用語、人物外型的設計或是姓名等表達人物角色的關係，例如結婚，指稱兩個國家以不發動戰爭的和平方式結

18 讀者自行猜測文本中沒有敘述的內容，建立文本中的空白。

合，比如英法合併提案（漫畫第一冊 86 頁，〈英國，我有話要告訴你〉），或是手足指稱殖民地母國及殖民地的關係，例如英國和美國，或是同樣民族分裂的國家，例如南北義大利等，通常手足的人物外型設定或姓名都會十分相近。[19] 而 APH 迷透過歷史經驗的共通經驗，解讀文本中的人物關係圖，他們會對這個文本不斷地產生自我解讀產生出新的詮釋意義，將文本中的人物角色人際關係從文本中抽離，置換為戀人的愛情關係或是惡搞歷史關係創作迷文本，並嘗試著將此解讀公開傳布，以期待和其他的迷進行交流與資訊交換。迷必須進行文化生產與文化消費，並在一個公共展現的場域內進行與迷之間的資訊交換和閱讀實踐的流通。

迷就是不斷與消費文本進行意義協商與占有的角力，這種意義搏鬥除了發生在文本閱讀，也發生在文本再創過程（陳箐繡，2005：76）。Jenkins（1992）歸納了迷作為再生產者，提供了一個迷文化的具體實踐成果的切入點，提出崇拜者作為積極的文化生產者，其重新書寫的十種方法：

1. 重新脈絡化——製作小插圖、短篇故事及小說，試圖補充劇集的敘事裡沒有說明的部分，以及對某些情節提出額外的解釋。
2. 擴大劇集的時間發展——製作小插圖、短篇故事及小說，以說明在劇集敘事裡沒有發揮的人物背景歷史等，或是延伸劇集敘事未來的發展。
3. 重新對焦——崇拜者作家把焦點從主角轉移到次要人物身上，比方說作品中的女性或黑人角色原來是次要地位，現在變成是重要人物。
4. 道德重整——這是重新對焦的一種，劇集敘事的道德秩序

19 義大利兄弟姓名是 Lomano Vargas，Feliciano Vargas，姓氏相同，長相外型及性格也很相似。

被逆轉了（壞人搖身一變成為好人）。在某些版本裡，道德秩序仍維持原狀，但現在是從壞人的角度來敘述故事。

5. 文類更動——例如原本是科幻小說敘事裡的人物，現在則把人物置身在浪漫愛情故事或西部片裡。
6. 角色大搬演——原本在某齣戲的人物出現在另一齣戲裡。
7. 人物錯置——把人物重新安置在新敘事情境裡，並安插新名字和新身分。
8. 私人化——把作家加入他們所喜歡的電視影集裡。
9. 情感強化——生產所謂「傷害—安慰」的故事，喜愛的人物在這些故事裡會經歷情感危機。
10. 情慾化——探索人物情慾方面的故事。

這十種方法是解釋迷文本重新解讀、挪用、拼貼與再創，並賦予新生產意義的手法及其目的性原則，這些手段可算是無限延期敘事的具體實踐做法，這些原則可以單獨出現，也能夠多層次的重複搭合，迷文本通常會綜合二種甚至三種以上的重新書寫方式，形成持續不斷地敘事狀態。APH 迷生產的迷文本中，同人誌的表現形式以漫畫圖像的方式較多，透過 APH 同人誌的解讀與分析，能夠了解 APH 迷的再生產者將 APH 文本的故事和角色重新安排情節與敘事方式，並且以公共展現於同人誌販售會，藉以與其他的迷產生共鳴，彼此相互進行意義的流通，形成一個意義的循環與再製，從迷文本中抵制現實真實世界意識形態的可能。迷文本是二次元平行世界演繹三次元的真實敘事，交錯於真實世界，形成一個二點五次元的抵制空間。對於 APH 迷來說，他們特別要抵制的是真實世界對於歷史大敘事遺緒的態度，重新詮釋國體／身體／女體的相互指涉，[20] 以人物之間的愛恨情仇關係重新架構政治關係。

---

20 性轉，性別轉換，將原始設定人物性別顛倒，重新書寫，任意錯置在迷文

(1) 重新脈絡化

迷自己詮釋亞細亞的角色進行補充及加入歷史脈絡，將亞細亞各國置換為家族成員關係，詮釋難解的歷史情結。在《家書》（2011；2013）中，中國和臺灣是一對兄妹，情節設計從清末割臺前後到臺灣正名運動、開放中國客到臺觀光這段歷史作為時空架構，臺灣對於中國始終未曾遺忘曾經的歷史文化社經脈絡。家書是中國遺留給臺灣的書信，在字裡行間以及表達之中不斷透露出中國給予臺灣的文化基質（例如中國教臺灣念書識字的場合），並期待臺灣不要忘懷所被給予的共通文化脈絡。迷文本的臺灣人物角色被詮釋為被給予、被成長、被保護的女性角色，卻因時勢環境造就了必須和人格分裂的中國分道揚鑣，獨立自強。

(2) 擴大劇集的時間發展／情感強化

迷文本處理東亞的歷史遺緒，以及東亞各國懸而未決的愛恨交織情結，透過人物符號建構的情感強化故事。真實世界的日臺／臺日友好情結疊合 APH 人物符號中的關係，將日本及臺灣配對，表達人物角色符號和迷自身的關係。《愛されることを知った喜び》（2012）表現出日本對於臺灣的情感，以內心獨白的方式道出「儘管未來充滿苦澀／但是無論如何／我們的相遇絕非毫無意義／而我對此由衷感激」，以及「可以的話，我想對妳述說綿綿情話」等句，搭配歷史記憶回顧的漫畫，使二個人物角色經歷了日臺友好的情感強化。《向光處—— APH 合本再錄集》（2012）收錄「灣→菊」的臺日友好情感想像，以沒有對話框的方式，描寫臺灣與日本的相遇：

> 如果，我們不是在這樣的時局下相遇，是不是能夠有不一樣的結局？／若是，我們是在那時，或是在更為久遠的未來，

本中。APH 作者受到迷的影響，也在部落格發表了一系列人物性轉的本家設定。

才真正認識彼此的話……／現在，我們就不用以這種方式道別了，對不對？迷處理日本和臺灣置換為戀人的愛情關係，不是那種單純的戀愛，而是友達以上，戀人未滿的歷史情懷。

(3) 文類更動／人物錯置

將原始文本的設定進行場景的移換，將人物角色進行有別於原始設定的條件轉換，例如改變角色的職業，重新置換場景，獲得在原始文本之外的敘事情境。在《幸福家庭計畫》（2011）中，將場景重新置換成幼稚園，表現兄長與弟妹家族成員式的連結關係，改變角色職業以及調整人物角色的性格：中國為長男（社會人士），日本為次男（高中生），臺灣為長女、韓國為三男、香港為四男（三人皆為幼稚園生）。內容以四格漫畫詼諧詮釋菊和灣的良好關係，例如灣總會嚷嚷著長大後要當菊的新娘，灣叫大哥買了一件橘色（orange，諧音我戀菊）的睡衣等，同時也說明了中國大哥面對菊灣相互友好，以及夢見臺灣獨立等政治立場，諷刺中國自以為維護亞細亞的秩序，其他國家卻不以為然的政治態度。

這些迷文本以一個相對弱者的角度，在整體大敘事的架構縫隙中，取得各種解釋的高度彈性自由，並且在迷社群中流通與分享，迷和迷之間透過迷文本形成共享同一個（或同一組）人物符號的認同感。無論迷本身是有意識或無意識地操弄這些人物符號，這些第三級文本反映 APH 迷的文本敘事策略，在於種種「認同／自我建構」相關的意義產製，以及透過迷文本抵制對於真實世界意義型態的控制，迷將真實世界重疊在文本閱讀的共通經驗過程中，人物符號之間的關係圖產生了集體認同以及不認同的分化，也就是說，同樣一個人物符號在每個迷的詮釋可以是有所差異的，但這無損於認同定位是否是政治不正確的。Jenkins（1988）指出迷文本生產者很多都是女性，她們的迷文本和男性觀點的迷文本不同，性別和書寫之間也呈現差異化，以及迷在日常生活中更常以身體銘刻以及身體展演表現政治認同，例如將某個特定人角色符號的文化商品配戴在身上或是角色扮演某一個人物角色等，這些人物符號隨著不同的情境脈絡轉化為不同的敘事情境，透過迷和迷之間的交流及認同以維持人物符號的能動性，他們透過人物符號的操作邏輯，投射、反映、嘲諷真實世界，把介於二次元和三次元之間的空隙扭轉成為一個二點五次元的空間，在這個空間裡和真實的三次元世界意識形態發生戰鬥。以 de Certeau（1984）的話來說，弱者以戰術換取空間（space）高度自由的可能性，在日常生活之中實踐抵制既有秩序架構，改寫並覆蓋特定的權力符號。在迷文本的空間中，眾聲喧嘩的敘事情境就是要嘲弄或改寫原本真實世界的意識形態，這種歡愉的抵制策略都是充滿批判的。

# 五、結語

本文透過符號學分析 APH 文本的敘事策略，以及探究迷文本的詮釋精神，解讀迷本身作為積極能動力的社會個體，從微觀政治實踐出發，從實踐本身抵制意識形態的權力結構。漫畫作為一種庶民文化的表現，具有抵抗及批判性格的特性，這種性質使得漫畫不可能單純作為文本而存在，而是充滿政治表現。APH 以真實歷史經驗作為敘事架構，以政治漫畫的諷刺手法針砭每一個歷史片段，在 APH 中，每一個歷史段落都是都是刻意選擇的結果，散布無章法的故事時間更能呈現人物符號關係之間的複雜性，以及每一個人物角色符號之間的政治關係。將國家民族性格、性別、身體作為文化符號，相互疊合成為二次元的文化符號，對於國家人物符號的想像的共同體發生在讀者和文本之間。相對於商業版的收編與宰制閱聽人策略，本家版在更多時候和庶民站在一起，以庶民視角看待 APH。在商業化符號、政治符號和迷之間妥協的結果是，APH 迷不僅作為文本的看守者，而是作為積極的文本再生產者而行動，這些主動又積極地迷能從文本的再書寫之中獲得更多不同角度的詮釋，迷的實踐力從迷文本獲得了證明，迷終究無法停止無限延期敘事狀態。

對迷來說，在重新書寫及實踐的人物符號的過程中，自主規避原則不是畫地自限，而是能夠任意游移在虛像世界和真實世界之間。迷文本形成一個二點五次元抵制真實世界意識形態的空間，三次元的權力符號在這個空間裡被扭轉，可以嘲諷時事、可以追憶曾經的理想中國，也可以展示臺日友好情結，各種重新解讀、挪用、拼貼與再創過程，用情境化的方式處理對於其他國家的愛恨情仇關係，迷以迷文本展現自己的政治認同以及不認同。對迷來說，這是盜獵、是打游擊、是游牧式的歡愉，是迷對於原始文本的一種活性化超越，這種超越以再書寫的方法及手段原則得到無限發揮的可能。

# 參考文獻

## 中文

De Certeau, M. 著，方琳琳、黃春柳譯，2009，《日常生活實踐》。南京：南京大學出版社。

Fiske , J. 著，陳正國譯，1993，《理解庶民文化》。臺北：萬象。

Hills, M. 著，朱華瑄 譯，2009，《探究迷文化》。臺北：韋伯。

小津空，2012，《向光處─向光合本再錄集》。作者自行印製。

日丸屋秀和，ヘタリア，《義呆利》，中文版漫畫第 1-5 集，臺北：原動力亞細亞，後改為東立出版社發行。

──，ヘタリア，《義呆利》，中文版動畫第 1-3 季，臺北：木棉花。

王佩廸，2011，《「萌」之解析：動漫粉絲的身體反應、affect 與數位科技》。2012 文化研究會議，臺北：文化研究學會。

王柏鈞，2010，《放膽搞怪！ KUSO 文化與公共領域發展之現況分析》。東吳大學社會系碩士論文。

白冬，2011，《家書》。作者自行印製。
石武耕，2006，《Kuso：對象徵秩序的裝瘋賣傻》。臺灣大學新聞研究所碩士論文。
李衣雲，2012，《讀漫畫——讀者、漫畫家和漫畫產業》。臺北：群學。
李衣雲，2012，《變形、象徵與符號化的系譜：漫畫的文化研究》。臺北：稻鄉。
東園子，2015，〈妄想的共同體：「YAOI」社群中的愛情符碼功能〉，《動漫社會學：別說得好像還有救》。臺北：奇異果文創。
若月凜，2011，《幸福家庭計畫》。新北市：亞細亞。
徐佳馨，2001，《漫步圖框世界：解讀日本漫畫的文化意涵》。輔仁大學大眾傳播所碩士論文。
高宣揚，2002，《流行文化社會學》。臺北：揚智文化。
陳仲偉，2009，《日本動漫畫的全球化與迷的文化》。臺北：唐山。
陳仲偉，2009，《日本漫畫 400 年：大眾文化的興起與轉變》。東海大學社會學系博士論文。
陳箐繡，2005，〈與漫畫幻想精靈共舞：漫畫同人誌社群的藝術文化現象〉。《美育》(144)：74-81。
傻呼嚕同盟，2007，《ACG 啟萌書：萌系完全攻略》。臺北：木馬文化。
萬毓澤，2007，〈從日常戰術到新革命主體：論 de Certeau、Hollyway 與 Negri 筆下的權力與抵抗〉。《政治與社會哲學評論》(20)：57-131。
嫣梅、小津空，2012，《愛されることを知った喜び》。作者自行印製。

## 外文

De Certeau, M. 1984. *The practice of everyday life. trans.* Steven Rendall , Berkeley :University of California Press.
Fiske, J. 1989. *Understanding popular culture.* London: Routledge.
—— 1992. *Instruction to Communication Studies.* New York: Routledge.
Jenkins, H. 1988. “Star Trek Rerun, Reread, Rewritten: Fan Writing as Textual Poaching”. *Critical Studies in Mass Communication 5*, 85-107.
—— 1992. *Textual poachers : television fans & participatory culture.* New York: Routledge.
Otmazgin,N. 2013. *Regionalizing culture: the political economy of Japanese popular culture in Asia.* Hawaii: University of Hawai’i Press.
Yiu, Wai H. & Chan, Alex ChIng S.. 2013. “"Kawaii" and "Moe"—Gazes, Geeks (Otaku), and GlocaMzation of Beautiful Girls (bish jo) in Hong Kong Youth Culture”. Position, 21(4): 853-884.

東園子，2015，《宝塚 やおい、愛の み替え—女性とポピュラーカルチャーの社会学》。東京：新曜社。
日丸屋秀和，ヘタリア，日文版漫畫第 1-5 集。東京：幻冬舍。
——，ヘタリア，日文版動畫第 1-5 期。東京：STUDIO DEEN。

## 網路

〈アニメ「ヘタリア」に怒っている韓国ネチズンがいる？〉，2009 年 1 月 13 日，ITmedia News， 取 自 http://www.itmedia.co.jp/news/articles/0901/13/news088.html。（檢索日期：2015/9/3）
日丸屋秀和官方網站キタユメ，取自 http://www.geocities.jp/himaruya/hetaria/index.html。（檢索日期：2015/9/1）
日丸屋秀和個人部落格ブログのような竹林 2 号機，取自 http://himaruya.blog61.fc2.com/。（檢索日期：2015/9/1）
ヘタリア官方網站，取自 http://www.geocities.jp/himaruya/t.html。（檢索日期：2013/4/30）
ヘタリア作者發表部落格，取自 http://himaruya.blog61.fc2.com/。（檢索日期：2013/4/30）
ヘタリア動畫官方網站，取自 http://hetalia.com/top.htm。（檢索日期：2013/4/30）
ヘタリア漫畫官方網站，取自 http://www.gentosha-comics.net/hetalia/。（檢索日期：2013/4/30）
APH 網路禮儀推廣，取自 http://kuruma.holy.jp/aphm/APH_manner.htm。（檢索日期：2015/9/1）

# 新海誠動畫電影中超寫實主義運用之探討

江亞軒

## 一、前言

動畫有許多視覺表現手法，例如誇張化或簡單化等等的表現方式，其中也有運用寫實技法的動畫作品。近年來動畫影像有越來越追求真實感、擬真技法的趨勢。然而，在「非完全三維空間」的動畫中，如何將超寫實技法運用於其中，為本次動畫研究主要目的。

本研究使用文本分析法和內容分析法。從日本動畫監督新海誠指導的三部動畫電影，從技法與風格的歸納，探討新海誠動畫中超寫實主義運用元素和運用時機。研究方式以蒐集動畫場景片段，透過文本分析和焦點小組，將超寫實主義的文本、理念、風格與新海誠指導動畫中所使用的各種手法和鏡頭，作一比對研究。其研究結果發現：新海誠所製作的動畫電影中，的確運用超寫實主義（Hyperréalisme）的概念，並且多用於場景與物品的表現。不過，在人物方面則完全不使用超寫實主義繪畫手法。

在《ほしのこえ》、《雲のむこう、約束の場所》兩部電影中、有許多科幻相關的場景納入其中，根據影響超寫實主義哲學家尚．波德里亞（Jean Baudrillard，1970；車槿山譯，2008）出版的《象徵交換和死亡》（*L'échange symbolique et la mort*）的哲學著作理論中說到：「模擬的東西永遠不在現實中存在。」可作為新海誠動畫含有超寫實主義的運用根據，意即動畫中根據超寫實主義的論述創建一個讓觀眾相信虛假的現實。

## 二、新海誠的動畫電影於日式動畫電影中之構成

動漫畫社會學研究者陳仲偉（2010）認為日本動畫電影系統是由劇場公開放映的劇場動畫，劇場動畫是日本動畫的起源，也是日本動畫製作能力的最佳檢測標準。如果說電視動畫架構起日本動畫的世界，那劇場動畫就是支撐這個動畫世界的主要樑柱。而日本動畫研究者津堅信之（2005）也表示在日本電視動畫出現以前，日本動畫多數是以劇場作品或是作為教育電影而販售。當日本電視動畫興起後，對於日本劇場動畫的影響可細分為以下三類：1. 劇場原創作品。2. 電視作品與劇場版。3. 將電視動畫重新編輯，搬上劇場螢幕的作品。根據此文獻可知，新海誠獨立製作動畫短片《ほしのこえ》經由劇場上映來證明自己製作動畫能力，接受公開的檢測，並屬於日本劇場原創作品。2002 年新海誠的作品在動畫界造成了旋風，他使用普通的蘋果電腦，花了七個月的時間自行寫腳本、自編、自繪、自導，人物使用二維電腦繪圖製作、物件使用三維動畫技巧處理。以一人之力完成了一部 25 分鐘動畫電影《ほしのこえ》。[1]《ほしのこえ》發表之後先後獲得日本多項動畫片獎，新海誠拉開了「個人動畫」新時代帷幕。

這股「ほしのこえ」旋風掀起了日本「獨立製作現象學」的熱潮，不僅受到日本廣告評論高度關注，還為此出了專題在動畫專業雜誌上。日本著名評論家大塚英志提出「星之聲論」；《機動戰士鋼彈》的導演富野由悠季也透過對談形式，給予新人創作者的創新技巧喝彩。《ほしのこえ》的問世，刺激保持傳統的日本動畫界開始有著全新的思考點：「在現代今日，我們必須接受數位化這種新的方法與思維，透過薪新媒體去創作新的動畫奇蹟。」

1 該動畫的音樂由日本音樂家天門（てんもん，1971 年－）所製作。

不止動畫界，連漫畫家藤島康介（2002）對新海誠的《ほしのこえ》認知表示：

> 這是一部僅用電腦和個人力量所完成的作品。與當時很多人預料狀況相反，這部作品不管是成熟度或細節描述，都使得整部作品成為獨立製作成功的典範。

新海誠的《ほしのこえ》以一個人獨立製作出相當完整的動畫電影，有著完整的成熟度與細節，跳脫一般對於獨立製作動畫的刻板印象。而以數位方式來創作動畫，也間接開啟新世代主流媒體創作動畫的快速與便利性。我們可以從新海誠導演與富野由悠季導演之間的對談內容看出新海誠說明了自己選擇動畫這個媒介來表現的理由。以下為《アニメージュ》雜誌（2002）摘出內容：

> 新海誠：「雖然曾經做過遊戲美術（graphic）的工作，但我畢竟不是動畫師，基本上我不會畫會動的圖。而且我也自覺到自己沒有描繪細緻人物的技術。在這樣的條件下，我仔細想想影像表現這種東西，覺得如果被綁住什麼也做不出來，就大膽割捨了（不拿手的部分），用現有累積的能力來做作品。總之把作品做出來的意願十分強烈。」
>
> 新海誠：「我會選擇動畫作為影像表現的手法，是因為製作效率最高。真人電影的話至少還會需要演員之類的。動畫裡面，利用畫面層疊累積來演出故事的方法論範本有一大堆。一個人進行作業的話，我想這是最好的辦法吧！」

如果仔細比較最早由新海誠於2000年獨立製作的《ほしのこえ》與之後2007年第三部作品《秒速5センチメートル》，就可以看出人物改變的差異，也就是新海誠導演在當時捨棄了自己不拿手的部分（不管是人物還是手法），用現階段自己可以一人作業的表現方式來進行。而新海誠完全不了解傳統的賽璐璐動畫製作流程（從自陳訪談中表示自己根本沒看過實際賽璐璐作畫過程），也不像傳統動畫必須追求 2D 人物動作的流暢完整。相反地，在他之前的幾部作品裡，以 2D 繪製的部分極少動作，取而代之的是以旁白、獨白串聯劇情，快速剪接大量精緻的靜止畫面，以及在畫面上不時流動的字幕，創造出寧靜中的動感，也表現出人物的心境。而 3D 動畫軟體的混合應用，使得作品不需要精密地、費工地一張張描繪動作，就可以完成流暢的景物運動。由此可知，新海誠《ほしのこえ》動畫電影的成功，除了獨立製作外，動畫的完整度成為這部作品的最大成功因素：嘗試不同日本以往的製作過程，也就是以二維加上三維動畫軟體的混合媒介使用，減少成本與人力，這也開啟日本對於傳統動畫外新媒體動畫的關注。

## 三、超寫實主義的哲學思想與繪畫運用

尚・波德里亞在出版的一書《象徵交換和死亡》（Jean Baudrillard 著，1970；車槿山譯，2008：92-94）中，提到仿像的等級——仿真的超寫實主義為啟發影響超寫實主義畫作的最初思想。他提到：

> 相對於仿真的合理性而言，這是一種陳舊的合理性；在仿真中，起調節作用的不再是唯一的一般等價物，而是模式的散射——不再有一般等價物的形式，只有區分性對立的形式。這也是現實在超寫實主義中的崩壞，對真實的細緻複製不是以真實本身開始，而是從另一種複製性中介開始，如廣告、照片等等，從中介到中介，真實化為烏有。

波德里亞認為超寫實主義仍然和寫實主義有關聯。他質疑寫實主義，但卻用想像中的決裂重複了寫實主義。超寫實代表的是一個遠遠超過更先進的階段，甚至真實和想像的矛盾也在這裡消失了。非現實不再是夢想或幻覺的非現實、不再是彼岸和此岸的非現實，而是真實和自身的奇妙相似性的非現實。所以超寫實主義的概念是建構在一個超越現實的狀態之下，但它並不像超現實主義一般虛幻與過度想像空間的重新建構。前者用想像力決斷重組了現實世界，讓真實與非真實之間有了連接，而去模糊想像與現實的界線。亦是站在旁觀感官中，去觀察現實與非現實兩者。

我們可以知道超寫實主義並不在於重新複製現實真實本身的事物，與十九世紀前的寫實主義描寫細緻的實際景物理念並不相同。超寫實主義是一種對現實的一切動線思緒，抱持的疑問與懷疑的批判，而非全然講求現實，就某方面他是將真實化為虛無的一種表現。超寫實主義在於將現實世界的物體以旁觀式的目光描繪：一種不是外在的寫實，而是內在呈現的寫實，有著接近現實社會風景，但又不是絕對的現實，是一種存在於個人之中的現實，比現實還要寫實的一種理想心理狀態。

波德里亞說：

> 這種仿真作為內在於繪畫作品和消費品的區分性組合，在現代藝術中變得越來越狹隘，成為僅僅分隔超寫實和超寫實繪畫的極小差異。

這是繪畫並且全部再現形而上，學得形而上，學符號。在這個邊界上，繪畫把自己當作原形（純粹的目光），在代碼的強制重複中旋轉。他還指出，超寫實主義是藝術的頂點和真實的頂點，在仿像層面上，通過那些使藝術和真實合法化的特權和成見的各自交換而達到這種頂點。

後現代主義理論者李歐塔（Lyotard，1973：9-12）曾這樣敘述超寫實主義：「*超寫實之所以超越了再現，這僅僅是因為它完全處在仿真中。*」李歐塔也在出版書籍《活的藝術》（1973）中提到超寫實主義之所以超越了現實，其最重要的一點是，它從來就非僅是描繪現實，而是在模仿現實的虛構世界。超寫實主義的理念並不在於重新複製現實事物，與十九世紀前的寫實主義理念並不全然相同。超寫實主義的概念式建構是超越當下的，但它並不像超現實主義一般有著明顯的諷刺與批判意味構成的幻想式空間。超寫實主義在於將現實世界的物體以旁觀式的目光描繪，非外在現實的模仿，而是內在所需求的寫實。今天的現實世界本身就是超寫實，因為過往認定無法達到的世界，至今卻實現了。例如登上太空，在過去連太空的概念都沒有，但如今人類已經超越當下的寫實，將不可能變為可能。超寫實的作品是一種外表看似寫實，但在實際上它卻只是仿照的寫實，一種假的、創作者心裡對現實追求的美學幻覺。

俄國藝術家 Simon Faibisovich（1989）創作了作品《火車站上的士兵》（Train Station：Soldiers）（如圖 1）：畫面上三個俄國的軍人士兵正在月台上等待火車的片刻吃著冰棒，一反俄國的傳統軍人給人愛國主義和英雄形象。是一張對於刻意塑造的英雄形象的反諷。和同樣俄羅斯的寫實主義畫家 Paul Ryzhenko（1994）所繪製的軍人歷史畫《告別部隊》（рощание с войсками）（如圖 2）相比，可以看出和以往軍人英雄歷史畫有極大的不同之處。

超寫實主義與傳統的寫實主義不同之處在於它不是單純的、復古的，更不是依附自然主義歌頌自然美的寫實理想。它是刻意誇張地去強調其畫作中的意圖。超寫實所追求的真，是一種科技的真，大量使用照相機具（拍取、描放甚至分色）的不自然的真。所描寫之物，都是科技感的當代事物，如：汽車、設計品、高樓大廈這種具有時代性、閃亮、現代，並且有「僵硬感」和「物質主義」寓意意向的主題。Louis K. Meisel（1980）對超寫實主義藝術家作出定義：

圖1 Simon Faibisovich，1989，《火車站上的士兵》。

圖2 Paul Ryzhenko，1994，《告別部隊》。

1. 超寫實主義藝術家需使用照相機和照片蒐集資料。
2. 超寫實主義藝術家使用一個積蓄或非化學性的方式將圖像轉移到畫布上。
3. 超寫實主義藝術家必須有技術能力將攝影繪製到作品上。

故以上述所敘論作一整理出超寫實主義哲學思想與繪畫運用之對照（如表 1）。

表1 超寫實主義哲學思想與繪畫運用之對照

| 超寫實主義 | 哲學思想 | 繪畫運用 |
| --- | --- | --- |
| 理念 | 超寫實的概念式建構是超越當下的。 | 是非主觀的仿造，表現出畫面並非全然真實。 |
| 表現 | 並不注重新複製現實事物。 | 以客觀的視角，描繪寫實物體。 |
|  | 非外在現實的模仿而是內在所需求的寫實。 | 追求刻意與不切實際的真。 |
| 意涵 | 創作者心裡對現實追求的美學幻覺。 | 具有必須知道當時的時代性和政治、社會、人文等因素才可知的反諷意味。 |

表格來源：作者整理

## 四、關於「新海誠式動畫電影」與「超寫實主義」

新海誠導演在2000年以《彼女と彼女の貓》於PROJECT TEAM DOGA主辦的第十二回CGアニメコンテスト中取得大獎。並在2002年公開第一部獨立製作的長篇動畫電影《ほしのこえ》後開始受到國際動畫導演與動畫迷的矚目，邁向世界舞台、嶄露頭角。其原因除了日式傳統被國外認知的少女與機器人結合外，令人驚訝的是那獨立製作出，幾乎接近寫實的場景。新海誠第三部長篇動畫電影《秒速5センチメートル》，曾被臺灣代理，並在2007年上映。使臺灣一般大眾知曉這名日本動畫導演。而於現代設計史中，會發現新海誠導演的作品似乎與二十世紀末的超寫實主義派別作品相符合。新海誠導演作品中的繪畫風格，可能運用了相當程度的超寫實主義技法。

動畫往往因為大量的手繪與人力需求，而限制人物或場景的擬真性。而在新海誠的動畫電影中，卻反常地在畫面中出現如照片一般，並更加寫實且精細的景物。研究中我們以三個方向來對「新海誠式」動畫作品與超寫實主義兩者之間作探討。首先是非三維空間動畫電影如何運用超寫實技法。再者，新海誠的動畫電影是否已呼應超寫實主義所需的理念與本質，最後以動畫媒介中超寫實主義在動畫裡表現效果的優劣點、超寫實主義圖畫在動畫中可構成之動態表現作結。

新海誠導演所製作的動畫類型除了長篇動畫外，還額外製作一些片頭動畫和動畫CM，從1997年開始製作到1999年完成的動畫《遙遠世界》、1998年的黑白動畫短片《包圍的世界》，非長篇作品和個人作品無法完全表示新海誠導演動畫風格。且因《包圍的世界》此篇動畫靈感來自村上春樹的《世界末日與冷酷異境》，這裡不考究村上春樹小說與超寫實主義之間的關係，而是以新海誠動

畫與超寫實主義手法為主要研究項目。故本次研究將以《ほしのこえ》（2002）、《雲のむこう、約束の場所》（2004）、《秒速 5 センチメートル》（2007）三部長篇電影為動畫研究樣本。

超寫實主義（Hyperréalisme）又稱高度寫實主義，是繪畫和雕塑的一個流派，其風格類似高分辨率的照片。可看作是照相寫實主義的發展。該術語在美國和歐洲作為一個獨立的藝術運動和藝術風格而發展起來。其源頭於尚·波德里亞在《象徵交換和死亡》（Jean Baudrillard 著，1970；車槿山譯，2008）一書中提到關於仿冒的擬像（contrefaçon）、生產的擬像（production）、模擬的擬像（simulation）三種類別。他稱二十世紀末後的時代是一個「超寫實的」（l'hyperréel），在這樣的「超寫實」中，既有物跟外觀之間的差異點已被廢除，世界全靠封閉的符號系統自我結構起來。這樣的「超寫實」其實完全沒有考慮外在的現實。尚·波德里亞以一句：「寫實已死，所以超寫實。」概括了這個世界。這樣的「超寫實」（l'hyperréel）敘述影響關於藝術之中對於傳統寫實的表現手法，成為超越寫實的超寫實風格（Hyperréalisme）。

如以尚·波德里亞《象徵交換和死亡》一書中的超級寫實主義哲學理論來檢驗新海誠第一部成名動畫電影《ほしのこえ》，在《ほしのこえ》中的劇情內容約為：2039 年時，人類火星調查隊在火星的塔爾西斯高地上發現異文明的遺跡，但卻被突然出現的異生命體攻擊而全軍覆沒。2046 年時，當時就讀於中學三年級的長峰美加子參加聯合國宇宙軍的機器人駕駛選拔被錄取。翌年為了追查塔爾西斯人而被編入里希提亞艦隊，跟著艦隊旗艦里希提亞號從地球出發，留下她所喜歡的人，寺尾昇。當調查艦隊追尋塔爾西斯人的痕跡，離地球越來越遠時，兩人的距離變成以光年來計算，兩人的行動電話、電子郵件要抵達所花費的時間也越來越長。

其故事內容呼應於尚·波德里亞的超寫實理念：在今天的現實本身就是超寫實主義的。從前，超寫實主義的祕密已經是最平庸的現實也可能成為超寫實。故以整理《ほしのこえ》內容畫面來看：少女駕駛機器人、以光年傳遞的電子信件，都不符合現代社會的真實，但在動畫中卻會得到觀賞者的合理化。當然影片中的畫面元素也是其中之一，在潘東坡編制的《20 世紀美術全覽》（2002）中對於超寫實主義描述有一項為：「所描寫之物，都是特選的汽車、廚具、玻璃櫥窗這種時代性的閃亮質地，並且有『僵硬感』和『物質主義』的寓意意向。」這符合新海誠的畫面含意，除了在 3D 動畫的機器用空氣法的處理效果，融入背景，顯示出光影反射，讓人覺得機器人是實際存在於畫面之中。沒有人會覺得電影動畫裡機器人出現是不符合邏輯。但如果以真人電影詮釋可能就會有人意識到「這是假的」、「不夠真實」等。另外新海誠也在訪談中提到自己沒有描繪細緻人物的技術，故也能在這裡假設新海誠是用繪製背景與物件之間寫實空間和實在感去補強人物表現的不足。新海誠在動畫中有過多描寫機器人、飛行器、機械、電車等。機械於超寫實主義追求刻意的真實裡，所描寫之物，都選定以當代社會發展下的文明科技時代性的特質，並且與超寫實主義中物質主義之意向主題符合。在新海誠動畫電影畫面中有著與超寫實主義同樣的畫面表現，表現出「那看似好像真實」但實際上並非全然真實。他只是有著我們時代性必須有的元素，讓我們誤以為理所當然是現實的畫面。

而本次研究對於實際新海誠的動畫電影樣本蒐集與內容分析設計，分為四個階段進行，第一階段：動畫片段樣本蒐集與風格分析調查。第二階段：篩選與歸納出新海誠動畫中超寫實主義多運用於何種元素與時機點。第三階段：詢問專家並證實新海誠動畫中超寫實主義的元素。第四階段：假說結果驗證與分析。三部動畫片段以一個分鏡（以下簡稱 cut）做一次擷取動作，三部動畫電影分別節取出：《ほしのこえ》共 368cut、《雲のむこう、約束の場所》共 1109cut、《秒速 5 センチメートル》共 947cut，全部分析新海誠動畫電影片斷總共 2424cut。詳列如下（如表 2）：

表 2　三篇動畫電影 CUT 數量

| 動畫名稱 | 片長時間 | CUT |
|---|---|---|
| ほしのこえ | 00:26:00 | 368 |
| 雲のむこう、約束の場所 | 01:30:00 | 1109 |
| 秒速 5 センチメートル | 01:30:00 | 947 |

表格來源：作者整理

經由研究超寫實主義繪畫風格元素文獻為依據，將以探討的新海誠三部動畫電影作品 cut 採取立意抽樣，將符合超寫實主義繪畫表現元素四點：

1. 以客觀的視角，描繪寫實物體。
2. 追求刻意與不切實際的真。
3. 具有世代性及當代意義的。
4. 注重反光及機械。

瀏覽新海誠三部動畫電影《ほしのこえ》、《雲のむこう、約束の場所》、《秒速 5 センチメートル》後，逐步分析動畫電影內容與 cut 出的片段中出現的電影元素。以人、事、物、動物、場景等五類做一次動畫電影元素歸類，包括動畫電影《ほしのこえ》、《雲のむこう、約束の場所》、《秒速 5 センチメートル》。最後專家歸納並分析出新海誠三部動畫電影《ほしのこえ》、《雲のむこう、約束の場所》、《秒速 5 センチメートル》cut 中有超寫實主義的畫面運用。

專家歸納發現新海誠於動畫超寫實主義的運用有幾項特點：超寫實主義多以客觀描寫景物以及描寫出近乎現實之場景與物品，且與當代社會相呼應。新海誠的動畫均由編碼小組專家認可為是以寫實為技巧表現（不包括人物），但是在這的疑問是，新海誠動畫電影的寫實為寫實主義或超寫實主義？答案可從動畫中場景與物品表現得到證實。動畫電影中多次出現呼應當代社會與科技發展之物件。在《ほしのこえ》大量出現宇宙飛船與機器人、《雲のむこう、約束の場所》動畫中出現之飛行器與大型醫院、《秒速 5 センチメートル》中大量的電車與高樓大廈等，這些物品都出現於二十世紀末期與二十一世紀初期人類的發展，在十九世紀或是十八世紀中，還使用蒸汽機的時代不可能出現可以快速飛天或是登上宇宙之器具。故新海誠的電影背景是一個當代以二十、二十一世紀為背景呼應當代社會的表現，而也符合超寫實主義中以社會呼應和描繪物品反光大量的時代科技產品的描寫等元素。但專家的研究也指出：新海誠的動畫電影並非全然是超寫實主義，樹木、白雲，花朵等描繪，也是貼近自然。這也許是以新海誠喜歡宮崎駿動畫風格有關，故以自然描寫的寫實主義也穿插於新海誠的動畫電影中，並不能直接以超寫實主義電影為直接概述。

人物與動物的表現上，新海誠導演並非採寫實風格，而是以動畫傳統的賽璐璐風格作為表現。專家認為其原因在於人物表情與動作繁複，若以寫實風格表現將會耗費更多時間去繪製。背景與人物同時出現時會顯現不出人物。新海誠不擅於繪製人物，故將重心放置在背景與物品等其他地方做為彌補。這點推論以文獻探討中，新海誠與富野由悠季導演的對談中，可以證實新海誠不擅繪製人物，這點也可推論新海誠擅長繪製場景與物品多過於人物表現。在譯碼與探討其設計中可以將新海誠動畫電影超寫實主義運動歸類成：新海誠的動畫電影中的確有運用到超寫實主義元素。並且也在動畫表現中的物品與背景中，可以很清楚的見到關於超寫實主義的運用。

新海誠導演三部動畫電影《ほしのこえ》、《雲のむこう、約束の場所》、《秒速 5 センチメートル》經由文獻分析與內容分析研究得出新海誠動畫電影符合超寫實主義的表現。新海誠在動畫裡運用了許多創作元素都以超寫實主義的運用元素相互呼應。於潘東坡（2002）敘述超寫實主義：它不是單純的，復古的，更不是依附自然主義歌頌自然美的「寫實」理想。它是刻意且誇張地去強調其具有「寫實」意圖的居心。它所追求的真，是一種科技的，大量使用照相機具的不自然的真。它所描寫之物，都是特選的汽車、廚具、玻璃櫥窗這種時代性的閃亮質地，並且有「僵硬感」和「物質主義」的寓意意向。故在新海誠的動畫電影中常會看見許多機器人、飛船、電車等科技產品的存在，但與現實中的機器人、飛船等卻又並非完全相同，而是過度美化，刻劃細部與過度的反光美感，具有超寫實主義作畫思維的時代性。

尚・波德里亞並指出，超寫實主義是藝術的頂點和真實的頂點，它在仿像層面上，通過那些使藝術和真實合法化的特權和成見的各自交換而達到這種頂點。簡單的說，超寫實主義是客觀的第三視角描繪物體，且具有當時社會、人文、政治等等因素。超寫實主義必須是當代生活的人才能了解的意義，而新海誠在動畫電影中運用了當代二十世紀、二十一世紀才具備的符碼，像是機器人、飛行船、電車等等，這些都能直接證實新海誠的動畫的確運用超寫實主義在動畫畫面內。新海誠動畫電影中，超寫實主義多運用於背景和物品，而在後續則有增多的趨勢。其原因可為：1. 背景動態較少，故可以刻劃較為細膩。2. 物品比人還要好刻劃細部。以第一部《ほしのこえ》與《秒速 5 センチメートル》的背景來作比較，撇開獨立製作等原因，可以看出背景和物品超寫實主義之運用明顯增多。在譯碼小組的專家討論中，認為新海誠並非全然使用超寫實主義，其動畫也有許多寫實主義之表現。例如新海誠在雲海與森林，甚至海浪等自然生命，其細緻刻劃不亞於飛船與電車。最明顯的就是新海誠動畫電影中人物與動物的表現並非超寫實主義。而研究後續新海誠的動畫中，使用了多少藝術層面的混合表現，和其外藝術風格在新海誠動畫中表現的方式為何，都是有待探討之議題。

# 參考文獻

## 中文

Robert L. Solso 著，梁耕瑭譯，2003，《視覺藝術認知》。臺北：全華。

Jean Baudrillard 著，車槿山譯，2008，《象征交换与死亡》。江蘇：譯林。

王受之，2001，《世界現代美術發展》。臺北：藝術家。

王受之，2002，《世界当代艺术史》。北京：中國青年。

方振寧，2003，〈新海誠帶來靜靜的革命〉。《藝術家雜誌》(337)：354-360。

林正哲，2009，〈微觀紀事——超寫實主義繪畫創作研究〉。臺灣師範大學美術研究所西畫組創作論文。

陳仲偉，2010，《動畫講堂：日本動畫的詮釋、歷史與製作》。臺北：杜葳文化。

黄霁风，2009，〈浅谈新海诚动画的启示及中国独立动画的发展趋势〉。《數位時尚》(4)：22-24。

潘東波，2002，《20 世紀美術全覽》。新北：相對論。

## 外文

津堅信之，2005，《アニメーション学入門》。東京都：平凡社。

## 網路

Other voices - 遠い聲，取自 http://www.othervoices.ie/。

逗・貓・棒，關於新海誠，取自 http://yamyoukan.net/wordpress/index.php?tag=%E6%96%B0%E6%B5%B7%E8%AA%A0。

逗・貓・棒，數位與類比的溫差——異色對談・富野由悠季╳新海誠，取自 http://yamyoukan.net/wordpress/archives/73。

逗・貓・棒，新海之聲，取自 http://yamyoukan.net/wordpress/archives/75。

# 幻想與真實間的戰鬥
## —《海貓鳴泣時》

林執中

## 一、關於《海貓鳴泣時》[1]

### （一）作品經歷

《海貓鳴泣時》（うみねこのなく頃に）是日本同人社團 07th Expansion 所製作的長篇連載視覺小說（*Visual Novel*）。[2] 遊戲於 2007 年夏季的 Comic Market72 發表 Episode1，之後每隔半年發表新一章，最終章 Episode8 已於 2010 年冬季 Comic Market79 發表完結，寫作期間也有漫畫、動畫以及小說版的衍伸作品誕生。[3] 作者為日本作家竜騎士 07，是他在《暮蟬鳴泣時》之後的另一部龐大

---

1 作者的なく頃に系列（英文標題為 When they cry）的常用中譯有許多種，為求文章統一性，本文採用的是青文出版的漫畫版標題譯名。但引用其他資料時，若該資料使用的中譯與本文不同，則會以該資料的中譯為主，以示尊重。

2 由於原作是視覺小說，無法在文章中精確標示引用範圍，再加上漫畫版在讀者之間評價較好，因此本文所引用的故事內容資料以漫畫版為主，但又因漫畫版臺灣尚未完全代理，筆者手邊也無日文版漫畫，因此超出臺灣代理漫畫的範圍（Episode2 第三卷以後），將以現有翻譯單話的頁數作為標準，敬請見諒。

3 至 2015 年 8 月，漫畫版已全數連載完畢。Episode1 全 4 卷，Episode2 全 5 卷，Episode3 全 5 卷，Episode4 全 6 卷，Episode5 全 6 卷，Episode6 全 6 卷，Episode7 全 9 卷，Episode8 全 9 卷。並有外傳漫畫《海貓鳴泣時 翼》全 3 卷，《海貓鳴泣時 紫》全 2 卷。臺灣青文出版社目前代理至 Episode2 第三卷；動畫由 Studio DEEN 公司製作，於 2009 年七月開始播出，全 26 集，內容為 Episode1 至 Episode4；小說系列由日本講談社出版，每個 Episode 均分上下兩冊，現已出版至 Episode7（上），臺灣則由尖端出版代理，目前僅代理至 Episode2（下）。

作品系列，其作品風格以詭譎恐怖的故事氣氛，加上神秘的推理要素聞名於大眾之間。

根據作者自己的描述，《海貓鳴泣時》是一部融合了孤島洋館推理，與故事中當地流傳的詭異魔女傳說結合，以主流的暴風雪山莊推理形式寫作而成。既然有推理要素存在，那麼就說明了故事中發生的案件都是人類所為，是可以被解開的謎題。不過作者希望在本作品中傳達的不只是享受解謎的樂趣，還有讓讀者能在看似超自然幻想的犯案與能用理論解釋的推理之間搖擺不定，享受與出題者鬥智的樂趣。[4] 不過《海貓鳴泣時》究竟算不算是推理作品？由於筆者對推理作品並沒有很深入的研究與心得，因此不便下一個定論。會提出這個問題的原因，乃是因為《海貓鳴泣時》在 Episode8 完結後出現了很大的爭議性。

作者在作品連載期間似乎曾對讀者宣傳這是一個可以推理出解答的懸疑故事，在 Episode1~Episode4 中留下了不少謎題。而推理派的讀者們也相信作者，認真思考謎題的解答，結果在往後的 Episode5~Episode8 中不僅沒有公布明確的解答，僅以隱諱的方式針對先前的謎題做敘述，原因似乎是謎底被讀者先一步猜中，之後還有直接在作品中嘲笑推理派讀者的嫌疑，除此之外，最後的結局也將想傳達的故事重點轉為說明真相並不重要，並把認真推理的玩家評為無「愛」之人，引起了認真推理的讀者很大的不滿，甚至說是被出賣的感覺。直到往後漫畫版的連載陸續推出，在漫畫 Episode8 中作者才把故事的更多真相公開，並且新增許多原作沒有的劇情，才讓讀者對結局有較滿意的評價。[5]

---

4 竜騎士 07 原作．兼修，夏海ケイ作畫，2014，《海貓鳴泣時 Episode1：Legend of the golden witch ④》。臺北：青文，頁 340。

5 相關討論例如：〈[ 討論 ] 請問龍騎士 07 和玩家們發生何事〉，批踢踢實業坊－看板 C_Chat，2014 年 9 月 3 日，https://www.ptt.cc/man/C_Chat/DE98/DFF5/D12B/M.1414886098.A.C1D.html（檢索日期：

不過筆者開始接觸《海貓鳴泣時》這部作品時，已接近 Episode8 將發表之時，因此並沒有參與到推理派讀者討論的時期。又如先前所述，筆者對於傳統推理作品涉獵不深，觀看作者的上一部作品《暮蟬鳴泣時》時，已了解到作者的作品風格帶有奇幻要素，因此僅以一個純欣賞的角度來看待作品，所以對推理派讀者不愉快的地方僅能以手邊查得到的資料來理解當時的情況。筆者在此也無意為作者辯護，畢竟沒有親身參與討論。

如果《海貓鳴泣時》這部作品不是單純的推理作品，要讀者來挑戰作者的謎題，那麼《海貓鳴泣時》這部作品想傳達的究竟是甚麼？筆者認為是作者在作品中不斷提及一個觀點——「沒有愛，就看不到」。它化入了作品中的許多情節作為主題，不過這段話也是許多推理派讀者相當詬病的部分。[6] 不論作者是否在創作過程途中真有改變故事重點的想法，才導向現在的結局，筆者認為即使有上述的負面因素，《海貓鳴泣時》仍有它的精彩之處，以及值得討論的地方。

## （二）文獻回顧

以下將列舉一些能在網路上閱讀到的討論文章，例如 quenthai（冷琴霜音）於巴哈姆特《海貓鳴泣時》哈啦區中曾發表一篇〈「後推理小說」的實驗：從後設文學的角度理解《海貓鳴泣之時》〉。[7]

---

2015/9/6）；〈[ 問題 ] 關於海貓 詳細希望〉，批踢踢實業坊─看板 C_Chat，2015 年 4 月 20 日，https://www.ptt.cc/bbs/C_Chat/M.1429534134.A.9B8.html（檢索日期：2015/9/6）；〈[ 閒聊 ] 龍騎士 07 不再受青睞了嗎？〉，批踢踢實業坊─看板 C_Chat，2015 年 4 月 20 日，https://www.ptt.cc/bbs/C_Chat/M.1429531422.A.667.html（檢索日期：2015/9/6）。

6 認真推理的讀者，最後在故事結尾卻得到一個曖昧不明的解答，還被作品諷刺成因為只推理沒有愛，所以才看不到解答。

7 quenthai（冷琴霜音），〈「後推理小說」的實驗：從後設文學的角度理解《海貓鳴泣之時》〉，巴哈姆特《海貓鳴泣時》哈啦區，2013 年 2 月作者從比較文學以及文學評論等角度來切入《海貓鳴泣時》作為後設小說的價值性。quenthai 認為《海貓鳴泣時》準確來說是一種含有大量推理劇情的後設小說，quenthai 於文中提到：

> ……後設小說作為後現代主義的產物，明顯地是要挑戰現代主義對理性的「迷信」和因而衍生的一系列假設(如科學終能解釋一切、所有價值皆能量化比較、以知識論中的「本質主義」（essentialism）和「基礎主義」（foundationalism）為認知一切的前設等)。簡而言之，就是一種認定萬事萬物皆有能被理解的系統的信念……[8]

從這段說明就可以了解，作者想以「魔女的超自然犯案」來挑戰具有推理思維的「人類犯案說」，藉以破除讀者認為凡事均可以用理性思維理解的認知。此外，本文還討論了《海貓鳴泣時》中的一大主題，也就是「魔法」的意義，quenthai 認為：「……只有反思虛構的意義和認清魔法與推理的複雜關係，才能理解魔法在後設文學中其意義的厚度。」[9] 這也是本文將要討論的一個方向重點。

最後 quenthai 再比較《海貓鳴泣時》與《獻給虛無的供物》，[10]

---

28 日，取自 http://forum.gamer.com.tw/C.php?bsn=16168&snA=1334&tnum=7。（檢索日期：2015/8/3）

8 同前揭註。

9 同前揭註。

10 中井英夫於 1963 年完成的作品，該作在 1962 年時以未完成的形式參加第八屆江戶川亂步獎獲得第二名，該作亦名列日本推理小說四大奇書。以下引述 quenthai（冷琴霜音）的論述簡介：「……筆者個人的理解是書中大量線索與雜音的混雜，加之以各人推理的似是而非和似非而是，讓不同的推理方向被反覆顛覆和重構，再加上推理小說的『作中作』，以及最後『真兇』的非典型動機，全都有意挑戰傳統推理小說的範式。針對推理而言，《獻給虛無的供物》欲表達的，似乎是兇案並非單純的推理遊戲，而在傳統推理小說中被認定為線索的東西，不必全都是兇手大意或惡意，反來討論《海貓鳴泣時》這部作品的文學分類性質，再指出《海貓鳴泣時》的寫作缺點。

接下來是 uyry6 在批踢踢實業坊—看板 Expansion07 中發表過一篇〈從分析哲學的角度看海貓〉，[11] 雖然只是一篇簡單的討論，但可以看出本作在哲學議題當中做為何種呈現而存在。作者認為《海貓鳴泣時》涉及了現代分析哲學討論的東西，因此從哲學議題中的「科學哲學」、「邏輯」、「形上學」的角度來切入《海貓鳴泣時》。uyry6 從科學哲學的角度來探討《海貓鳴泣時》中的「魔法」議題，認為魔法的探討跟科學哲學中的「實在論」與「反實在論」之爭有相似之處，也就是一方認為科學是一種真理，而非只是一種說明，對上科學只不過是給一套解釋而已，若魔法也能提供良好的說明，我何不能相信魔法之間的論爭？再來從「邏輯」的觀點來看《海貓鳴泣時》中的「紅字藍字」之爭，uyry6 認為這類似於邏輯的運作系統。最後論述形上學中的「反實在論」，uyry6 認為反實在論的精神貫穿了整部作品，也就是說並不存在什麼真實，你所認為的真實，只不過是基於你的觀測，真實世界並不存在，存在的只有你的想法。[12] 這個論述也正是《海貓鳴泣時》於 Episode8 中，藉由故事中的角色自身所領悟的事蹟，想傳達給讀者的重要概念。

以上是筆者所閱讀過的一些討論文章，仍有其他優秀的討論存在於網路世界之中，但礙於篇幅限制，故僅舉兩篇討論作為代表。

若提及相關書籍，KEIYA 所著的《最終考察 うみねこのなく

而有更多的是推理者被兇案的典型想像所限而疑心生暗鬼。」

11 uyry6，〈從分析哲學的角度看海貓〉，批踢踢實業坊—看板 Expansion07，2013 年 6 月 25 日，https://www.ptt.cc/bbs/Expansion07/M.1372150862.A.076.html。（檢索日期：2015/8/3）

12 同前揭註。

頃に》[13]及《最終考察 うみねこのなく頃に散》[14]應該可說是目前最詳盡的討論專書。KEIYA將自己觀看每個Episode時的筆記、考察以及專題討論都詳盡在書中敘述。《最終考察 うみねこのなく頃に》中記載了Episode 1到Episode 4的討論內容，並在全書的最後，用Episode 1到Episode 4所使用的全部資料進行了總體的論述。《最終考察 うみねこのなく頃に散》記載了Episode 5到Episode 8的筆記考察及討論，寫法如同前一本，在最後一篇用了Episode 1到Episode 8的所有材料，對故事進行了全盤推論，包括各篇的真相考察、不同結局的解釋、世界觀的構造等，以及最後最重要的——所有謎題的推理。KEIYA的著作論述相當精采詳盡，全方位的討論了《海貓鳴泣時》這部作品的可能性，並且在最後為了沒有給出最終解答的原作，寫出了自己的答案，證明《海貓鳴泣時》是可以推理的作品。從本書中討論的材料量來看，KEIYA的推理具有相當的可信度，可以讓已經閱讀完原作的讀者接觸到相同或不同的想法。在漫畫版Episode 8幾乎完全公布解答的現在，再回頭看KEIYA當初的推論，雖不盡然完全正確，但是也有極高的正確率，可以了解他人是怎麼對《海貓鳴泣時》進行推理與思考的一本值得閱讀的作品。

### （三）作品內容簡述

《海貓鳴泣時》的故事發生在一個名為六軒島的私人島嶼上，該島是大富豪右代宮家的私人領土，每年10月的第一個週末，右代宮家的親戚們會來到島上召開一年一度的親族會議，議題是圍繞著老當主的遺產分配問題。然而在1986年10月4日親族會議這一

13 KEIYA，2009，《最終考察うみねこのなく頃に》。東京：アスキー・メディアワークス。

14 KEIYA，2011，《最終考察うみねこのなく頃に散》。東京：アスキー・メディアワークス。

天，颱風壟罩了六軒島，使該島成為一個與世隔絕的場所，右代宮家的親族們遇到了大量的連續獵奇殺人事件……。颱風散去後，警察來到島上，只看到慘絕人寰的景象，島上無人生還，事件的真相全數埋入黑暗之中。數年後，鄰近島嶼一位漁夫打撈到了一個奇怪的漂流瓶，裡面有著密密麻麻文字書寫的筆記紙，記載了當年六軒島殺人事件的過程，但是過程荒誕離奇，指出大量殺人事件的兇手是島上的魔女貝阿朵莉切所為。而且除此之外，又有另一個漂流瓶被發現，同樣記載著六軒島殺人事件的經過，雖然該紀錄仍然指稱事件的兇手是魔女所為，但是殺人事件的過程卻與第一個瓶中信完全不同。此後該事件被世人稱為「六軒島魔女傳說殺人事件」，其真相至今依然不明，卻給了超自然現象的愛好者與推理者無限的想像空間。

故事的主角為右代宮戰人，是老當主次男的兒子，在 Episode1（之後 Episode 為行文方便均簡稱成 EP 兩字）中經歷了這次荒誕不經的殺人事件，他堅持不相信島上發生的事件都是魔女所為，拒絕承認魔女的存在，於是在 EP1 故事的最後，他被位於故事中「上位世界」的魔女貝阿朵莉切招來參加挑戰遊戲，貝阿朵莉切展開一盤盤不可思議的六軒島魔女殺人事件，逼迫戰人承認魔女的存在。而戰人則要以「人類也能辦到的犯案」來否定魔女的殺人幻想，並且要有合理的解釋，而不是胡亂瞎猜。往後的故事將圍繞在「魔女殺人」與「人類犯案」 兩方的激烈論戰。圍繞著爭論魔女存在或是不存在的戰鬥，正是《海貓鳴泣時》的其中一精彩之處。這部含有推理要素的作品，作者不單只是把事件用平鋪直敘的方式表現出來，而是給予它許多額外的包裝。例如把整盤殺人事件，轉化成為貝阿朵莉切與戰人的類西洋棋[15]對決，故事中魔女與人類兩方的玩家稱為「棋手」，整個舞台六軒島形容為「棋盤」，而島上的人物

15 因為不是真的西洋棋，所以用類西洋棋來稱呼。

則稱為「棋子」，雙方針對島上事件的呈現以及人物行動決斷，稱為「棋路」，而且在故事敘述中也運用了不少跟西洋棋有關的術語，獨特的呈現本作的其中一種風格印象。

而雙方戰鬥的規則，作者活用了他的創意，為了讓魔女方所主張的魔女犯案說更有力道，但同時也向人類方展現出一部分的真相，於是在 EP2 創造了「紅色真實」的規則。再來，為了給人類方有反擊的手段，於 EP4 創造了「藍色真實」的規則。自此規則出現以來，許多的讀者對它們進行了相當多的討論，之後將針對這兩種真實分別論述。

### （四）探討內容

筆者認為，《海貓鳴泣時》絕對是值得討論的一部優秀作品，它在氣氛營造、劇情演出以及背景配樂的包覆下所帶來的精采度，仍是受多數讀者所肯定。在 EP8 漫畫版結局已重新新增劇情過後的現在，原先讀者所期待的一些答案已被公布出來，包括完整敘述了真犯人犯案動機的自白、故事中犯案手法的真相、女主角之一的右代宮緣壽與家族之間的告解、還有六軒島殺人事件的真相等，都是在原作中沒有提及的部分，有更多的劇情資料足以讓我們討論這部作品。而在整部作品中最讓筆者印象深刻的就是圍繞著「紅色真實」與「藍色真實」之間的魔女與人類的論戰，以及「守護幻想」與「揭露真實」之間的戰鬥。本文將試圖討論「紅色真實」與「藍色真實」間的論戰攻防以及呈現方式，還有故事中另一主題——守護魔法幻想與對抗揭露真實之間的意義。

## 二、「紅色真實」與「藍色真實」

### （一）紅色真實

紅色真實 ( 以下簡稱紅字 )，首先出現於 EP2，是故事中的許多魔女以及幻想方的人物，或是人物在帶有特定的條件下才能使用。並且依照紅字的性質，可以再細分為幾類。

紅字首次在 EP2 登場時，魔女貝阿朵莉切對於其規則說明如下：「在訴說真實時妾身會使用紅色」、「妾身用紅色所說的話語全部都是真實」。[16] 這是在遊戲盤上使用的紅字，其目的是為了讓戰人 ( 人類方 ) 不要以「情報不足」或是「根據不足」以此作為無法推理的藉口。例如貝阿朵莉切向戰人展現了一起密室殺人，結果戰人起初以「情報不足」、「根據不足」，或是例如有暗門、多的備用鑰匙等沒有任何辦法證明其「不存在」的手段來推託人類犯案的可能性。[17] 此外，故事中保證紅字的內容是絕對的真實，而且不必給出任何證明，也沒有反駁的餘地，以及無法用紅字說出與事實相違背的話。使用紅字的一方可以把對手的主張的假說給擊退，使用的好的話也可以用細膩的文字內容誤導對手，但相反的也會暴露出一部分的真相。換言之，若想盡力隱藏真相，就無法多用，可以說是一把雙面刃，是魔女方的強力武器。此外，人類方為了驗證自己假說的真實性，也會要魔女方用紅字進行「要求複述」的動作，魔女方可以拒絕這一要求，在遊戲中這並不是魔女方的義務，不過如此就不能否定人類方假說的真實性，有可能假說猜中了，也有可能是為了誤導人類方做出錯誤的推理，反駁的時間點是魔女方的自由，但在人類方的假說逼近到足以威脅魔女犯案說時，魔女方才會精準地使用紅字。

作者在故事開始給讀者一個有跡可循的線索，人類方不斷地提

---

16 竜騎士 07 原作‧兼修，鈴木次郎作畫，2009~2010，《海貓鳴泣時 Episode2：Turn of the golden witch》。第 18 話，頁 4。

17 故事中稱此類的手段為「惡魔的證明」。人們斷定一件事物是正確，只是因為它未被證明是錯誤，或斷定一件事物是錯誤，只因為它未被證明是正確，都屬訴諸無知。因為無法證明，並不代表無法以正常的手法犯案，只不過是現狀無法證明罷了，所以就推給了惡魔和魔法 ( 無知 )。

出人類犯案的假說來否定魔女，魔女方再以一定程度的事實真相來反駁對手，如此交互至人類方把魔女方的謎題全部以人為犯案說擊破，不然到遊戲時間結束時，只要留下任何一點無法說明的犯案，遊戲就是魔女方的勝利。[18] 作者在故事中使用了這種新穎的文字遊戲規則，來讓讀者挑戰能否接近人類犯案的真相。

紅字的有趣之處在於明明是魔女方使用的武器，卻僅能說出事實真相的敘述（若是能說出是魔法殺人，那遊戲就進行不下去了），而且明明是在用魔法主張殺人的一方，卻擔當了讓讀者相信紅字真實性的角色。這盤遊戲中魔女方的目的就是要讓人類方承認魔女的存在，但另一個同時也在進行的戰鬥就是，挑戰人類方是否能識破魔女方的手法。故事中的貝阿朵莉切不斷的向戰人展示奇幻殺人與不可能的密室，但其實這些結果其實都是建設在「確實做得到」的基準上。紅字一方面藉由人類方無法直接觀測到殺人事件是如何進行的情況，向人類方直接展現了事實真相的一部分結果，讓魔女方藉此可以維護未知的殺人事件過程，甚至也有強化自己魔法殺人主張的作用，但其代價就是展現可能會逐漸暴露自己隱藏起來的真相。作者採用了這種規則行於故事之中，並假託給幻想人物來代為發言，筆者認為是作者希望讀者不需再做其他偏離方向的瑣碎思考，而採用了這種規則設計。此外作者本身也認為，能夠證明世上的真實為真的東西並不存在，沒有人類能夠證明，所以才會以作者身分假託給魔女方來敘述。[19] 至於讀者是否要相信紅字的真實性，在這個時間點（EP3 發表後），作者認為就得看讀者自己。

---

18 竜騎士 07 原作．兼修，宗一郎作畫，2010~2012，《海貓鳴泣時 Episode4：Alliance of the golden witch》。第 10 話，頁 43-44。

19 原始內容為 Comic Market74 時發給玩家的一本文摘，裡面記述了作者給讀者玩家的一些話。參見：〈「小冊子」，うみねこのなく頃に Wiki FrontPage〉，2010 年 1 月 5 日，取自 http://umineco.info/?%E5%B0%8F%E5%86%8A%E5%AD%90。（檢索日期：2015/9/6）

雖然故事中規定了只有魔女方才有使用紅字的權利，但從紅字代表不須懷疑的真實這層意義上來看，作者在 EP5 之後又為故事帶來了人類方也能使用紅字的情況，在故事中稱為「諾克斯十戒」，是作者參考推理小說十戒改寫而成。[20] 另外也在 EP7 中出現了使用范達因 20 法則 [21] 的角色威拉德 H 萊特。在 EP5 的故事中，原本沒有形體的文字被作者塑造成一個有形的角色德拉諾爾 A 諾克斯登場，她曾試圖建議戰人可以用十戒的內容來思考貝阿朵莉切的謎題。十戒的內容在《海貓鳴泣時》的世界裡可以直接被當作無須證明的紅字使用，並且也帶出了 EP5 另一位新角色——偵探古戶繪梨花的出現。偵探雖身為人類，無法跟魔女一樣使用紅字，但是可以使用十戒的紅字內容幫助自己思考。這也意味著，貝阿朵莉切所設計的遊戲，或許是可以試著用十戒的內容來試圖解明的（雖然作者依然沒有保證）。十戒曾是推理小說遵守的對象，是一種絕對不需懷疑的真實，因此到了《海貓鳴泣時》的世界中，它也成為了不需懷疑的紅字，人類方也可以直接使用此種思考武器。

十戒的紅字內容與魔女方為了推翻對手的推理主張，雖然都是不需懷疑的真實，但是在使用方的策略上卻有所不同。前文已經提及，魔女在遊戲中出示的紅字內容是為了推翻對手的主張，但是十戒的紅字內容，則是讓人類方可以避免陷入偏離方向的思考，藉助這些內容來達到否定魔女的推理主張。

除了魔女在遊戲盤上使用的紅字，以及諾克斯十戒，在遊戲盤

---

20 英國資深編輯作家 Ronald Knox 於 1928 年訂下的原則，目的是為了防止推理作家在故事中使出不公平的手段，使讀者的推理難以進行。在古典推理的黃金時期相當盛行，但後來隨著推理小說的寫作方式與風格的改變，作家已不會再刻意去遵守十戒的內容。

21 美國作家 S. S. Van Dine 提出的法則，范達因也認為推理小說是一場需要保障公平性的智力競賽，因而有了 20 法則。但此並非用來評論作品好壞的依據。

上的人物若主動造就了一些無可動搖的事實，則在魔女與人類的論戰中也會被升格為紅色真實。例如偵探古戶繪梨花為了監測島上人物的行動，在建築物出入口及窗戶四周布滿自製的花紋膠帶，以保證建築物是否為無人出入的狀態，藉此客觀存在的事實來達到紅色真實的效果。

在之後的故事中出現的紅字，多半以「劍」為象徵，在故事中以紅字表示時，就像把對方的推理內容以紅色之刃「斬斷」一般，戰人也形容這是魔女方的「傳家寶刀」，[22] 使用十誡的德拉諾爾以及使用范達因 20 法則的威拉德，在故事中使用這些紅字武器的時候，都是以劍作為形象。紅色原本就是一種強而有力的色彩，也因此代表了故事中所謂的「絕對真實」，或是令人有「不可侵犯」之感。而筆者認為在故事之中，用紅色代表的「絕對真實」，其實也有令人感到「殘酷」以及「無情」的含意。

紅色真實的規則出現之後，讀者們也曾針對真實的定義做了一番討論，究竟紅字所指的真實指的是怎樣的規範？[23] 作者最終在漫畫版的 EP8 對於紅字的真實性與定義給出解釋。故事中的紅字其實可以分為兩種類，第一種是「針對單一遊戲盤有效的敘述」，例如死亡狀況、現場狀況、不在場證明等任何敘述。第二種是「針對人物經歷以及在島人數等，無論對哪盤遊戲都有效的紅字」，這種敘述對超出遊戲盤外的世界依然有效。[24] 在此筆者舉例，第一種紅字的使用效果如下，以第三盤遊戲的紅字為例：「金藏、源次、紗

---

**22** 竜騎士 07 原作・兼修，夏海ケイ作畫，2010~2011，《海貓鳴泣時 Episode3：Banquet of the golden witch》，第 5 話，頁 17。

**23** 相關討論可參見：〈「幻想考察」，うみねこのなく頃に Wiki FrontPage〉，最後編輯於 2015 年 6 月 4 日，取自 http://umineco.info/?%E5%B9%BB%E6%83%B3%E8%80%83%E5%AF%9F#e5329110。（檢索日期：2015/9/6）

**24** 竜騎士 07 原作・兼修，夏海ケイ作畫，2012~2015，《海貓鳴泣時 Episode8：Twilight of the golden witch》，第 5 話，頁 39。

音、嘉音、鄉田、熊澤六人死亡」、「六個房間之中沒有藏任何人」、「繪羽與戰人一起行動，所以無法犯罪」等，皆是針對該盤遊戲情況的敘述。第二種紅字的使用效果，一樣以第三盤遊戲為例：「六軒島中所隱藏的屋子九羽鳥庵確實存在」、「在 1967 年的隱藏大屋中，確實存在身為人類的貝阿朵莉切」、「六軒島上不存在 19 名以上的人類」等情況。

雖然前文提及紅字已被當作一種絕對的真實使用，也有作者的保證，那麼這意味著紅字確實是一種絕對的真實，並無主觀認知的成分在裡面了嗎？筆者認為答案並非全然是肯定的。第二種針對遊戲盤以外的世界皆為有效的紅字，可以相信是客觀存在的事實，但是第一種紅字的使用，有時候卻牽涉到了作者使用的核心詭計問題，而使讀者對於紅字所指的意義有認知上的不同，因而在閱讀的當下，有時並非是「一般認知下」的客觀真實，而存在著主觀的解釋。所以作者當時才會說，是否要相信紅字取決於讀者自己。但這是否違反了公平的手段，或是其實算是一種敘述性詭計？則不在筆者能力討論的範圍之內，因此略去不談。

### （二）藍色真實

藍色真實的規則 ( 以下簡稱藍字 ) 於 EP4 中出現。在 EP2-EP3 的遊戲中，戰人僅能使用要求複述的手段來確認自己的推理主張是否正確，但是並沒有強制力，除非在推論足以威脅到魔女犯案說時，魔女方才有反駁的義務，因此貝阿朵莉切提出了藍字的新規則，若人類方有能擊破「魔法殺人」的主張時，可以用藍字說出，與要求複述不同，此時魔女方有反駁的義務，但並不需要「立即」反駁，使用藍字若不是用在「否定魔女」的情況下就不成立。[25] 人

---

25 竜騎士 07 原作．兼修，宗一郎作畫，2010~2012，《海貓鳴泣時 Episode4：Alliance of the golden witch》，第 10 話，頁 46-47。

類方可以無數次對同一個謎題使用不同的藍字，魔女方也必須對所有的藍字提出反駁。當魔女方無法反駁人類方提出的假說時，該假說將會被視為真實，並且人類方會獲得一次的勝利。與前段的敘述相同，在遊戲時間結束前，魔女方只要能用紅字擊破任何一條藍字的論述，該遊戲就是魔女方的勝利，反之，人類方必須在遊戲結束前提出所有謎題的假說，並且讓魔女方無法反駁，才算獲得最後的勝利。

雖然藍字一開始出現的目的是為了要提出否定魔女的說法才成立的規則，但是到了 EP4 之後的故事中，藍字則擴大應用為「否定對手假說」的主張就可成立。藍字所提出的假說可以是無限多種，因此在無限多種的假說中，雖然某種假說可以突破所有紅字的限制來達到接近真相的可能，但也意味著，這種假說理論上「不只一個」。藍字所主張的真實可以有無限多種，再藉由紅字的限制來達到接近真相的可能，但在故事架構中的「未被公開的真相」下，使一種結果產生了許多種過程的可能性，這是藍字的特點。

在 EP2-EP3 的遊戲中，戰人的戰鬥方法就像是單發式的手槍，每推理一次就發射一次子彈，若是沒有命中的話就得重新裝彈，但是有了藍字的規則後，戰人了解到可以對同一個謎題一直使用藍字的戰鬥方法，以大量的假說子彈發射出去，只要有一種假說命中即可，就像是散彈槍以「面」進行攻擊一樣。[26] 而在後續的故事中，許多使用藍字攻擊的場面，推理假說的發射就像對魔女施以行磔刑的楔一般，用藍字之楔來貫穿魔女的幻想。除此之外，也有藍字化身為鎖鏈的場面，用以束縛住無法否定藍字假說的情況，使用紅字的一方得用紅字之刃將其斬落。在此後大部分的推理論戰場面，皆是由紅藍兩字互砍的情況來呈現，在此筆者也同意 quenthai（冷琴

---

**26** 竜騎士 07 原作．兼修，宗一郎作畫，2010~2012，《海貓鳴泣時 Episode4：Alliance of the golden witch》，第 10 話，頁 50-51。

霜音）的說法，這就像是以魔法來統御推理一般，藉由幻想劇般的場面來包裝擁有推理要素的劇本，藉此達到「再魅化」（re-enchant）[27] 的一種效果。[28]

根據以上所述，我們可以了解到《海貓鳴泣時》中主要的戰鬥以及遊戲規則。這是一場由魔女方向人類方發起的挑戰，在一個暴風雨壟罩的孤島世界中發生了許多血腥及不可思議的殺人事件，真相被掩蓋了起來，兇手被指向是島上的魔女貝阿朵莉切所為，透過這些不可思議的犯案，要讓人類承認魔女的存在。人類方得在魔女展現的魔法殺人故事中尋找線索，並試圖得出人類也能犯案的假說。魔女方使用的武器為紅色真實，以紅字呈現的文句全部都是真實，沒有反駁的餘地，不需要給出證明。人類方使用的武器是藍色真實，藍字是用來否定魔女，或是否定對方主張的假說，魔女方在人類方提出藍字時有義務要以紅字否定，否則人類方主張的藍字假說將被認定為事實。在遊戲時間結束前，人類方需要用藍字解釋出魔女方的所有謎題，才會獲得勝利。如果其中有一個謎題的假說被魔女以紅字反駁，則該場遊戲屬於魔女方的勝利。

筆者認為作者將這場人類與魔女的對決包裝成為類西洋棋的對弈實在是非常有趣。這是一場雙方都在鬥智思考的遊戲，由上位世界的魔女與人類擔任棋手，彼此各有自己的進攻方法與思考策略，而棋盤就是上演殺人事件的封閉孤島，魔女方控制著兇手的棋子進行不可思議殺人，用紅字否定對手的推理主張來防守，並且設法掩飾一切的真相。人類方控制著可以稱為偵探的棋子設法突破事件，並設法藉由線索，以藍字推理出事件犯案手法的假說，以此進攻。雙方的進攻與防守就如島上人們的行動，在棋盤世界的故事中被展

---

**27** 重新使人們對其著魔，意即再度用奇幻般的要素包覆原本以理性去理解的世界。

**28** 同註 7。

現開來。以下棋來包裝可以說是相當絕妙，與其說這是一場推理的遊戲，筆者認為不如說這是一場「黃金魔女的遊戲」[29]更為貼切。

## 三、「幻想」與「真實」

除了上述討論的紅字與藍字間的論戰，《海貓鳴泣時》中的另一個重要主題為「守護幻想」與「揭露真實」間的戰鬥。故事在前兩個 EP 結束時，多半會讓讀者認為這是一部站在人類方的角度，試圖以作者在劇中給予的線索推理出事件真相、推翻幻想，為主要意圖的作品。但作者在 EP3 時開始在故事中開始出現不同的主題論述，也就是探討作品中出現的魔法、幻想，以及與之相關情節的背後含意。[30]這個主題持續從 EP3 開始（或是說 EP2）一直延續到了 EP8 作品的結尾，作者都在作品中試圖傳達為何劇中的人物要使用魔法？或是相信、守護魔法？甚至連本作的主角戰人在 EP5 終於理解了貝安朵莉切所留下的所有謎題後，也改變原先的立場，不再否定魔法與幻想。魔法的含意與作品中出現的紅藍字論戰，是否也有相呼應的關聯？作者一再向讀者傳達的「沒有愛，就看不到」與其又有什麼樣的關係？筆者將在這一節中試圖探討其中可能的含意。

前文中曾提及 quenthai（冷琴霜音）的〈「後推理小說」的實驗〉一文，該文中指出讀者不應將魔法只是單純的視為謊言來思考它的含意或價值，而是應當從「明知沒有人會真的相信魔法存在，卻還有人選擇說它存在」[31]的角度出發來討論作品中的魔法，筆者認為相當合適。魔法在作品中展現到最後，讀者都能了解到它背後

---

29 由稱號為「黃金」的魔女貝阿朵莉切所展開，具有推理成分的鬥智遊戲。

30 其實在 EP2 的故事中就已開始提及，但不如 EP3 之後來的明顯。

31 quenthai（冷琴霜音），〈「後推理小說」的實驗：從後設文學的角度理解《海貓鳴泣之時》〉。

的真相其實是一種修飾過的謊言，但重點應該放在「為何要去修飾它」？並且「相信它存在（守護幻想）」？而不是「看破它的手法（揭露真實）」？

「沒有愛，就看不到」首次出現於 EP2 的故事中，該段對話的背景是右代宮家的傭人紗音正在向同是傭人的嘉音傳達某個道理，[32] 筆者認為此處合適的解釋應該為「用愛讓心中的空缺得到滿足」。EP2 的故事有很大的篇幅在描寫劇中人物戀愛的問題與價值觀，並使用各種幻想與現實不斷交錯的場景來架構出他們關於愛的看法，並且也相當著重劇中人物為了守護自己深信的愛所進行的掙扎與戰鬥。雖然 EP2 的故事裡，愛與魔法的關係並沒有明示出來，但是隨著之後故事內容的演進，筆者所指出的「用愛讓心中的空缺得到滿足」這個道理，將隨著作者將魔法不斷地用曲線說理的描寫得到解釋。

EP3 的故事開頭，作者首先來了一段描寫魔法的故事。一個花瓶不小心被小女孩打碎了，小女孩她很傷心。而看到傷心小女孩的魔女，告訴小女孩相信魔法的力量，暫時修好了花瓶，小女孩也因此找回了她的笑容。但不久後這個花瓶還是被弄碎了，不過藉著魔法修飾的力量，將破碎原因轉移到路過的貓身上了。在這段故事中主要向讀者傳達一些理解魔法的線索。該段故事中指出的重點是，魔法的根源就是相信的力量，真正的魔法是修復的力量，能喚回散去的幸福及冰冷的愛，還有最重要的是，讓被遺忘的笑容回到人們的臉上。人世間充滿了離別與失去的悲傷，正確使用魔法的力量能夠幫助人們找回身邊應有的幸福。[33] 在 EP3 的故事中，上述的重點是輔佐劇情推進的重要元素。那麼要如何用 EP2 中出現的「沒有

---

32 竜騎士 07 原作．兼修，鈴木次郎作畫，2015，《海貓鳴泣時 Episode2：Turn of the golden witch ①》。臺北：青文，頁 154-160。

33 竜騎士 07 原作．兼修，夏海ケイ作畫，2010~2011，《海貓鳴泣時 Episode3：Banquet of the golden witch》，第 1 話，頁 6-17。

愛，就看不到」來解釋呢？筆者仍以「用愛讓心中的空缺得到滿足」的觀點來做解釋。魔法的根源是相信的力量，亦即只要去相信，就有機會可以讓魔法成真。那麼要去相信甚麼呢？筆者認為就是去相信「修飾的過程」。如果我們直接說故事中的花瓶是小女孩打碎了，那麼她將會不斷的傷心下去。但如果我們讓小女孩相信那經過修飾的過程，是因為貓的調皮而使花瓶破碎，可以讓小女孩找回失去的笑容，那麼我們為何不試著這麼做呢？用這「修飾的過程」，也就是愛心，去讓小女孩心中的空缺得到滿足，這就是魔法重要的意義。深信魔法存在的小女孩也加深了修飾過程的印象，因為心中有那份愛，所以才看的到魔法的存在。

EP4 的故事中，將愛與魔法的書寫集中到了兩個故事人物身上，一位是右代宮真里亞，一位是右代宮緣壽。右代宮緣壽是戰人的妹妹，1986 年 10 月 4 日當天，六歲的她身體不適，因而沒有到六軒島參加親族會議，所以躲過了一族遭滅的慘劇，她被慘劇中唯一的生還者右代宮繪羽所收養，但不幸的是，之後的生活中她們充滿了互不信任與仇恨，主要原因是繪羽直到過世時都沒有把慘劇的真相告訴緣壽，使緣壽深信繪羽就是慘劇的兇手。在繪羽死後，緣壽為了尋找那一天的真實而踏上了旅途。故事的視角不斷在緣壽所處的不同時間軸裡跳躍進行，緣壽在成長的過程中曾經藉由閱讀堂姊真里亞遺留下來的日記，一度理解魔法的使用方法，但卻未真正了解到其中的含意。真里亞因故只跟母親一起生活，她的日記中顯示出她在生活中常常遇到不順遂的事，但是她創造出了許多開心的魔法，也創造出許多架空的朋友一起生活著，她深信這些魔法的力量，可以讓她的生活變得更為幸福。緣壽曾試圖理解，但最終無法戰勝自己的壓力及負面情緒，因而否定了真里亞的魔法。在緣壽踏上尋找六軒島的真實的旅程中，作者依然把「沒有愛，就看不到」的元素布滿在緣壽的故事裡，向讀者傳達這些訊息。其實生活在世上的所有人，都有可能遇到不順遂的事，我們都在這個世界尋求著一絲溫暖，經歷百般的波折後，如果我們沒辦法改變世界，那麼我們至少有辦法改變自己。對事物的看法是因人而異的，因為心中既定的立場往往左右人們看事情的眼光，也就是說，事物的真實會由人的闡述有所變化。魔法存不存在，能決定的不是別人，而是自己。如果心中有那份感受，足以填補自我的空缺，能幫助我們走出悲傷的回憶，就算只是一種自我滿足，但能比別人早看開一步，那我們不是可以試著去相信這種方法？故事中的緣壽在旅程的最後了解到了這些含意，其實如果換個觀點看待她自己或他人的人生，是可以如此不同的。

作者從 EP2 到 EP4 用了三個篇章份量的故事來呈現使用魔法背後的含意，魔法在本質上確實是一種掩蓋真相的手段，或被視為單純的謊言，但仍然有人願意去相信、守護它的存在，並去使用它，筆者認為這應該才是作者希望讀者去思考「為何」的地方。而故事中的所有人都篤信此種方法嗎？答案是否定的。在 EP5 的故事中，作者加入了一位新的角色，偵探古戶繪梨花。繪梨花被故事中的反派魔女貝倫卡斯泰露放置到棋盤世界上，自稱作為偵探要揭穿所有的事實，撕裂魔女的幻想。繪梨花只追尋唯一的真實，對島上的所有超自然現象以及傳說嗤之以鼻，並且喜愛揭露他人隱藏的真相，欣賞被揭露者驚慌失措的表情，自稱知性強姦者。[34] 在 EP6 的故事中繪梨花也刻意地去揭穿哄小孩開心的戲法，即便只是討人開心的虛構手段，她也不留情面的揭穿。[35] 作者刻意在一個有推理成分的故事中把偵探的角色塑造成一個令觀眾覺得不討喜的形象，如前文所述，正是要來挑戰對理性的迷信和因而衍生的一系列假設。繪梨花在 EP5 的最後，與戰人展開了藍字推理論戰，但因魔女方棋手

34 竜騎士 07 原作‧兼修，秋タカ作畫，2011~2012，《海貓鳴泣時 Episode5：End of the golden witch》，第 8 話，頁 10。

35 竜騎士 07 原作‧兼修，桃山ひなせ作畫，2011~2012，《海貓鳴泣時 Episode6：Dawn of the golden witch》，第 5 話，頁 8-51。

有意隱瞞真正的真相，使繪梨花的推理主張明明是錯誤的，卻因符合客觀的不在場證明及紅字條件，因而被判斷成為真相。戰人一開始輸了這場推理論戰，無法佐證繪梨花的主張是錯誤的。但在戰人重新整理思緒、抵達了遊戲盤的真相後，反過來凌駕繪梨花的主張，也以藍字提出一套不違反任何客觀不在場證明以及紅字的推理主張，戰人的藍字推理主張與繪梨花的藍字推理主張互不衝突，但因真相沒有公開，所以呈現了兩種推理都暫時成為真相的情況，這就是作者刻意營造出來的盤面，藉此來挑戰只要擁有多數客觀證據的條件，就能找到唯一真相的心態。故事就從 EP5 繪梨花登場後，讓觀眾對原本雙方棋手的觀感逆轉一般，使反派角色的形象落到了想盡力揭露真相的繪梨花及魔女貝倫卡斯泰露一邊，戰人和貝阿朵莉切則成了守護魔女幻想的一方。並於 EP6 的故事中擔當起魔女方棋手的角色，與反派的貝倫卡斯泰露與繪梨花進行了激烈的紅藍論戰。

EP7 的故事主要是藉由另一位類似偵探角色的威拉德 H 萊特，來引導讀者觀看真犯人的自白，以及希望有人能理解真犯人的犯案動機與心態。雖然看起來是告解篇的故事，但是仍然強調「沒有愛，就看不到」的修飾，是如何彌補真犯人心中的空缺。

EP8 最後的故事又回到了緣壽的身上，緣壽非常想要知道那一天慘劇的真相，但始終沒有人來告訴她。上位世界的戰人發現了正在哭泣的緣壽，因此打算用最後一盤遊戲的虛構內容，來告訴緣壽一些「比真實更重要的事」。戰人想藉著這最後一盤遊戲來彌補緣壽心中的空缺，但無奈緣壽不打算接受這種虛幻的修飾，接受了魔女貝倫卡斯泰露的誘惑，執意去尋找慘劇的真相。原本極力避免讓緣壽知曉慘劇真相的戰人，還是被緣壽看到真相了，緣壽也一度因此失去希望。故事的最後，緣壽才終於懂得戰人想讓自己了解的事物，彌補了心中的那些缺憾，並且找到「幻想」與「真實」之間的平衡點，努力的在現實中活下去。

綜觀EP2至EP8的故事內容，其實圍繞在「沒有愛，就看不到」的劇情量相當豐厚，筆者認為從一開始故事顯現給讀者去了解的本質就是「用愛讓心中的空缺得到滿足」。為何要守護幻想、相信魔法？為何有人願意相信魔法？筆者認為其實都是因為人們心中有所缺憾的關係。用魔法的手段讓現實得到滿足，並且就算真相被揭露了，仍能正視心中所看到的那份真實，與現實達到平衡，是作中人物努力去相信、守護魔法幻想的原因，也是作者試圖告訴讀者的道理。

## 四、結論─究竟是「魔法」還是「戲法」？

究竟「幻想（奇幻的魔法）」與「真實（有跡可循的戲法）」，何者才是我們應該相信的一方？這是在EP8的最後戰人（作者）讓緣壽（讀者）去作出的選擇，在兩條路的背後，都有著緣壽以此基準為信念，活到未來可能性。

現今的我們生活在一個以科學理性為基礎建立起來的世界之中，已習慣用這種眼光來幫助自己了解未知的世界，而《海貓鳴泣時》正是要挑戰以理性來看待世界的眼光。如果事實的真相是殘酷的，但是能用一點過程的包裝來填補心中的空缺，那麼我們為何不用一些作者筆下的「魔法」，來找回失去的笑容？如果一點點的小魔術可以包裝成魔法，逗一個小孩開心，那我們有必要向小孩子揭穿它的真相是什麼嗎？就算真實有它客觀的存在性，但是如果我們心中有自己的一份見解與主張的話，有時更能以開闊的眼光活在世上，更何況如果真實的過程沒有任何人觀測到，只觀測到其結果的話，那麼不同的人心中，更是可以接近無限個真實存在。

故事中的紅字與藍字的攻防亦是故事中最精彩的一部分，它兼具了故事所想表達的絕對真實與無限真實，在未被完全公開的真相中，透過些許的絕對真實，來造就複數個可能的真相，挑戰既有的單一真相觀點，讓推理內容有著無限的可能性，以及對事物的解釋方法，並透過作者精彩的奇幻戰鬥包裝，更凸顯它的魅力。紅字與藍字雖然一方面是遊戲盤上的規則，但筆者認為，它同樣可以將其意義引申到魔法的主題上。紅字代表著絕對的真實，同時也代表了無法反駁的一面，緣壽曾經仍相信遇上慘劇的親人有回來的希望，但是在緣壽終於以紅字得知慘劇的真相時，支撐她自身的希望也因此失去了。但是如果使用藍字的話，只要無法被否定，那麼多種的主張可以並立存在，就像用過程修飾過的魔法一樣。戰人因為不想讓自己的親人受繪梨花的推理誣賴，因此也努力使用藍字戰鬥著，維護屬於自己的真實主張。在戰人理解故事的真相後，也持續用自己的方法守護著他理解的真實，並試圖告訴妹妹緣壽這個道理。

人容易相信自己想相信的事，難以認同就會拒絕，難以忍受就會迷失自我，沒有足夠的心理準備，真實對於不相信的人而言，是沒有任何意義的。[36]若一味的否定幻想，踏入現實之中，那麼終有一天或許我們遲早會窒息而死。但是如果又一味的逃避現實，躲入幻想之中，其實最後也形同於死，[37]若不能理解作中魔法的「目的」是不行的。只有找到心中的平衡點，接受並理解面對到的真實，才有能力跨過種種障礙，不屈服於別人的評斷。就如臺灣知名導演李安所呈現的作品《少年 Pi 的奇幻漂流》，Pi 在劇情最後說了兩個版本的故事，反問訪問 Pi 的人願意相信哪種版本？筆者認為這正和本作想傳達給讀者的東西，是同一個道理。

雖然海貓的故事並沒有辦法讓所有讀者都有一個滿意的結果，但筆者認為作者已經用了最大的力量，向讀者傳達他想傳達的訊息，不論滿意不滿意，只要找到讀者自己願意相信並理解的方式，

---

36 竜騎士 07 原作・兼修，夏海ケイ作畫，2012~2015，《海貓鳴泣時 Episode8：Twilight of the golden witch》，第 5 話，頁 40。

37 竜騎士 07 原作・兼修，夏海ケイ作畫，2012~2015，《海貓鳴泣時 Episode8：Twilight of the golden witch》，第 33 話，頁 20。

筆者認為我們都可以從這部作品中多少學到一點東西。即使人生中有排山倒海的紅色真實向自己襲來，如果能找出與之應對的藍色真實，去尋找、創造、守護住自己相信的真實，相信我們能以更開闊的眼光來面對世界。

# 參考文獻

## 中文

胡正光主編，2014，《另眼看御宅：跨媒體傳播下的日本文化剪影》。新竹：交通大學出版社。

竜騎士 07 原作・兼修，夏海ケイ作畫，2014，《海貓鳴泣時 Episode1：Legend of the golden witch ①～④》。臺北：青文。

## 外文

KEYIA 著，竜騎士 07 原著，2011，《最終考察うみねこのなく頃に Witch-hunting for the Episode 1-4》。東京：アスキー メディアワークス。

—— 著，竜騎士 07 原著，2011，《最終考察 うみねこのなく頃に散 Answer to the golden witch Episode 5-8》。東京：アスキー メディアワークス。

竜騎士 07 原作・兼修，夏海ケイ作畫，2014，《海貓鳴泣時 Episode1：Legend of the golden witch ①～④》。臺北：青文。

——原作・兼修，鈴木次郎作畫，2009~2010，《うみねこのなく頃に Episode2：Turn of the golden witch ①～⑤》，東京：スクウェア エニックス。

——原作・兼修，夏海ケイ作畫，，2010~2011《うみねこのなく頃に Episode3：Banquet of the golden witch ①～⑤》，東京：スクウェア エニックス。

——原作・兼修，宗一郎作畫，2010~2012，《うみねこのなく頃に Episode4：Alliance of the golden witch ①～⑥》，東京：スクウェア エニックス。

——原作・兼修，秋タカ作畫，2011~2012，《うみねこのなく頃に散

Episode5：End of the golden witch ①～⑥》，東京：スクウェア エニックス。
——原作・兼修，桃山ひなせ作畫，2011~2012，《うみねこのなく頃に散 Episode6：Dawn of the golden witch ①～⑥》，東京：スクウェア エニックス。
——原作・兼修，水野英多作畫，2011~2015，《うみねこのなく頃に散 Episode7：Requiem of the golden witch ①～⑨》，東京：スクウェア エニックス。
——原作・兼修，夏海ケイ作畫，2012~2015，《うみねこのなく頃に散 Episode8：Requiem of the golden witch ①～⑨》，東京：スクウェア エニックス。

## 網路

「うみねこのなく頃に」條目，維基百科，取自 https://ja.wikipedia.org/wiki/%E3%81%86%E3%81%BF%E3%81%AD%E3%81%93%E3%81%AE%E3%81%AA%E3%81%8F%E9%A0%83%E3%81%AB。
「うみねこのなく頃に Wiki FrontPage」，取自 http://umineco.info/。
Quenthai（冷琴霜音），2013 年 2 月 28 日，〈「後推理小説」的實驗：從後設文學的角度理解《海貓鳴泣之時》〉，巴哈姆特《海貓鳴泣時》哈啦區，取自 http://forum.gamer.com.tw/C.php?bsn=16168&snA=1334&tnum=7。（檢索日期：2015/8/3）
Uyry6，〈從分析哲學的角度看海貓〉，2013 年 6 月 25 日，批踢踢實業坊—看板 Expansion07，取自 https://www.ptt.cc/bbs/Expansion07/M.1372150862.A.076.html。（檢索日期：2015/8/3）
〈[ 討論 ] 請問龍騎士 07 和玩家們發生何事〉，2014 年 9 月 3 日，批踢踢實業坊—看板 C_Chat，取自 https://www.ptt.cc/man/C_Chat/DE98/DFF5/D12B/M.1414886098.A.C1D.html。（檢索日期：2015/9/6）
〈[ 問題 ] 關於海貓 詳細希望〉，2015 年 4 月 20 日，批踢踢實業坊—看板 C_Chat，取自 https://www.ptt.cc/bbs/C_Chat/M.1429534134.A.9B8.html。（檢索日期：2015/9/6）
〈[ 閒聊 ] 龍騎士 07 不再受青睞了嗎？〉，2015 年 4 月 20 日，批踢踢實業坊—看板 C_Chat，取自 https://www.ptt.cc/bbs/C_Chat/M.1429531422.A.667.html。（檢索日期：2015/9/6）

# ACG 的理論實踐與多元角度

插畫／ YUYU

# 在地下城尋求真理並沒有搞錯了什麼：
## 電子遊戲的民主實踐與主體共識

梁世佑

## 一、前言

這篇文章的標題自然是借用了大森藤野的輕小說《在地下城尋求邂逅是否搞錯了什麼》（ダンジョンに出会いを求めるのは間違っているだろうか）轉化而來。關於這本輕小說之內容（以及作品中最具視覺特徵的女主角赫斯緹雅）並非本論文所欲討論之對象，或許下次有機會筆者非常樂意分析有關乳繩的設定和理由，但本文將集中於電子遊戲與當代自由意識及能動性之問題。筆者試圖從二個角度：「民主的實踐」、「人類集體意識」來切入，說明當代電子遊戲如何體現並展演這些看似非常複雜高深的專業理論，並說明在當今世界，電子遊戲與相關數位科技正在扮演並融合這些虛擬與現實的中介，而且就在不遠處。

電子遊戲作為當代世界最具規模的科技與娛樂產業，不僅見證了聲光效果科技的發展，更逐漸脫離純粹娛樂的層面，跨入了知識與學術的殿堂，成為當代藝術文化與思維理論的重要部分。相較於傳統的媒體，電子遊戲的最大特徵在於有別於傳統媒介的互動性與多元可能性。[1] 電子遊戲需要親自去操作，動手去感知、體會並在其中做出自己的選擇，且學習的曲線、花費的時間遠遠比其他載體或娛樂來得更長，這使得「打電動的玩家」從單純直線接受的「閱

1 遊戲一詞的定義包含甚廣，例如所有類型的運動競技、團康活動、紙牌圖版遊戲，甚至可以把所有人類活動中具備一定規則、能產生樂趣的活動都歸納於此一領域中。為求方便，本文中所指之「遊戲」，除非有特殊說明，否則一概泛指電子遊戲，一般俗稱之「電玩」或「電動」。

聽者」到具備能動性與操作權的「決策者」，這一過程可能會同時解構與再定義「閱聽人」、「創作者」和「消費者」之間的界線，更清楚體現科技和人性之間的融合與未來。

一個筆者經常提及的例子是《任天狗》（Nintendogs）這款電子虛擬寵物養成遊戲。該遊戲最初是設計給那些喜愛寵物，但是在現實中卻無法飼養的人們，賦予他們一種在遊戲中與寵物相處的慰藉與羈絆。透過螢幕觸摸與麥克風的語音辨識，玩家可以和寵物交流，撫摸牠的毛髮、幫牠洗澡、餵食或逛街，也可以購買漂亮的衣服或飾品來妝點。遊戲內建的時間與真實世界同步，更讓玩家彷彿體驗到每天與寵物相伴的時光。這些逼真的設計使該作品一推出便造成熱烈的銷售情況。但是後來卻發生了一些案例，也就是許多喜好虐待動物的人也購買了這款遊戲。他們刻意不給寵物進食、洗澡，使寵物挨餓受苦。當每次啟動遊戲時，正在挨餓受苦、身上爬滿跳蚤的狗兒就用生病無力的眼神望著主人，渴望得到食物，這時這些喜好虐待動物的玩家就能獲得某種虐待的快感與慰藉，由於該遊戲設定了寵物不會死亡，故這些虐狗玩家可以永遠地享受看著虛擬寵物受苦挨餓的過程。[2]這些事件後來被創作者知道後十分訝異，

---

2 關於《任天狗》設定了電子虛擬寵物不會死亡的理由必須考慮到日本社會因素與審查制度。第一，由橫井昭裕與真板亞紀在 1996 年設計，並由日本萬代公司發行的「電子雞」（たまごっち）在 90 年代後半期造成了非常大的轟動與流行，許多國小孩童沉迷於飼養電子寵物之中，還引發了社會和家庭問題，其中最大的爭議點就是電子雞會死亡一事。對於該遊戲的主打客戶（大多是國小國中學生至二十五歲上下的粉領族）而言，死亡是一個難以想像與解釋的課題，投入的時間一夕之間化為烏有以及過份的感情投入都使得當時玩家無法接受電子雞的死亡乃屬必然，進而對製作公司提起各種抗議。後來發售的電子雞便加入了各種變通與延續的功能來降低這個死亡挫折。而《任天狗》等後來發售之電子寵物，則幾乎設定了虛擬寵物永遠不會死，會永遠停留在最美好、最青春的時刻，永遠陪伴著主人。在某種意義上，這與《櫻桃小丸子》或是《名偵探柯南》中永遠的國小學生、永遠的小蘭姐姐有異曲同工之妙，不管觀眾的年齡如何變化，作品中

他說他從未想過他的遊戲可以被這樣遊玩，創作這款遊戲是為了人類與寵物之間的心靈交流、歡笑、家庭的感情羈絆而誕生，沒想到竟然會被這樣子使用。換言之，玩家能夠「玩出」創作者根本沒有想過的遊戲方式與內容，甚至是與原本作品主旨完全大相逕庭的發想設計，這是其他娛樂載體所不具備的互動方式。

隨著電腦科技的進步，許多外掛程式或遊戲模組（Mod, modification）更允許讓玩家自由創作、將原本遊戲進行大幅度的修改，在《上古捲軸 V》（The Elder Scrolls V：Skyrim）等作品中可以看到玩家的發想遠遠比原始創作者更加寬廣且離經叛道；或者說根本變成完全不一樣的作品。又如最近的作品，不管是《暴雨殺機》（Heavy Rain）或《直到黎明》（Until Dawn），這些作品以真人模組和場景為設計，但在遊戲中透過 QTE 系統讓玩家選擇每一步驟之行動，包含自己的喜好、厭惡和恐懼，最後則將這些恐懼或喜好如實地設計在遊戲劇情之中，得以創造出屬於每一個人自己的推理小說或是驚悚電影。換言之，每一位玩家所體驗到的故事都可能有所變化，而且在缺乏外在攻略指引的初體驗下，得以觀察到每個人的自我選擇。

同樣在《當個創世神》（Minecraft）之類的作品中，全球玩家巧奪天工，創造了許多難以想像的巨大景觀建築物，或是在遊戲內可以執行運算的電腦，甚至是全尺寸 1：1 的國家領土。《當個創世神》在吉尼斯遊戲世界紀錄（Guinness Book of World Records

---

的人物永遠停留在那個觀眾最喜愛的時光，等著你回憶過往的點點滴滴。第二個問題是由於「死亡」的有無會影響到遊戲分級的判定，故為了讓全年齡的孩童也能接觸到這款遊戲，採取最低分級的全年齡向作品也成為遊戲的設定。參見世田谷「たまごっち」研究会，《「たまごっち」の研究》（データハウス，1997）；曽田弘道，《アニメビジネスがわかる》（NTT出版，2007）；櫻井孝昌的《アニメ文化外交》（筑摩書房，2009）也有部分論點可參考。

2015：Gamer's Edition）上創下的 12 項空前紀錄，有些已經超越了我們所認知的「遊戲範疇」，可謂是當代科技和遊戲思維的具現化成果；或者說體現了一個建構在數位資訊中的虛擬思維，透過網路與遊戲，如何與現實世界進行高度互動與連結，而且深深地影響著它。[3]

## 二、民主理論的實踐與嘗試：一個遊戲的案例

就如同政治詞彙中的其他用語一樣，「自由」和「民主」不知牽動了多少人的理想與訴求、激情與信仰，人們在使用這個概念時經常事先描述其特定意義，以便表示自己對這種政治制度的讚揚與正面肯定的態度。今天幾乎找不到任何一個政權統治者或知識人否定民主，正如所有的國家都宣稱自己屬於民主國家一般。自由和民主屬於不同的範疇，但在當代自由主義者論述中，這兩者經常構成互補互用之關係，以致於人們經常將其兩者連用。

就核心的意義而言，民主是指多數人統治的政治，人民的統治，即最終的政治決定權不依賴於少數或個人，而是特定人群或是全體人民的多數。[4]就形式而言，民主可以區分為直接民主和間接民主，前者是指多數直接參與政治決定的制度，之所以稱為「直接」

---

3 例如 2014 年隸屬丹麥環境部下國家地理廳的大型國土計畫「Danish Geodata Agency」便以 1 : 1 的比例，耗費了四兆個方塊完整重現了整個丹麥國土 16602 平方公里與建築物。目前以「Denmark in Minecraft」為名，已經放在網路上供玩家下載。參見 U-ACG，〈《Minecraft》創下的十二個世界紀錄，不只是紀錄〉（http://www.u-acg.com/archives/1852）（檢索日期：2015/11/28）

4 必須一提的是本論文並非探討自由民主之相關政治學理論或是術語之研究，所以在這方面僅舉其表面之要，而非專門討論民主或自由主義相關解釋或理論。

是因為決策的權力直接由人們所行使，不經過任何媒介或代表。在歷史上採取直接民主非常少見，因為要將人們全部聚集起來充分討論與投票相當困難，所花費的成本和時間非常高昂，如果放到現代國家規模而言，幾乎是不可能達成的任務；相對直接民主，公民透過自己的代表權進行決策的制度則稱之為間接民主。在實行上具有一些明顯特徵，尤其在二十世紀之後，大致來說學者認為民主制度有三種可檢驗之面向：分別是一、定期舉行公共權力機構領袖之選擇，其結果可實質性改變政策與其制訂。二、採用一定程度之公平普選，即每個達到標準之公民均擁有投票權，且人人等值。三、保障對選舉過程具有實質意義之公民自由權利。

第一點的意義在於統治者之產生將遵循人民之自由意志，而且不是表面上不具實際權力之人物，第二點則認為一個國家如果因為任何理由而否定了相當數量的公民投票權利（例如少數族群或是不同性別、宗教），則不能算是民主制度。第三點則特別值得一提，也就是關於「少數服從多數之多數決」問題。投票制度雖然以多數決為取向，但是「民主統治」和「多數統治」之差別正在於後者將一切政治問題由多數人的選擇來決定，在這一過程中少數人的權利與意見可能在濫用的多數選擇或民粹中遭受侵犯，也因此憲政主義的民主理論發展出保護少數人之論理，例如基本人權、宗教選擇、言論自由與生活方式等，憲法或法律必須防止一個社會以多數人之名義加以干涉與侵害。換言之，真正的民主制度依舊設定了不予多數決定的界線，來防止蘇格拉底之死這樣的事件重演。[5]

筆者以上述的民主範例為基礎來討論萬人遊玩 GameBoy《神奇寶貝》遊戲的「Twitch Plays Pokéokt」之案例。這是一個允許全

---

5 顧肅，《自由主義的基本理念》，2006，臺北：左岸文化。頁 157-159。Robert A. Dahl 著，李柏光、林猛譯，《論民主》，1999。臺北：聯經；Robert Dahl, *A Preface to Democratic Theory*, University of Chicago Press, 1956, PP.137-146, 尤其是 Chapter 3。

球所有玩家（只要能夠連上網路）都可以一起進行遊玩的大規模多人線上遊戲之嘗試。所有玩家只要在聊天室內留下指令，透過 IRC 軟體的指令字節擷取 ，遊戲內的主角小智就會根據觀眾的指令來行動。根據記錄有超過 5500 萬次的觀看，在 2014 年的 E3 上，該成就還獲金氏記錄承認為「史上最多人參與的單人線上遊戲」的紀錄。[6]「Twitch Plays Pokéokt，TPP」是一個在多人實況網站 Twitch 上所進行的嘗試。發起人稱之為一個「社會學實驗」，其內容為不特定多數網友在實況頻道的聊天室輸入遊戲指令來控制實況中的遊戲。這一實驗由一匿名澳洲程式設計師發起，並於 2014 年 2 月 12 日開始實況《神奇寶貝紅版》（ポケットモンスター赤 ，Pokémon Red and Blue），結果獲得好評，平均超過八萬人同時在線收看，其中至少十分之一的使用者參與輸入指令。並於實況開始 16 天的 3 月 1 日破關，Twitch 估計約 116 萬人參與了指令輸入，同時收看人數最高時達到 121,000 人，而整個過程總計達 5,500 萬次觀看次數。[7] 隨著《神奇寶貝紅版》的結束與廣受歡迎，後來繼續進行了《神奇寶貝水晶版》、《神奇寶貝綠寶石版》、《神奇寶貝火紅版》、《神奇寶貝白金版》和《神奇寶貝心金版》等其他遊戲版本的實況，持續造成更多不同的話題。

這個大規模實況線上遊戲的案例有何值得討論的地方？首先我們必須理解《神奇寶貝》是怎樣的遊戲？《神奇寶貝紅版》描述玩家扮演一名十歲，立志要成為神奇寶貝大師的小男孩展開自我旅

---

**6** Heater Kincaid, “Twitch Plays Pokémon Wins a Guinness World Record.” MCM BUZZ. 2014-06-15, http://goo.gl/euKnlh . “Most participants on a single-player online videogame.” guinness world records, http://goo.gl/uvqgY4。（檢索日期：2015/11/29）

**7** 參考維基百科〈Twitch Plays Pokémon〉條目，《維基百科》，https://zh.wikipedia.org/wiki/Twitch_Plays_Pok%C3%A9mon。（檢索日期：2015/11/29）

程，路上可以不斷獲得各種新型的神奇寶貝，並透過培育養成和進化，讓自己手上的神奇寶貝越來越強大，最後依序挑戰全世界不同道場的訓練師和冠軍，可說是相對單純王道的日式角色扮演遊戲，隨著這一系列遊戲大受歡迎，任天堂也不斷推出各種全新系列神奇寶貝之版本，故後方會加上不同的顏色或指示物來標示版本之差異。更重要的是：《神奇寶貝》初期是設計給單一玩家遊玩的作品；換言之，在這種早期單人遊戲中，玩家就是這整個遊戲世界中唯一擁有能動性和主導權的人物，或許我們也可以戲謔地說，玩家就是那個「神」和可以任意入侵他人家中翻箱倒櫃，竊取財物到道具而擁有法律保護的「勇者」大人。[8]

在單人遊戲中，玩家是這整個遊戲世界中唯一的「活人」，而其他的人物都不過是電腦控制的 NPC，雖然也會有失敗的懲罰或相關事件，但玩家是整個遊戲作品中具備所有權力和能動性的人物，甚至可以任意地顛倒日夜與自然，以滿足玩家之需求。[9] 在某種意義上，玩家扮演的就是這個虛擬世界中唯一且絕對的獨裁者，任何事情均可以恣意而為，You Are the ONE。

隨著後來電子遊戲軟硬體普及和高速網路之普遍，可以同時容納多人的大規模線上遊戲（Massively Multiplayer Online Role-

8 這是一個有趣的調侃段落，經常出現在早期大多數的 RPG 之中。由於遊戲必須設計某些探索與蒐集的要素，所以在單機遊戲的冒險中，玩家通常必須在洞窟、地下城或是村莊內大肆搜索相關的寶箱或隱藏道具。也因此出現了在村莊內，玩家任意侵入民宅、翻箱倒櫃收刮財物道具的遊戲方式，進而衍生出所有村民敢怒不敢言，只能尊稱對方為拯救世界和平的勇者大人之諷刺段子。值得一提的是，其實筆者覺得今天的《刺客教條》（Assassin's Creed）系列更有這樣的影子在，不管是在巴黎、倫敦、佛羅倫斯或是伊斯坦堡，「刺客大人」也是為了要解決手頭需要和完成地圖任務之蒐集而任意入侵民宅掠奪財物。

9 例如在《Dragon Quest III》等作品中因為設計了自然時間流動，黑夜與白天會有不同之面貌與事件，村莊晚上也無法購買道具，為了方便玩家控制，所以在一定等級之下便可以任意使用轉換時間之道具或魔法。

Playing Game，縮寫 MMORPG）開始出現，透過網路的連結，所有真實玩家都匯集到了一個共同的虛擬世界上，每一個人扮演的都是遊戲世界內特定的單一角色，不再是全知全能的神。[10] 除了特定的遊戲管理者（GM）之外，每一位玩家基本上都是平等地成為遊戲內的一個角色，再也不能任意顛倒黑白或是為所欲為。而 MMORPG 的世界由於都是真實的活人玩家，因此許多行為也出現了在現實社會會出現的案例，更加讓人感受到遊戲中的虛擬世界和現實不過一線之隔。

但在「Twitch Plays Pokéokt」中，則是讓所有的玩家下達指令去操作同一個角色，而不是扮演屬於自己的分身和形象。這一結果必然產生一個有趣的現象，俗諺用「三個和尚沒水喝」來形容當人數增加時，工作效率反而會因為人性怠惰而下降，最後導致所有人皆蒙其害的過程。而萬人遊玩一款單人單機遊戲會造成什麼結果？也就是因為每個人都可以下達指令，而我們完全無法預測網路上其他玩家之想法，故明明你知道這邊就是要往南走，但就是會有人拚了命要和大家作對向北走，然後小智就會不斷的撞牆、撞牆、鬼打

---

10 多人線上遊戲可以上推到 1970 年代後開始興起的 MUD 遊戲，透過沒有任何圖像的文字遊戲，如 Adventure、Dungeon 和 Zork；後來啟蒙大多數地城類型遊戲的《龍與地下城》則採取了紙筆作為輔助工具來進行，而今天大規模多人線上遊戲則是 Origin 於 1997 年 9 月發行的《網路創世紀》（Ultima Online）。在臺灣，這一風潮則大概要等到家用 ADSL 和網咖普及之後才蔚為風潮，《仙境傳說 RO》和《天堂》的興起可作為一個明顯的分水嶺。另外關於《網路創世紀》對於整個電子遊戲和相關社會脈絡之研究非常多，可以參見 Simpson, Zachary Booth. "The in-game economics of Ultima Online." Computer Game Developer's Conference, San Jose, CA. 2000; Kim, Amy Jo. "Killers Have More Fun: Games like Ultima Online are grand social experiments in community building." WIRED-SAN FRANCISCO- 6 (1998): 140-140; Seay, A. Fleming, et al. "Project massive: a study of online gaming communities." CHI'04 extended abstracts on Human factors in computing systems. ACM, 2004.

牆。再加上由於指令輸入之延遲和太多人同時輸入，指令之延遲和反應更造成了我們幾乎無法預測小智下一步會往那邊走。

在這裡彷彿看到直接民主制度的不可行。當參與操作指令的人到達一個限度時，整個效率和流程就會完全停止，因為有太多人在同時輸入指令，一方面造成了系統的負荷與延遲，也同時體現「當所有人都在發表言論與意見時，根本無法進行理性之溝通和討論」。這遊戲的實況清楚地告訴我們如果讓所有人都擁有決定權且一切平等的話，那任何政策幾乎無法推動、所有措施都將停擺，更精確地說：任何制度都永遠無法統一所有言論和立場。其次，不表態之關鍵少數經常發揮絕對性的力量：因為是藉由玩家輸入指令來決定下一步驟，但由於無法預測所有玩家的指令，所以如果剛好某人輸入的指令被擷取，就可能會發生重要道具或神奇寶貝被丟棄的慘事。事實上，真正積極參與發送遊戲指令（扮演傳統定義上的「玩家」）數量非常地少，絕大多數的玩家都是「閱聽者」的觀眾角色或是搗亂的網路小白，但是這些少數往往造成了巨大的影響，這一過程我們也可以在今天的民主選舉制度與菁英意見領袖上看到類似的案例。

其次，為了要使遊戲繼續推進，許多玩家私下設計了許多的程式和套件，來減少表面上看似廣大、亂數而沒有秩序的玩家行動。例如為了篩選哪些是可用的指令和意見，有玩家設計了遮蔽聊天室指令之介面，讓部分想要攻略遊戲之玩家能夠互相溝通而不受指令洗頻影響，這一部分大家只要設想在 niconico 之類的視頻網站，知名影片在特定段落時出現的大量彈幕會如何影響影片觀看便可瞭解當每個人都可以發表意見時會是怎樣之結果。所以今天大多數的視頻網站都賦予了觀看者一個選項（權利）：可以遮蔽那些彈幕和留言，甚至還可以細分為全面的遮蔽或是有條件的遮蔽，讓閱聽者可以觀看享受整部作品而不受到太多無謂的干擾。今天的臉書（facebook）等社交媒體服務上同樣給予了一樣的權利，也就是不管程度的差異如何，這一作法本質上和言論管制有異曲同工之妙，也就是你可以遮蔽、刪除那些你並不想看到的言論，那些言論的內容很可能是批判你的，或者只是因為數量太多而感到厭煩。而在「Twitch Plays Pokéokt」中，為了要順利使遊戲進行，這一遮蔽的過程被認為是必要且必然之結果。這似乎也說明了在某種重大政策的推動上，某些程度的讓步與妥協不可避免。[11]

最後，也是最重要的，就是民主制度會自我學習，生命會找到出路。在這個萬人實況《神奇寶貝紅版》的案例中，於 2014 年 2 月 18 日進入反派組織火箭隊的基地，由於迷宮的複雜性而遭遇了極大的困難，整個進度完全無法進展；故這時引入了一個新的機制，也就是所有聊天室中下的指令不會馬上被輸入模擬器，而是會進行投票，在一段時間後（通常為 30 秒），累積出現最多的那個指令才會被輸入模擬器中，多數人的意見被採納與實行，在某種意義上，這就是投票制度和多數決制度的產生。[12] 但是這一機制也引發了一些玩家的抗議與反對，就如同今天的現實社會一樣，如果只有多數人的意見被接納採行，那少數人的聲音將永遠不被聽到；其次，誰決定了誰是多數和主流？最後玩家之間出現了「民主模式」和「無政府模式」的選擇。玩家可以投票決定要選用「民主模式」或是「無政府模式」；前者即為上述採取多數決投票來進行遊戲的模式，而無政府模式則是原先的版本，也就是所有人依舊可以自由且平等地的輸入指令，看看誰的指令被選上。但是又遭遇一個挑戰，也就是現在這款實況遊戲應該選擇「民主模式」或是「無政府模式」，本身又必須依賴投票多數決定，支持無政府模式的玩家認為「民主模式」的出現和設計已經與最初主旨相違背，甚至認為「這

---

11 Schimelpfening, N. “Twitch Plays ‘Pokemon’and the Power of Democracy’, Guardian Liberty Voice, February 23 rd.” (2014).

12 參考維基百科〈Twitch Plays Pokémon〉條目，《維基百科》，https://goo.gl/3LLHRU。（檢索日期：2015/11/29）

樣一來太像現實的民主制度，而失去了遊戲的樂趣和魔幻圈（magic circle）」而他們想要追求的就是那種在虛擬網路電子遊戲中所能創造，與眾不同的體驗和神話。[13]

這一民主模式和無政府模式在後來的《神奇寶貝水晶版》中被調整成為根據現實時間來自動切換，如果更換模式則需要重新進行投票，在這邊我們彷彿看到了雷南（Ernest Renan，1823-1892）於1882年發表的著名討論：「民族的存在與維繫是每日民族成員投票（a daily plebiscite）決定是否願意繼續生活在一起」。後來著名歷史學家霍布斯邦便引伸說國家制度之所以能建構穩固，就是每天公民不斷進行民族自決的結果。[14] 最後「Twitch Plays Pokéokt」實況遊戲中還產生了名為「共產主義」的制度，不知道是否是玩家認為共產主義才是人類最終的歸宿？不過這一共產主義的主旨其實是雜柔「民主模式」和「無政府模式」，也就是所有玩家依舊採取各自的方式來輸入指令，但是決定誰的指令被輸入不再依靠民主模式的多數決，而是由電腦來亂數選擇，那為了讓指令更容易被選中（電腦選擇上預設是絕對機率公平的），所以可以大量輸入指令來提高母體機率，提高中選的確率，同時這個亂數篩選的過程時間非常短暫（大約是0.5秒），所以也解決了原本民主模式中耗費許多

---

13 關於魔幻圈是由 Salen 和 Zimmerma 所提出，他們認為遊戲之所以令人著迷，便是因為能夠在特定的時間與空間內，創造出屬於玩家獨有的遊戲沉浸（immersion）和投入感（engagement），這一投入感足以讓玩家創造出屬於自己的體驗和規則，得以在不完美的世界中創造出一個短暫的、有限的美好體驗。參見孫春在，2013，《遊戲式數位學習》。臺北：高等教育。頁 62-63。

14 Ernest Renan, "What is a nation?" Ida Snyder trans., in John Hutchinson and Anthony Smith eds., *Nationalism* (New York, Oxford University Press, 1994), pp.17-18; 另此文也可參見 Homi K. Bhabha ed., *Nation and Nationalism* (London: Routledge, 1990), pp.52-54. 霍布斯邦（Eric Hobsbawm）著，1997，《民族與民族主義》。臺北：城邦文化。頁 10。

時間才前進一步的緩慢效率。

《神奇寶貝紅版》是一款單一路線且毫無多元選擇的單機遊戲，透過網路和多人遊戲，重現這款早期的單機遊戲，不僅賦予了樂趣，也同時實踐了某些民主理論的各種可能。當遊戲過關時，我人也在線上，我也在洗版頻道上打了「這遊戲的過關見證了民主雖不完美，但足以帶領我們走向未來」。[15]

## 三、全球多元共識的集合：關於《MGSV：TPP》的廢除核武嘗試

小島秀夫的《Metal Gear Solid》系列已經是一個不需要解釋的經典。美國的 *Wired* 在 2010 年列舉十年以來影響力最大的 15 款遊戲，《Metal Gear Solid》（中譯：潛龍諜影）名列其中之一，*Fortune* 雜誌評選它為二十世紀最棒的劇本之一，而美國史密森尼美術館於 2012 年舉行的「電玩遊戲藝術展（The Art of Video Games）」更選出《Metal Gear Solid》、《Metal Gear Solid 2 Sons of Liberty》兩款遊戲入選最佳電玩藝術作品。在評選中指出，《MGS》不僅僅是一個匿蹤遊戲，相較於其他歐美戰爭遊戲更強調了「不殺」、「和平」與「反核」的要素，使該遊戲不僅單純是一個擁有卓越聲光效果的動作遊戲，更添加了藝術與哲學的成分。[16] 由於遊戲生態環境的改變與整個日本遊戲業界的變化，小島

---

15 RainReader Liang,〈人生真如戲：關於民主、操弄與不能重來的嘗試〉，U-ACG（http://goo.gl/Yd5vdr）at 20151129. Margel, Michael. “Twitch Plays Pokemon: An Analysis of Social Dynamics in Crowdsourced Games.”另外關於民主機制在虛擬世界的未來應用可能，參見 Jankowich, Andrew E. “Property and democracy in virtual worlds.” BUJ Sci. & Tech. L. 11 (2005): 173.

16 Freeman, David. “Creating emotion in games: The craft and art of emotioneering ™ .” Computers in Entertainment (CIE) 2.3 (2004): 15-15;

秀夫的去留和《Metal Gear Solid V：THE PHANTOM PAIN》也有了戲劇化的發展，幾乎成為 2015 年電玩遊戲業界一個備受討論的事件。

《Metal Gear Solid》是一套以現實歷史、國際政治外交為題材的作品，雖然部分有其虛構之處，但整個發展的主線圍繞著製作人所關心的核心，也就是人種思想、戰爭的變遷，以及避免殺戮及和平的實現。整個系列故事的起點開始發售於 2004 年的《Metal Gear Solid3：SNAKE EATER》。舞台設定在 1964 年美蘇冷戰時代，兩年前的 1962 年發生古巴危機。在該作品中設定古巴危機之所以可以和平落幕，蘇聯願意撤回飛彈，命令船艦回頭的原因是「蘇可洛夫」（Sokolov）這個虛構的科學家。蘇可洛夫是蘇聯 OKB794 的設計局長，也是 1957 年蘇聯發射 Sputnik 一號，人類第一次登上宇宙的火箭原理開發者。蘇聯率先進入太空讓美國非常緊張，故於隔年投入大量特別預算成立了美國太空總署（NASA），兩大強權開始進入大空競賽，而在這裡，《MGS3》設定了蘇可洛夫也是一種核子搭載移動戰車「Shagohod」（シャゴホッド）的設計者。這種搭載核子武器的二足步行戰車就被稱為「Metal Gear」，也就是貫穿本系列遊戲的核心圖騰。

在本遊戲的設定中，「Metal Gear」是一種「隱形核彈」發射裝置。也就是為一種利用強力電磁脈衝所發射出去的核彈頭。因為不使用燃料推進，所以也不容易被雷達發現，所以得以實現在任何地方均可以發射核子攻擊之強大軍事威脅。當然，至於「Metal Gear」為何要採取笨重的二足步行設計，外型更像是一隻恐龍，這就牽扯到機器人理念和男人的兵器設計浪漫。而爭奪與破壞「Metal Gear」，以及其背後所代表的核子武器霸權論，則成為本系列遊戲

---

Gee, James Paul. "Learning by design: Games as learning machines." Interactive Educational Multimedia 8 (2010): 15-23.

的一個核心思想：人類應該廢除核子武器，永遠讓人類免除在核子威脅的陰影之下生活。

在遊戲中，設定世界存在著一個操弄世界秘密組織和一筆龐大的資金：「賢者遺產」（Philosopher's Legacy）。賢者遺產是一筆足以進行五次世界大戰的龐大資金，由美國、中國、蘇聯三國的賢者在「賢人會議」中決定設立，維持世界的運作秩序的一筆資金。你可以想成《駭客任務》中的母體，或是十七世紀霍布斯的《巨靈》，或是《新世紀福音戰士》的Nerv。賢者們的爭執就是第一次世界大戰、經濟大恐慌、極權主義與冷戰，所有歷史事件形成的原因。而在系列遊戲中，玩家前後透過扮演多名代號均稱之為「Snake」的全能士兵來體驗從1960到2010年代的世界發展與戰爭，並對抗強權，找回屬於自身的人類意志。

發售於2015年9月1日的《Metal Gear Solid V：THE PHANTOM PAIN》把故事設定在西元1984年，玩家扮演Big Boss從九年的沉睡中醒來，重新找回屬於自己的過往和失去的東西，對這個世界復仇與再生。由於製作人小島秀夫與母公司Konami的爭議，該遊戲也可能是小島製作的《Metal Gear Solid》最後一款作品而引發熱烈討論，被認為是足以代表2015年的年度最佳遊戲之一。隨著遊戲的進行，開始有玩家破解遊戲內的許多劇情和編碼，海外玩家發現遊戲內存在著一個稱之為「核廢絕」的隱藏路線結局，在解析遊戲檔案中發現一段影片，Big Boss解除了這個世界上所有的核子武器，從此人類再也不在核子威脅下生活。但是對於如何達成全球核廢絕這一隱藏結局則眾說紛紜。後來官方透過網路宣稱確實有這一個結局，並公開了達成條件。包含玩家的遊戲進度到達一個標準（任務31完成）等，目前並未開發核子武器等，但最重要的條件是：必須該遊戲平台上所有玩家之核子武器保持數量為零。

由於《Metal Gear Solid V：THE PHANTOM PAIN》支援線上模式的FOB任務，所以玩家可以透過連線，潛入其他玩家的基地，並把其他玩家所持有的核子武器銷毀；換言之，透過真實的線上遊戲操作，每一個玩家都有可能透過自己的操作和遊玩，來破壞其他玩家的核子武器，進而削減自己遊戲平台上的核子武器保持數量。根據官方公開的數據可以得知目前各遊戲平台上核子武器的總數量：

表 1 各遊戲平台核子武器總數表

| | 2015.11.1 | 2015.11.25 |
|---|---|---|
| PC Steam | 36552 | 15691 |
| PS4 | 2761 | 352 |
| PS3 | 1685 | 250 |
| XBOX One | 525 | 96 |
| XBOX 360 | 1011 | 85 |

資料來源：Konami Metal Gear Solid V 官方 Twitter

上述官方公開的資料呈現了兩個矛盾且弔詭的資訊。第一，我們可以透過數量知道遊玩該遊戲的玩家大多集中哪一個平台；換言之，可以體現哪一個平台的遊戲比較受歡迎，比較容易找到玩家和對手，也比較容易建立起同僚和社群組織。但同時也形成了一個難關：因為玩家人數多，所以更難根絕核子武器。這似乎說明選擇那些玩家人數較少的平台反而較有機會可能實現這一隱藏結局，廢除世界上的所有核子武器。

第二個值得討論的地方是，當官方公開這一隱藏結局確實存在後，不管哪一個平台的玩家，核子武器的數量都在一個月以內快速減少，減少的幅度甚至高達近九成，這說明了不管哪一個平台的玩家，都試圖想要達成、共同實現這個遊戲的隱藏目標，這是遊戲理論中經常被探討的重點：遊戲在於刺激玩家達成某種里程碑的慾望而驅動玩家不玩或遊玩著。而其中還可以注意到，主機平台的核子武器減少數量比起電腦 PC 版本的更為顯著與迅速，尤其是 XBOX

360 版本的核子武器數量已經在一個月內減少到只剩原先的 8%（其他主機平台也都減少將近 80%）。但由於 PC 版本的玩家數量太過龐大，雖然總數量最多，但所占的比率反而最少，很可能是由於電腦版本的玩家看到那個龐大的數量時就覺得根本不可能廢止核子武器，而降低了這種驅動力。

全球廢除核子武器是一個偉大的夢想，很可能也是製作人小島秀夫夢寐以求的結局，透過他所親手製作的遊戲，就算現實世界難以實現，但在遊戲的虛擬世界中，透過全球所有玩家的共同努力，得以實現某種形式的全球廢止核武。但是，我們無法控制、管理每一個線上玩家的自由意志和選擇權；換言之，很可能有玩家並不認同這樣的想法，甚至是刻意喜歡扮演那個特立獨行，反抗眾人意識的獨立個體，當他得知這樣的結局時，很可能會刻意發展核武，成為那個平台伺服器中高喊窮兵黷武的強大軍事國家，這樣的情形在現實歷史中不乏例子。《Metal Gear Solid V：THE PHANTOM PAIN》與上述的「Twitch Plays Pokéokt」略有不同，每名玩家都可以完全管理屬於自己的基地，強化防禦，抵禦外敵的侵入，更體現了每個人都能在遊戲中擁有屬於自己的抉擇權和能動性。[17]

這時候，為了達成某種全伺服器（世界）的集體共識和玩家意識，很可能多數玩家就會採取強硬的手段去攻擊那些少數不配合群體意識的個別玩家，使用強硬的方式去卸除該玩家基地內的核子武器以達成全世界核廢絕的隱藏結局。這一採取強硬作法來達成某個人類（玩家）共同之目標（通常還可能是美善且正義的），和現實世界中全國出兵討伐 ISIS 等激進恐怖分子是否有其類似性？為了某種全人類的和平幸福之名義。

---

17 Alloway, Nola, and Pam Gilbert. “Video game culture: Playing with masculinity, violence and pleasure.” Wired-up: Young people and the electronic media (1998): 95-114.

於 2015 年 11 月底撰寫此文的筆者尚無法得知未來《Metal Gear Solid V：THE PHANTOM PAIN》任何一個平台伺服器是否真能實現完全廢除核武的隱藏結局；若真能達成，想必是一個遊戲史上的紀錄。在現實世界中可能無法達成夢想，在電子遊戲中透過所有玩家的意志和共識，實現了核廢絕的理想。

## 四、人生如遊戲，遊戲如人生

朱利安巴恩斯的小說《福樓拜的鸚鵡》中曾提到了一段話：

> 現實的生活告訴人們，他做了這件事；而書籍等記錄則告訴人們：他為什麼做這件事」書籍解釋了事情發生的前因後果，例如以戰爭為例的話，書籍會詳述包含導火線、交戰過程和結果，而現實生活就是戰爭本身。

電玩則賦予你一個想像的選擇權，選擇你該怎麼做。

設計前述「Twitch Plays Pokéokt」構想的工作室在 2015 年的 PAX East 上面提出了一個全新的概念作品《Upsilon Circuit》。這是一款配點的動作對戰 RPG。畫面視覺表現上看起來十分平常陽春，但是有兩個特色：第一、玩家只要在遊戲內死亡，就再也不能挑戰、遊玩這款作品。第二、玩家的各項數值能力由觀眾來決定。開發者 Calvin Goble 表示遊戲只有一個伺服器，每次也只會開一場遊戲，全世界只能有八名個人玩家進入，並分成兩個隊伍來挑戰競賽。一旦你在遊戲中被打敗，就再也不能參加該遊戲；是的，你的任何一步可能都是在這遊戲內的最後一個動作。更重要的是，當你打怪升級獲得的點數分配將由觀眾來全權決定，所以角色的體力、智力或是敏捷是否會上升完全無法得知，更可能誕生完全逆天的角色。

相較於「Twitch Plays Pokéokt」，這次玩家可以全權控制自己的角色了，但是角色的能力卻取決於他人的手上，再加上一旦死亡就永遠失去的設計。這不僅說明了「人生不能砍掉重練」之外，更訴說了某種命定式的宿命：我們根本無法決定自己的命運，不管是身高、膚色、長相、能力或是出生背景，唯一能掌握的就是自身的努力和技術。如果你明明是魔法師，觀眾全部給你灌力量，那你剩下的就是自身的操控技巧、走位和施法技巧了。在某種意義上，這不就是人生嗎？

「人生如戲，戲如人生」、「人生就像舞台」這些諺語的含意在於說明人生彷彿就像一齣正在舞台上演出的戲碼，有人上台，有人落幕。其中的「戲」字指的是戲劇或表演，但隨著虛擬世界和聲光科技的普及，這一「戲」字正越來越切合遊戲的本質。[18]

**人生就像一場遊戲，不能砍掉重練的遊戲；遊戲如是，不能輕言重來的人生。**

---

**18** Shaw, Adrienne. "What is video game culture? Cultural studies and game studies." Games and culture 5.4 (2010): 403-424.

# 參考文獻


## 中文

Robert A. Dahl 著，李柏光、林猛譯，1999，《論民主》。臺北：聯經。

孫春在，2013，《遊戲式數位學習》。臺北：高等教育事業文化。

霍布斯邦（Eric Hobsbawm）著，1997，《民族與民族主義》。臺北：城邦文化。

顧肅，2006，《自由主義的基本理念》。臺北：左岸文化。

## 外文

Alloway, Nola & Gilbert, Pam. 1998. "Video game culture: Playing with masculinity, violence and pleasure." *Wired-up: Young people and the electronic media,* 95-114.

Ernest Renan. 1994. "What is a nation?" Ida Snyder trans., reproduce in John Hutchinson and Anthony Smith eds., *Nationalism.* New York: Oxford University Press.

Freeman, David. 2004. "Creating emotion in games: The craft and art of emotioneering ™ ." Computers in Entertainment (CIE) 2.3, 15-15

Gee, James Paul. 2010. "Learning by design: Games as learning machines." *Interactive Educational Multimedia 8,* 15-23.

Homi K. Bhabha ed.1990. *Nation and Nationalism.* London: Routledge.

Jankowich, Andrew E. 2005."Property and democracy in virtual worlds." *BUJ Sci. & Tech*, (11): 173.

Kim, Amy Jo. 1998."Killers Have More Fun: Games like Ultima Online are grand social experiments in community building." *WIRED-SAN FRANCISCO.* (6): 140-140.

Robert Dahl. 1956. *A Preface to Democratic Theory*, University of Chicago Press.

Schimelpfening, N. 2014/2/23."Twitch Plays "Pokemon'and the Power of Democracy." *Guardian Liberty Voice.*

Seay, A. Fleming, et al. 2004. "Project massive: a study of online gaming communities." *CHI'04 extended abstracts on Human factors in computing systems.* New York: ACM.

Shaw, Adrienne. 2010. "What is video game culture? Cultural studies and

game studies." *Games and culture 5.4*, 403-424.
Simpson, Zachary Booth. 2000. "The in-game economics of Ultima Online." *Computer Game Developer's Conference*, CA :San Jose.

世田谷「たまごっち」研究会，1997，《「たまごっち」の研究》。東京：データハウス。
曽田弘道，2007，《アニメビジネスがわかる》。東京：NTT。
櫻井孝昌，2009，《アニメ文化外交》。東京：筑摩書房。

## 網路

「Twitch Plays Pokémon」條目，《維基百科》，取自
https://goo.gl/3LLHRU。（檢索日期：2015/11/29）
RainReader Liang，〈人生真如戲：關於民主、操弄與不能重來的嘗試〉，U-ACG，取自 http://goo.gl/Yd5vdr。（檢索日期：2015/11/29）
U-ACG，2015 年 1 月 16 日，〈《Minecraft》創下的十二個世界紀錄，不只是紀錄〉，取自 http://www.u-acg.com/archives/1852。（檢索日期：2015/11/28）
Kincaid, Heater. 2014/06/15. "Twitch Plays Pokémon Wins a Guinness World Record." MCM BUZZ, retrieved from http://goo.gl/euKnlh .
Margel, Michael. "Twitch Plays Pokemon: An Analysis of Social Dynamics in Crowdsourced Games." Retrieved from http://margel.ca/files/2720/paper.pdf.
"Most participants on a single-player online videogame." 2015/11/29guinness world records, retrieved from, http://goo.gl/uvqgY4.

# 從生存作品中找到面對生命的價值

陳冠亨

## 一、前言

從大逃殺以來，生存作品[1]一直是ACG中具有爭議的話題，也是在ACG界中的小眾市場，同時過於負面的題材讓部分人敬而遠之，無法像王道作品散布推廣。不過此類作品絕非只有血腥和養眼的分鏡，而是在這過程中，會有更多主角與夥伴們面對新的環境、團體、情境以及人際關係，並且透過一次又一次的失去，來詢問自我本身戰鬥的意義，生命的意義。許多作者利用生存模式中去刺激閱讀者能夠感受到面對現實的考驗和殘酷，並在這之外作者對人性的解讀往往又是偏負面和黑暗的解讀，絲毫不給閱讀者喘息的空間。好在主角的人格設定會在作者的摧殘下出現蛻變的過程，進一步塑造出接近堅強、堅持並且容易理解他人的個性；仔細去拆解這些角色的人格設定下，會發現跟現代社會中的他／她不謀而和？再回頭看待這些作品中發生的每個橋段用於職場、朋友、親子之間呢？或者再從另一個角度去思考我們對於作品中東西方文化本身的大不同，會不會去影響到我們吸收的多寡呢？另外，當閱讀過後，也許該回歸到決定生存方法的到底是人還是環境，假設是人，那改變自己就夠了，如果環境的話呢？透過本論文將引領讀者一窺生存作品中不斷在生與死極限中讓人覺悟生命的價值，究竟該活著戰鬥，還是放棄戰鬥呢？

---

1 生存作品定義：通常背景設定為脱離既有現實世界的認知來到一處全新或者祂者定義之下的新世界，在這新的地方重新開始，最早的文字作品可以認為以蒼蠅王作為經典，而在ACG上如《自殺島》、《要聽神明的話》、《海貓鳴泣時》、《最後的生存者》、《GANTZ》、《無限的未知》等。

# 二、介紹作品呈現 ACG 上的效果

在理解作品的價值前得先了解 ACG 身為一個媒介它能所帶來的效果為何？這樣我們可以得知生存作品為何在 Comic 和 Game 之間產出，卻在 Anime 難產，甚至許多 Anime 之下的作品更是常常被眾網友取笑為該作的補完設定集。[2]

因此在探討生存作品的價值前我們得先從最源頭的 ACG[3] 一詞來下定義，假設以作品本身呈現文本價值當作商品看待的話，那麼 ACG 可以身為媒介幫助大家去了解生存的本質。當然不同的媒介講求的效果各有千秋，而怎麼利用便是漫畫家、導演以及製作人的本事。那麼，接下來以表格 1 介紹媒介的功能，以漫畫、動畫、遊戲的順序來作研究。

表 1

| 呈現平台 | 紙本 | 電視 | 電視＋街機<br>＋掌機 | 手機 |
| --- | --- | --- | --- | --- |
| 媒介屬性 | Comic | Anime | Game | ACG |
| 構成方式 | 文字＋圖像 | 文字＋影像 | 文字＋圖像<br>＋影像＋互動 | 文字＋圖像<br>＋影像＋互動 |
| 獨立思考<br>時間性 | 使用者為主[4] | 製作人<br>為主[5] | 使用者<br>＋製作人[6] | 端看媒介<br>屬性 |

2 如《寒蟬》、《海貓》、《GANTZ》等。

3 參照 WIKI 百科 https://zh.wikipedia.org/wiki/ACG。

4 參考蕭湘文，《漫畫研究：傳播觀點的檢視》，頁 129，有漫畫語言的閱讀特性；參考葉乃靜，《後現代與圖書資訊服務》，頁 129，第八章〈後現代社會下的閱讀 漫畫對大學生的意義研究〉；參考李衣雲《讀漫畫》的標題。以上可證明漫畫是擁有閱讀屬性，讓讀者有時間可以自我沉澱思考。在李衣雲《讀漫畫》，頁 69，更探討出閱讀的效果中擁有除魅的效果。

5 參考富野由悠季，《影像的原則》，頁 120，提及影像必須將觀眾束縛在一定時間之內。

6 摘自 http://gnn.gamer.com.tw/1/118271.html，遊戲設計時間的長短以及讓玩家享受時間的長短有簡單描述。

| 呈現平台 | 紙本 | 電視 | 電視＋街機＋掌機 | 手機 |
|---|---|---|---|---|
| 接觸管道 | 1. 租書店<br>2. 書店<br>3. 網路 | 1. 電視<br>2. 出租店<br>3. 影片販售店<br>4. 網路 | 1. 電視<br>2. 網路<br>3. 遊戲零售店<br>4. 大型電玩店 | 1. 手機業者<br>2. 網路 |

表格來源：作者整理

## （一）漫畫（Comic）

漫畫可說是人類藝術歷史上不斷演進和累積出的必然成果，可從上百年談起到現今所呈現的，但為何直到今日還是難以定義究竟屬於藝術、教育、還是兒童刊物、或者娛樂呢？在難以定義的情況下，可看麥可勞（Scott McCloud）所述的「視覺圖像宇宙」（A Universe of Icons）一說，並以下四點[7]作介紹：

1. 視網膜的邊界：對於圖像的寫實與抽象性的程度。
2. 描寫的邊界：對於圖像中寫實畫與簡單草圖的程度，以及圖與文的多寡程度。
3. 概念的邊界：對於圖像是否容易理解的程度。
4. 語言的邊界：對於圖像內狀聲字運用的具體化程度。[8]

因此漫畫一詞能夠沿用至今並沒有被任何藝術用語取代，同時也足以佐證出已經是全球人類的共識用詞。另外，它在學術上又可經由社會學、大眾傳播、詮釋學、符號學、圖書資訊、視覺藝術等去檢驗，也代表漫畫的本質可跨領域屬性，因此在文化地位上漸有

---

7 S. McCloud（1994）,University Comics：The Invisble Art, William Morrow Paperbacks, pp.48-57。

8 參考余曜成《動漫透視鏡》，鴨子．楊重繪製的視覺圖像宇宙圖。頁50。

舉足輕重之地位。[9]

從上所述漫畫的四個方向能了解到漫畫是由線條構築圖案，圖案中再使用抽象的分鏡給予人在視覺上想像的空間，又在圖中可清楚描述出視覺不足的部分，例如專業領域的解釋、社會百態[10]的看法或者是人物的情緒、成長、心境等，並自由搭配狀聲詞文字畫出一幅又一幅連環圖。除此，漫畫擁有閱讀的屬性，享受過程中時間的自主性是在閱讀者身上，能夠在圖像之中思考其中的意義。

所以生存作品透過在漫畫框架之下能夠呈現的效果，按森恒二在《自殺島》一作中具體整理為以下三點：1. 野外求生的專業知識。2. 人性的光明與黑暗。3. 探討人類生命的存在。

## （二）動畫（Anime）[11]

動畫源賴於十九世紀電影攝影技術的進步，之後在 1906 年的電影製作者布來克頓（J. Stuart Blackton）的作品《幽默面孔舞孃俱樂部》（Humorous Phases of Funny Faces，1906）才誕生。不久，日本電影工作者將西方動畫製作技術帶回，並製作許多政府宣傳的作品，到了手塚治虫時在富士電視台推出《原子小金剛》，日本動畫才開始受大眾青睞。

而動畫身為一個知識媒介，它扮演的角色可以從它的名詞 Animation 來解釋，是賦有生命意義在其中，而有一些人更擴大解釋擁有靈魂的意思，如果以它的本質來自於影像、文字、聲音來去

---

9　由角川最近所推出的歷史系列不難理解日本已經開始利用漫畫來加強自己的教育。

10　1924 年細木原青起在《日本漫畫史》一書中，將漫畫定義為：「相對於純正美術將美化其客體之執著作為最重要的意義，漫畫的第一要義乃在於吸收人世的機微、穿透其實相……可不受拘束，採用種種不同的表現方法。相對於純正美術，漫畫擁有極大的自由。」

11　由於動畫在各國的國情擁有不同的概念，在此筆者所指的動畫是日本動畫，所以使用 Anime。

思考，也許是聲音的賦予給與人類更多想像與抽象的空間，藉此來感受到靈魂的存在。

或者，從導演角度去尋找動畫的本質，如宮崎駿、押井守、富野悠由紀、庵野秀明、大友克洋等，動畫在他們的身上傳達出來的是一個國家的文化經過焠煉後呈現出來的內涵。所以比起技術、構造和手法的研究為何有更多人願意投身以文化的領域去研究並衍伸動畫的價值，而御宅族本身也是扮演此文化圈的其中一角。如果用李歐塔（Jean-Francois Lyotard，1924-1998）的大敘事角度去看待這些導演，動畫的功能對於描述過去、現在和未來的大敘事之下非常有效果。另外窪田守宏（2000）[12] 就指出影像擁有的五個優點：

1. 可得知國外的生活與習慣。
2. 可了解國外的文化與語言。
3. 可得知異文化之歷史與傳統。
4. 可了解人們的思考模式與生存方式。
5. 可接觸過去、現在，以及未來的事物。

影像為一個承載知識的媒介可以呈現出來的效果，拿來套用在這群名導演後，不難明白為何能夠創造出《鋼彈》、《新世紀福音戰士》、《神隱少女》等這些具有想像力又充滿大敘事張力之下的作品。

回過頭看生存作品普遍是大敘事架構之下的小敘事，小敘事更下面被排除的角色，不存在於整個敘事的整個運作中，裡面表面的社會系統、戰鬥系統也是作者自成一格，很難在一個充滿符號化的媒介之下，能夠好好完整敘述。少數能夠比較敘述的作品如無限的未知，而由於受限於動畫本身的文化承載量之關係，黑田洋介地也

12 窪田守宏，2000，〈映画による日本語教育の実際〉。《日本語教育国際シンポジウム Proceedings》。韓国日本学会。

只能去使用蒙太奇手法，希望觀眾能夠持續省思動畫背後生存和生命的意義。在這部之中具體整理為三點：1. 環境中的無奈。2. 人性中的善念與省思。3. 政治和權力體系的更換不過是得利者的差別。

## （三）電子遊戲（Game）

電子遊戲的出現於 1947 年《陰極射線管娛樂裝置》，而真正的雛型是在 1972 年 Magnavox 的 Odyssey 奠定了電子遊戲的基礎原型。後來到了 1982 年遊戲設計師克勞佛（Chris Crawford）在 *The Art of Computer Gane Design* 一書中提到電子遊戲四個特質：表現（Representation）、交互（Interaction）、衝突（Conflict）、安全（Safety）。有鑑於此，可再從中國周朝時期的射禮和古希臘柏拉圖在教化說中所記載去思考，可以發現「遊戲」到現今的電子遊戲的整個概念是不謀而合。

因此電子遊戲身為一個媒介，透過操作、系統和視聽覺引領玩家進入製作團隊的沙箱。而身為製作團隊又得在這之中創造四種情感[13]來掌握玩家：

1. 困難之樂（Hard Fun）：這種情感來自於豐富的挑戰、策略和困境。
2. 簡單之樂（Easy Fun）：用模糊、碎片和細節來引人入勝。
3. 變更狀態（Altered States）：通過感知、思想、行為和其他人生感情。
4. 人的因素（The People Factor）：為玩者創造競爭、協作、展示和表演的機會。

根據以上的製作，並透過一個電子遊戲作為媒介後，通常玩家

13 摘自 Nicole Lazzaro，“Why We Play Games：Four Keys to More Emotion” 一文。

所夠得到的效果共分為五點：1. 消遣和娛樂，2. 肯定和成就，3. 想像和匿名，4. 學習和投資，5. 人際與人脈。從概念到製作再衍伸到效果，就可以清楚解整個遊戲的定義究竟是什麼。接著，列舉幾個電子遊戲在生存作品中較為代表的有：《最後的生存者》、《東京叢林》、《古墓奇兵》、《惡靈古堡》等去看待會發現生存作品在所有媒介中，陷入了恐怖、驚悚和戰鬥系統的刺激與挑戰之中，[14] 並且遊戲是安全（Safety）的認知下會失去生存面臨的緊張和殘酷。以及 GAME OVER 後會從記錄點或者重頭開始，也會讓電子遊戲淪於機械性操作。跟動漫畫不同的是，生存劇本往往能夠描述出當某角色死掉後，身為主角或配角會成為旁觀者、記錄者去感受這一切殘忍和失去，因此「死亡前」和「死亡後」[15] 的描述反而更能突顯出生存的具體面向。礙於電子遊戲先天會為了系統中的娛樂因子反而犧牲了生存作品最具體的一面——死亡的描述。

## （四）三者的比較

綜上所述的三個媒介，清楚得知漫畫雖然在影音傳達上不足，但是透過連環圖的想像，反而給予自己超越動畫和遊戲所表現出來的氛圍；而在人性殘酷上的描寫，由於動畫和遊戲本身性質的關係在文字訊息承載量不能太多，否則將會破壞時間性的節奏，這也是為何生存作品在漫畫上較能有表現。而動畫和遊戲常常變成雞肋。過往，人類使用印刷術和紙張的相輔之下，傳承了千年文化，但科技的出現像是改變了這個既定傳承脈絡開始了不規則的分支，它們（ACG）的大眾化、符號化、能具象又抽象化，加速我們對這世界、人生、人性的理解。而這過程之中本來 Anime、Comic 之間皆有嚴

14 即使是 AVG 遊戲，也可以因為選擇分歧的錯誤，再從記錄點開始，這一點讓玩家意識到遊戲的安全。

15 MMO 遊戲玩家的悲歡離合可以具體呈現，單就電子遊戲的話是無法呈現生存的整個概念。

重的缺陷，一者是需要時間思考沉澱出結果，另一者是思考的過程過於簡略直接呈現結果，而 Game 的出現加入了互動的元素恰好為這兩者做到了平衡，不過可惜遊戲也產生了缺陷，因為在這元素多出了過多的娛樂來讓世人常常難以察覺或者接受遊戲在各個領域的多元化。

## 三、作品下的社會

當了解 ACG 身為媒介同時也必須知道媒介的背後會有作者、製作人、製作團隊，而作品代表對於世界的認知（Schema），在這層認知下又取決於人的心理。而美國心理學家吉爾根（1973）指出人的心理會隨著時間、地點、文化、歷史的不同而不同，缺乏一般物質所具有的相對性。[16] 然後再將腦海中的認知通過想像製成符號，生產給大眾。因此去了解作品下的社會型態，可從社會和心理的角度去探討生存作品背後的整個架構。

在作品中，製作者普遍地常使用死亡的手法來給觀眾留下深刻的印象，為了在瞬間製造出張力，並透過張力快速在腦中立下規則。有了規則也等於每個生存遊戲的建立，也等於相對一個文本或多個文本的開始，這時大家會立刻遵守遊戲之下的規則，免得遭到殺害。也就是說死亡是作者可以快速製造出作品底下世界觀的認知，再從裡面開始衍伸出架構，探討各種人與人、人與家庭、人與團體、人與組織、人與聚落、人與國家之間的利害衝突和生存理念。

因此當架構與個人產生相關或者因果時，用社會情境去做為一個模型分析，可以找到許多跟遊戲特性相似之處：[17]

---

16 Gergen, K.J. 1973. "Social psychology as history." *Journal of personality and Social Psychology*, (26):309-320.

17 參考張君枚譯，2007，《社會情境》（*Social Situations*），頁 7。

1. 目標和目標結構：想辦法存活、或者滿足自我或者過關條件。
2. 規則：由環境、主持人或者眾人決定。
3. 角色：男性、女性、家人、同儕、上司、醫生、工程師、敵人等。
4. 要素戲碼：過程中的衝突事件或者過關條件的觸發。
5. 行為序列：一種行為上的必然；例如：問題——回答，開玩笑——笑，道歉——原諒。
6. 概念：角色的認知和情境的認知。
7. 環境背景：人、事、時、地、物情境的變與不變。
8. 語言與說話：溝通方式（通常生存作品比較沒有語言上的問題）。
9. 困難與技能：譬如觀察力、體力等等，技能的強弱關係到過關的困難程度。

## 四、作品戰鬥模式

戰鬥的產生往往仰賴作品之中遊戲的建立，遊戲中的規則會決定角色們的行動。通常為了讓角色們的行動合理化，故事都會呈現自我揭露（self-disclosure），將角色的行為、感覺、經驗行為作為一個文本的呈現。如此，角色的選擇是要個人還是團體行動，將會成為符合邏輯性的，也同時會增加閱讀者、玩家對於此作品的認同。至於角色會選擇怎樣的團體，也是在過去的創傷之中決定了以利益或者情感為優先。

而基本上製作者們將遊戲裡的戰鬥分為二人、三人、四人，甚至多人以上。當四人以下時，角色們的心理狀態普遍會以自我為出發點，但是當多人以上時，就會變成以政治的方式體現。進而可以了解到團體、組織、聚落、國家各種不同層級所去面對的問題。

舉例來講，在驚爆遊戲之中，角色們的行動與行為始終都是繞著團體，因此可以界定為是屬於團體的戰鬥模式。在《漂流教室》或者《進擊的巨人》，就有了組織的概念存在，因此會有產生領導者和派系的相關問題。接著看《自殺島》中，從一開始的角色提升到團體，團體又升為組織，最後演變成兩個組織之間互相對抗，但他們又同時活在一個島上，所以是屬於聚落的概念。到了無盡的未知，開始有了政治體系的探討，便屬於國家層級。簡言之，團體是屬於同儕等級，組織屬企業等級，聚落屬城市等級，政府就是屬於一個國家的等級。

接著我們可以用圖 1 來作為一個綜觀去了解這些戰鬥而產生出來的架構。

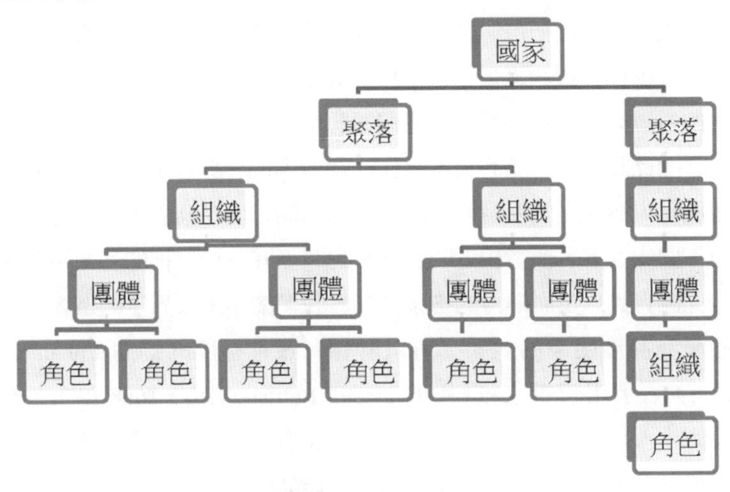


圖 1 戰鬥角色架構圖

或許有些作品裡面的人物思考常常會不合邏輯、不夠現實，但是不管合理與否，基本上這群製作者使用 ACG 媒介產生出來的作品，都會擁有如上圖一般的架構。就在不知不覺中這些作品反應出現在這殘酷社會之中的環境結構。

## 五、拆解文本的價值回歸社會實用

在《最後的生還者》的結局中男主角 Joel 選擇帶走女主角 Ellie，創造出了一個最符合人性面的結局；在今際之國的闖關者主角與紅心十對戰之時，每一位角色開始進行自我揭露這行為時；以及《漂流網咖》中主角對於愛情的悔恨。為何這些文本總是這麼貼近我們現實之中的現在與悔恨。

從上述的劇情中，我們可將 ACG 創作當作龐大的敘事架構，然而從裡頭的文字、圖像和互動得到許多文本（text）。而這些文本的起源將回溯於創作者的成長背景和性格，再經由他們的認知（schema）轉而產出各式各樣的符號，[18] 然後再呈現於我們眼前去怎麼詮釋。因此把每個文本，都作為是一個曾經發生過的事情或者經驗，創作者透過誇張和戲劇性的效果來鬆解我們對於知識以及人生的這層高牆，並且創造出我們的想像。

因此將生存作品的文本當作一個職場或者社會生態去思考時，會發現人與人之間面對的問題如此的雷同，而不同的創作者符號便有不同的答案，或者相近的答案，也或者有一模一樣的答案。而這些充滿真實以及血淋淋的答案會影響我們腦中所去界定的事實。這種具有高度衝擊的效果，可以解釋為某種程度的幻痛（phantom pain）。引用哲學家維科（Giovanni Battista Vico，1668-1774）曾說的「人類認識所謂的真實，並非外在客觀世界的真實，而是人類腦中所界定和理解的真實」。而生存作品中的張力就是能夠產生這種效果去影響我們的理解。

---

18 符號學家皮爾斯（Charles Sanders Santiago Peirce，1839-1914）的理論提出符號可區分為三種：1. 指標（singal）2. 肖像（icon）3. 索引（index）。以 ACG 的角度而言，這些創作者產出的人事物轉化成符號可讓人輕易接受。

因此生存作品是可以被定位在這種幻痛之中，了解到愛情、友情、親情以及生命的失去，並了解到怎麼去把握和珍惜。

## 六、簡述日本與歐美生存作品中的差異

日本的生存作品幾乎都是以小島、遊戲或者漂流來作為一個主題切入生存的話題。而在歐美，普遍以「末世」來形容生存。這點剛好突顯出日本與歐美環境結構最大的差別。一者是以一個小環境作為生存的展開，另一者是以地球末日作為生存的展開；在探討上，日本的生存作品可以看出更重視以往回憶的鋪陳和脈絡造就今天的宿怨；在歐美上，能夠見到角色在前進的路上認識新的夥伴，而又因為利益分開、互相殘殺。換句話說，兩者在處理文本的方式上，採用一個既有周遭的人，另一者是採用新接觸的人事物。從這些文本資料回推到民族性而言，的確日本文化的作品繼承了東方的傳統，一直以來喜愛以內鬥為主題，而歐美文化講求團結面對新敵人的來臨，這點在許多英雄電影之中能夠窺見一二。也許換個角度去解釋，東方文化總是太過於注意自己身邊的人，而忘記外來的因素如何去影響並且防範；西方文化總是過於防範或者抵抗外來的事物，而忽略自己周遭的人事造成的影響。

表2 生存作品的差異表

| | 日本 | 歐美 |
| --- | --- | --- |
| 作品 | 大逃殺、漂流教室、漂流網咖、無限的未知、要聽神明的話、今際之國的闖關者、自殺島、驚爆遊戲、彼岸島、賭博默世錄 | The Walking Dead、Left 4 Dead、The Last of Us、Fallout |
| 環境架構 | 小島、遊戲、漂流 | 病毒、輻射、戰爭 |
| 敵人 | 人與幕後組織 | 人與病毒 |

| | 日本 | 歐美 |
|---|---|---|
| 生存方式 | 遊戲規則、叢林法則 | 叢林法則、<br>災後的過程與重建 |
| 問題的突顯 | 人性、自我批判<br>與世俗價值觀的探討 | 人性、<br>社會法則的崩壞 |

表格來源：作者整理

從上表格可以透露日本方對於生存作品的呈現方式，從問題的突顯來看，人性的探討是兩邊文化都有的。雖然歐美也有提及人性，但往往會以生與死的話題直接二分，例如：一個心愛的妻子即將變成 Zombie，身為一個角色在掙扎殺與不殺。歐美常常在處理這些議題上以生死輕易處理，無法跟東方一樣，會有心境的鋪陳，並且最後有機會和餘地可以選擇原諒，當然如果歐美想要用類似手法處理在劇本上容易打臉。

然而，最顯著的差異就是日本方面會探討自我，歐美會去論述社會法則的崩壞，一則是對於自我以及價值的探討，另一則是面對社會系統的改變。在這兩者之間更可以看出，當遇到問題時，兩者之間是認為哪個環節出問題而去探討，也就是說日本社會之中較喜愛把問題放回人的身上，而歐美文化會將問題放回社會系統的探討。

日本也好，歐美也好，對於這些文化之間的差異，身為能夠汲取兩邊文化的臺灣而言，本身條件剛好能夠吸取文化成為一種另類的多元文化的融合。這正是我們與其他擁有強烈民族性國家最大的差別。臺灣能夠引進這些不同的 ACG 文化，也正能代表臺灣民族是具有柔性思考的國民。

## 七、以生存作品解析創造主角

從《驚爆遊戲》、《今際之國的闖關者》、《無盡的未知》、

《自殺島》、《GANZT》、《漂流網咖》作品系列的主角可以反應出創作者所創造出來的主角，是屬於 ACG 圈全部人所投射出的一個男性原體。藉由生存作品本身的劇本，透過遊戲和生存自我對話的社會情境以及心理，來成長為所謂的成人。這也普遍反應出一般御宅族的弱點：他們所遇到的困境——不能夠正常出門社會交際。但是在劇本的安排下當主角在歷練過一個事件或數個事件後，會有一個完整的社會化，有了新的知識、價值觀、習慣、習得共通語言，以及成為一個標準成熟的日本男人。

反之，從主角回推到創作者的動機為何？通常主角會在學校不善社交甚至遭受霸凌，對於自己的所愛的人不善於表達，又遭受到家庭價值觀壓迫顯得嚴重自卑。從這些點上可以找出日本社會中，現在的御宅族在面對自我、學業和家庭上的共通問題點。在美國心理學家勒溫（Kurt Zadek Lewin，1890-1947）[19] 主張一個人的行為，也會被身處的場地所影響，也就是說環境可以影響並塑造一個人的人格。而再回頭看前面所描述的主角，也就能夠理解主角是如何被創造出來。

而主角所面臨的問題所造成的成長，也可以看得出創作者欲運用自身的認知來告訴閱讀者，主角所欠缺的一些東西，像是面對自己的自卑、缺陷、勇氣、自信、嘗試、理解對方等等，並且從過去的悔恨中找尋自己做錯的地方，不斷地去自我揭露和批評。彷佛告訴著我們透過自我面對，並且努力、堅持站起來就可以找回／得到自己要的東西。

因此透過主角在面對生存困境中所尋找到的東西，能夠解釋為一個社會中，一個男性／女性所欠缺的——也許是一份信念、一份道德、一份理解、一份勇氣等等。而創作者也是在同樣的產出過程

19 參考劉名揚譯，2015，《圖解心理學》，頁 274。

中與自己不斷的對話，[20] 一場自我、環境以及面對閱讀者之間的不斷對話。

歐美的主角往往是以婚後的成年男子作為範本，故事的文本著墨於尋找妻子和保護兒女。跟日本在生存作品創造主角的模型是截然不同。這也可以說明，兩個文化之中的主角價值觀是什麼模樣。因此類似日本青年期的成長和掙扎過程，在歐美的 ACG 文化中就少見很多。在《The Last of Us》或者《The Walking Dead》來看，可以看出歐美的生存作品即使面臨末世，對於家庭的愛反而更是堅定。

因此對於兩者文化之間的所產生出來的動機，也可以看出歐美與日本文化上的差異性。究竟是心理自我的矛盾，或者是找回自己曾經擁有的家庭。

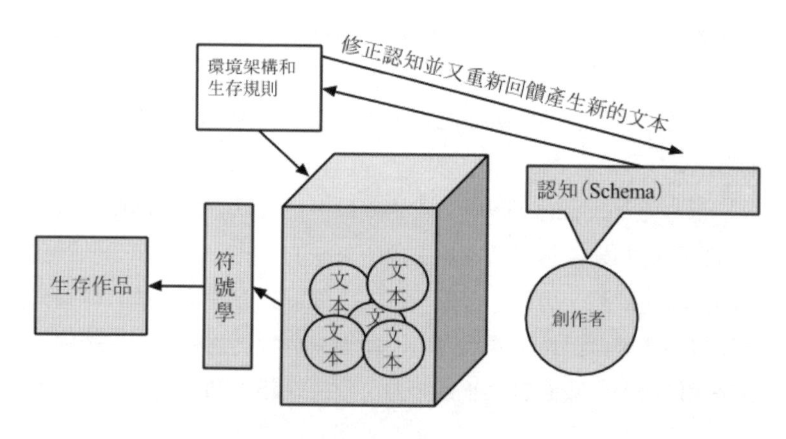


圖 2 為創作者創造出文本的過程

20 參考卡耳，1969。〈歷史是史家與過去之間無休止的對話〉，《歷史論集》。臺北：幼獅，把創作者的產出作為一個歷史的文本來看待的，的確某種程度而言，ACG 創作者都可以說是文化史的創作者。

## 八、是人？還是環境決定了生存？

在這麼多的生存作品之中，每個角色對於每一個文本情境，都有著不同的處理方式。有時想選擇卻不能選擇，有時不想選擇卻又被迫選擇，又或者在面臨生命的問題上，只有單一的解決方法，總是讓角色們的心境痛苦不堪。

若以這些文本情境去拆解的話，生存作品常常討論的此類議題包括：組織、團體、政治體系、法律、合作、內鬥、食物、水電、老人與年輕人、規則與專業、愛情與性、犧牲、理念、病痛、旁觀效應、權力等等交錯。而這些問題到底是屬於人還是環境呢？如此複雜的交錯之下，真的有人能給予答案嗎？我們可以看見每一位創作者能做的只是丟下一個問題，給予一個自己能夠理解或者接受的答案。

真正唯一能夠自己為自己做到的就是——戰鬥。只有提升自己不足的地方，並且不斷的磨練面對自我，再透過戰鬥來檢驗自己，並跟敵我之間的角逐後倖存下來證明自己的價值。或許每場的戰鬥不能夠決定什麼或者改變什麼，但都可以找尋到屬於自己的生存之路。

所有的角色在面臨各種生存困境之時，即時在日本或歐美的生存作品中，都可以找到角色為了自己、為了愛、為了家庭、為了自我的信念，哪怕那是為了人性的自私，都敢提起槍來，提起勇氣，為了自己這一生所奮鬥的價值去戰鬥。這是不分國族的共同信念，人生必須要以戰鬥來面對自己的生存。

或許在這些生存作品中，有些角色怎樣做都改變不了，但是在最後的存亡之際，他們依然以戰鬥的姿態去面對生死。從這些文本情境中更讓身為閱讀者的我們了解到面臨人生要靠戰鬥才能得到，哪怕只是得到一份信念。

## 九、從生存作品中找到面對生命的價值

最後在大量的生存作品面前，許多文本呈現出各種面對生死之時，主角、配角所呈現的態度。有人犧牲、有人背叛、有人自殺、有人逃避，也有人選擇利用智慧和勇氣去面對，太多的文本敘述出各種情況，作者利用筆下的人物按照個性和環境作出各種不同的詮釋，而這些詮釋反應出人間百態。

生命的價值是取決自己的主觀和認定，我們可以從這些文本看角色群們的生命價值，從一開始分有和無，再從有區分為可以經得起淬煉以及從淬鍊過程中改變價值，再從淬鍊中消失。而無又可以分為從淬鍊中成為有，或者一生之中從來沒有找到生命的價值而死去。如果拿本文所論述過的作品來講，其實作者們在尋找面對生命的價值時，結局都會跟愛產生出關聯，再透過愛詮釋每一種人活著的面向。

或許人類是一種健忘的動物，需要更多不同呈現的視覺、聽覺、觸覺，或者更多任何可能來提醒我們愛還存在這世間，只是看自己有沒有發現。

## 參考文獻

### 中文

Argyle Michael、Furnham Adrian、Graham, J.A. 著，張君枚譯，2007，《社會情境——社會情境—— J.A.ian 看自己有》。臺北：巨流。

Edward. H. Carr 著，王任光譯，1970，《歷史論集》。臺北：幼獅。

余曜成，2015，《動漫透視鏡》。臺北：商訊。

李衣雲，2012，《讀漫畫：讀者、漫畫家和漫畫產業》。臺北：群學。

富野由悠季著，林子傑譯，2014，《影像的原則：初學者到專業人士的分鏡》。臺北：五南。
葉乃靜，2001，《後現代與圖書資訊服務》。臺北：文華。
蕭湘文，2002，《漫畫研究：傳播觀點的檢視》。臺北：五南。
澀谷昌三著，劉名揚譯，2015，《圖解心理學：正面迎戰人生難題！讀懂自己、看穿他人，從 0 到 99 歲都適用的生涯處方》。臺北：漫遊者文化。

## 外文

Gergen, K.J. 1973. "Social psychology as history." *Journal of personality and Social Psychology*, (26):309-320.
McCloud, S. 1994. *University Comics*：*The Invisible Art*. New York: William Morrow Paperbacks.
細木原青起，1924，《日本漫畫史》。東京：雄山閣。
窪田守宏，2000，〈映画による日本語教育の実際〉，《日本語教育国際シンポジウム Proceedings》。韓国日本学会。

## 網路

Lazzaro, Nicole. *Why We Play Games*：*Four Keys to More Emotion*, retrieved from http://www.xeodesign.com/xeodesign_whyweplaygames.pdf
「ACG」條目，維基百科，取自 https://zh.wikipedia.org/wiki/ACG。

# 虛擬偶像的發展模式
## ——過去、現在與未來

沈奕廷、陳啟英

## 一、緒論

### （一）初音未來的誕生

「初音未來」（初音ミク）在動漫界是耳熟能響的知名人物，原先只是 CRYPTON FUTURE MEDIA（以下簡稱 CRYPTON）以 Yamaha 的 VOCALOID 2 音樂語音合成引擎製作的軟體[1]所販售的虛擬封面人物，卻在短短幾年間在整個動漫產業間掀起一股熱潮，許多創作者利用 VOCALOID 2 在各個影音分享網站製作自己的歌曲，但是透過初音未來的聲音以及形象，漸漸形成一位似乎「存在」的「虛擬」偶像，接著開始擁有自己的粉絲群（蔡佩珊，2012），各方要求合作的企劃蜂湧而至，都想要邀請這位虛擬偶像為自己的商品代言，成為一個商品的虛擬角色，這應該是原製作公司意想不到的，虛擬偶像受歡迎的程度，形成御宅學中一個相當熱門的話題。所謂的「御宅學」[2]即指將御宅族的行動模式以及他們感興趣的對象等次文化現象以學術的方法加以研究分析，並以這些次文化的發展來探討對其經濟、藝術、科技、社會方面所造成的影響，到目前為止也已經有不少御宅學論文的研究出現在相關的學術研討會上。

---

1 音樂語音合成軟體：將人類聲音預先錄製音標，再搭配合成製作出音調，即可利用電腦合成出自行編輯的樂曲。

2 最初提出該命名的是岡田斗司夫。他在東京大學教養學部（通識教育學院）進行御宅族文化的授課，並在推廣其內容的書籍出版時，使用了「御宅學」這個名詞。

2007 年 8 月 31 號，VOCALOID 2 初音未來版本在日本正式上市，在此之前 CRYPTON 已經在網路情報網放上初音未來的形象，主視覺封面由日本插畫家 KEI 繪製，聲線部分則由日本聲優[3]「藤田咲」提供原聲，在這些消息發布之後，日本各大的討論區就開始掀起一股討論，在發售滿一週後即宣布初售以及預約的數量約 3,000 套已經銷售一空，[4] 並且持續追加生產，至 9 月 27 日售出約 10,000 套，10 月 27 日售出 20,000 套，至 2008 年 1 月 25 日為約 30,000 套，這以一套原先只能賣出 500~1,000 套[5]的合成編輯軟體來說，已經超過熱賣的程度了，然而在這時以 VOCALOID 所創作的音樂歌曲還不是非常的風行，可見有很多的消費者並不是因為合成編輯軟體本身才購買，而是因為初音未來本身的形象，發行公司刻意營造出「把偶像買回家製作吧！」這樣的促銷手法，造成了該軟體在市場上的驚人銷售數量，以一套非遊戲類的軟體來說，這是從未見過的情況。[6]

不過這也不是 CRYPTON 推出的第一套語音合成編輯軟體，在此之前還有兩套使用 VOCALOID 初代引擎所推出的 VOCALOID MEIKO 以及 VOCALOID KAITO，分別對應女聲及男聲，在 2004 年以及 2006 年上市販售。而在此之前的 VOCALOID 販售軟體都是英文版發音[7]，因為在 VOCALOID 初代的引擎上，日語發音編

---

3　聲優：以說話配音當作職業的演員，在臺灣稱配音員。

4　〈初音ミクの誕生は僕にとって必然だった（2/4）〉，取自 http://itpro.nikkeibp.co.jp/article/Interview/20080123/291865/?P=2&ST=swd-manage。

5　〈異例の売れ行き「初音ミク」、「ニコ動」で広がる音 作りのすそ野〉，取自 http://www.itmedia.co.jp/news/articles/0709/12/news035.html。

6　米持 友加利，〈〈初音ミク〉の魅力と可能性〉，取自 http://www.isc.senshu-u.ac.jp/~thb0785/yone.html。

7　此時使用 VOCALOID 的製品，參考自 https://zh.wikipedia.org/wiki/VOCALOID#.E4.BD.BF.E7.94.A8VOCALOID.E7.9A.84.E8.A3.BD.

輯出來的樂曲並非相當自然，日文中許多的促音以及長音都無法適時的調整出可以接受的聲調，所以當年即使在軟體的形象上外加的人物設定，還是無法透過網路上的創作作品來吸引消費者的目光，但是在當時市面上販售的語音合成軟體平均銷售量約 1,000 套的成果來說，MEIKO 首年的銷售量為 3,000 套[8] 在當時已經算是個不錯的成績，這也為將來 VOCALOID 2 版初音未來的誕生有了更好的助力。

表 1 CRYPTON 發行的語音合成編輯軟體

| 名稱 | 語言 | 性別 | 發售日期 | 版本 |
|---|---|---|---|---|
| MEIKO | 日語 | 女聲 | 2004 年 11 月 5 日 | VOCALOID |
| KAITO | 日語 | 男聲 | 2006 年 2 月 17 日 | VOCALOID |
| MIKU | 日語 | 女生 | 2007 年 8 月 31 日 | VOCALOID 2 |

表格來源：作者整理

## （二）初音未來的風行

初音未來版 VOCALOID 2 的發售帶動了各種不同的影音上傳網路的風行，許多的創作者，無論是自行創作或是改編現有的樂曲，皆以日本最大的動漫影音網站「niconico 動畫」為最主要的傳播平台（小高裕次，2011），將其所創作的樂曲上傳到該網站，或是透過討論區與其他從四面八方前來的網友交流，其中也不乏有專業的人士參與在其中（後藤真孝，2012），除了詞創作外，也有人分享自己的插圖繪畫，有的人將圖片製作成動態影片，讓整個作品的完成度如同商業作品般，讓眾多的閱覽者觀看，並且透過其他的

E5.93.81。

8 〈「初音ミク」ができるまで（1/2）〉，取自 http://www.itmedia.co.jp/news/articles/0802/22/news013.html。

社群平台，如 2ch、Twitter 等網站大量的轉載分享。其中一首改編自芬蘭民謠「Ievan Polkka」的樂曲即為知名的翻唱曲「甩蔥歌」，後來亦成為初音未來初期知名的翻唱樂曲。[9]

這樣的現象持續下來的結果是，擁有廣大粉絲群的初音未來在動漫界中開始廣為人知，而且許多的廠商紛紛希望初音未來的形象可以跟自己的產品合作甚至代言，因為在這次的經驗中發現，消費者的購買行為不一定在於產品本身的價值（Cornel Sandvoss，2012），而是在初音未來本身的形象才產出了讓消費者願意購買的意願（陳昶辰，2011）。例如在 2013 年日本達美樂披薩與初音未來做商業結合，[10] 推出了《達美樂 Appfeat. 初音未來》（Domino's App feat. 初音ミク）的手機應用程式，消費者下載以後便可利用該程式預定披薩，該程式中也會有初音未來的小遊戲或是音樂跟消費者互動，而收到的披薩也是特別繪製的披薩外盒，整個消費的過程讓消費者除了味覺以外還多了視覺以及聽覺上的享受。而商家也會利用彩繪著初音未來的「痛車」，[11] 在巷弄間穿梭配送，除了廣告知名度以外還能讓不經意看到的民眾感到新奇，於是利用網路討論區或是 Twitter 及 Facebook 等進一步傳達訊息，無形中變成免費的廣告。在這個案例中帶來的成果是，披薩的銷售量是企畫未推出前的十倍，[12] 造成在開賣後十天，部分店家的特製披薩盒缺貨，使得活動不得不暫停。這樣的異業結合不僅僅是初音未來本身的魅力而已，而是結合一般日常生活中的商品再加上眾多粉絲的行動力，便

9 〈VOCALOID2 初音ミクに「Ievan Polkka」を歌わせてみた〉，取自 http://www.nicovideo.jp/watch/sm982882。

10 〈初音來賣披薩了？！日本達美樂與「初音未來」進行異業合作〉，取自 http://gnn.gamer.com.tw/9/77489.html。

11 指在車身外觀將 ACG 或是動漫畫人物的圖案以彩繪或貼紙黏貼等方式裝飾上去的車輛，其發源於日本，是 ACG 文化的一環。

12 〈「達美樂 X 初音未來」現象後續報導 Pizza 銷量高出預期十倍〉，取自 http://gnn.gamer.com.tw/7/77757.html。

能造成一股能夠熱賣的行銷手法。[13]

當然，初音未來在創造時，即設定本身是歌手的形象，這一點並沒有被廠商忘記，在 2009 年 8 月在日本埼玉超級體育館（SSA）的 Animelo Summer Live 2009 -RE:BRIDGE-（簡稱アニサマ，Ani Summer）初次登台，這是一場每年都會舉辦的動漫演唱會慶典，通常是由動漫歌手或是聲優受邀出席，而初音未來是首次身為一位虛擬歌手登台演出。在這之後初音未來每年都會不定期地在日本各地或是在其他國家舉辦演出。終於在 2012 年 10 月，初音未來首次登陸臺灣，在世貿中心展開演出，這是繼美國、新加坡、香港的海外巡迴公演，初音未來第四個造訪的海外地區，該次的演唱會內容也透過衛星轉播的方式，同步回傳日本國內的各大戲院，讓全日本各地的粉絲民眾都能夠同時參與在其中。然而沒有在現場看過初音未來演唱會的人們，或許都會想著初音未來是個虛擬的偶像，並非實體存在於眼前的人物，如果進場也只是看到螢幕上的動畫而已，果真如此的話，初音未來的魅力可能就不會如此高漲了，實際的情況是在初音未來的演唱會上，主要採用「2.5D 半全息投影技術」，[14]這項技術由 SEGA 與 CRYPTON 一同開發，透過特製的玻璃螢幕將畫面投影在當中，並且藉由不同光線的入射角及反射角的反射，來達成視覺上看到 3D 畫面的景象。所以每個到現場觀看演唱會的觀眾們，依然可以透過特製的舞台，看到立體化的初音未來在舞台上唱唱跳跳，並非只有簡單的畫面呈現而已。

透過一連串的企劃、包裝、行銷以及科技的技術，初音未來著實上已經是個知名的藝人、歌手，但畢竟無法接觸，平常也沒有獨立的思考性，所以現階段我們只是稱呼她為「虛擬」偶像，不過這

---

13 〈代言人等於商品？從初音未來看動漫人物代言〉，取自 http://blog.roodo.com/ixs_comic/archives/13370759.html。

14 〈MIKU 感謝祭原理——全息投影〉，取自 http://home.gamer.com.tw/creationDetail.php?sn=1558954。

樣的好處是可以保有偶像在粉絲心目中永遠的形象（吳孟芯、戴裕蒨，2013）。畢竟虛擬的偶像不會到處去製造緋聞，不同於現實中的偶像如果出現了負面新聞，除了會造成粉絲們的反彈，讓偶像的演藝之路出現問題，也會為經紀公司帶來麻煩，更甚至造成財務上的虧損。所以虛擬偶像較能保持長期而穩定的形象，除了虛擬偶像本身的不沾性以外，更重要的是持有方的行銷方式和操控性都能自行運籌帷幄。這也是近幾年來，除了初音未來以外，越來越多的企業，願意花錢開發或是設計虛擬的「代言人」來為自家的公司或是產品做形象代言，最主要就是可以避免上述所談到的問題。

## 二、其他虛擬偶像的發展

前面提到，眾多的企業以及公司都紛紛效法初音未來的行銷方式，以虛擬偶像為自己的產品代言，其實在初音未來之前就已經有所謂的「透過動漫畫商品的人物」進行代言的行銷方式（黃崇憲，2007），合作的方法不外乎是找現有的作品人物，並且在市場上已經有一定程度的知名度，例如：哆啦 A 夢、HelloKitty、OnePicec 等等這一些家喻戶曉的知名動漫人物，不過只是純粹將他們的肖像印製在商品上後推出販售，實際上也屬於一種販賣人氣的一種方式。但是這種異業結合的方法產生了許多的問題，像是剛開始的簽約授權金並不便宜，而且只能短期炒出原企業或是商品的知名度，並無法長期與該企業或是商品做永久性的結合，這樣行銷方式或許很有可能在短期內有很大的成效，但是當授權期一結束，褪去熱門代言者的外衣以後，消費者可能即不再重視該商品，並且漸漸的淡忘，那麼企業主為了重新炒熱商品或是品牌，即得重新尋找熱門的代言人物來重新推廣品牌，那麼只是重複的花費廣告費，而且只有短期效益而已。

所以當初音未來這個案例在市場上成功以後，許多的企業開始有「自己的偶像自己創作、商品的代言自己接」這樣的想法，像是日本的鐵路系統是民營化的企業經營，部分鐵路公司即開始打造自己的代言人、吉祥物，將鐵路電車擬人化或是創造一個虛擬站務員來為自己的鐵路代言，[15] 並且推出相關的周邊產品在市面上販售，讓鐵路運輸的獲利來源不只是從載客量的票價獲取或是販售鐵路便當而來，亦能讓其他周邊商品在市場上吸引注意力。雖然在初期並非如直接請熱門的人物代言能有快速的高獲利，但是剛開始時已經能製造出話題，在長期的發展之下也能夠漸漸地藉由自行創造出來的虛擬代言人物，慢慢的引起市場上的熱潮。

而這樣例子最近在臺灣也被引進，2013 年時臺灣鐵路局開啟了充滿日本動漫風格的「臺灣鐵道娘企劃」，臺鐵與視野文化創意工作室合作了一系列的鐵道少女與臺鐵進行文創商品的發想，還有特製的彩繪通車，不但在乘客中引起共鳴還紅到日本當地，讓日本媒體相爭來報導，許多日本鐵道迷也紛紛前來朝聖。[16] 不過就在企劃開始後不久，有民眾發現臺鐵少女被悄悄地隱匿，沒有其他活動的曝光，而臺鐵在這個時候宣布與香港漫畫家現移居美國加州的王澤合作新的宣傳企劃，結合王澤筆下的老夫子角色以及臺鐵便當的復古味，一起慶祝臺鐵 126 週年的活動。[17] 這時部分民眾直覺懷疑臺鐵少女的企劃胎死腹中，是不是因為太過於日系的風格造成部分反彈的聲浪？但是臺鐵立刻出面澄清，臺鐵少女與老夫子是兩個不同的企劃而且同時在進行，並非要取消與視野文化創意工作室的合作，至今也有官方粉絲團在運作，可惜這只是短時間的宣傳，以工

---

15 〈全国"鉄道むすめ"巡り〉，取自 http://tetsudou-musume.net/contents/special/meguri2015/。

16 東森新聞雲，2013 年 3 月 5 日，〈臺鐵萌化！鐵道少女加持「痛火車」紅到日本〉，取自 http://www.ettoday.net/news/20130305/170473.htm。

17 新浪新聞，2013 年 5 月 13 日，〈臺鐵便當換新裝 老夫子代言〉，取自 http://news.sina.com.tw/article/20130513/9591092.html。

商短期合作為目的所進行的企劃，並非以長期規劃的活動來進行製作，但這也算是在臺灣發展虛擬偶像代言的先行者之一。

其實有了臺鐵這次的經驗以後，部分民眾也發現其實臺灣對於日系文化的接受度並不低（陳亭希，2006），畢竟當我們在書店閱覽這些動漫畫書籍時，有絕大部分的作品都是來自於日本作家，所以相對的民眾早已習慣這類風格的作品了，那麼當臺灣有部分企業或是單位採取與日本相同的手法作為行銷手段時，在許多民眾們眼裡對臺灣的企業與日系的動漫人物做結合反而感到新鮮。而近期在臺灣最風行的虛擬偶像人物代言產品的企劃之中，就屬「高捷少女」最為熱門，這一系列企劃的全名叫做「前進吧！高捷少女」（進め！高捷（たかめ）少女！），由高雄捷運公司所主導的虛擬代言人企劃，起先原本只是由國立屏東科技大學動漫社的 Simon 提案宣傳的人物，並主動向高雄捷運公司提議合作，後來終於獲得高捷公司的青睞，成為了高捷官方所認證的代言人。[18] 由於擁有了官方的認同，整個宣傳的手法結合日系動漫的元素，角色原型由知名的臺灣 Pixiv 繪師初夏擔當設計，其繪製充滿日系風格的元素相當受到動漫迷之間的注目，短時間內就在各大討論區中引起話題。高捷少女首次亮相的時間約於 2014 年 11 月，當時是因為一張禁止飲食的海報張貼在高捷鹽埕埔站，隨後立即被眼尖的民眾發現，並且在網路上大量的流傳，[19] 還附上以往的禁止飲食海報做為對照，透過新聞採訪以及網路的熱烈討論，立刻引來許多支持高捷做法的聲音，連在海外的日本動漫迷都有熱烈的迴響，紛紛表示來高雄觀光時都要去捷運站朝聖，也為長年虧損的高雄捷運帶來相當大的話題。而高捷也將該企劃視為長期宣傳，後續的一連串活動，如參與

18 東森新聞雲，2013 年 8 月 27 日，〈推廣高捷有功！高雄捷運授與「高捷少女」正式員工編號〉，取自 http://game.ettoday.net/article/556262.htm。

19 高雄捷運禁止飲食告示，取自 https://www.ptt.cc/bbs/MRT/M.1416032960.A.28A.html。

高雄駁二動漫祭、製作新的宣傳海報、廣告標語等等，並且製作一系列的文創商品販售，主要目的都是要透過民眾對於高捷少女的興趣，進一步提高高雄捷運的知名度，並且吸引年輕的族群願意搭乘捷運，進而提高載客量。

從虛擬偶像的角度來看，高雄捷運著實的利用了這方面的優勢，打造了高捷少女這一系列的「品牌」來經營，而虛擬偶像本身的「可塑造性」、「創作性」及「話題性」確實幫助了高雄捷運在行銷傳播上得到了眾多的新聞版面，高捷甚至製作了全新的高捷少女「小穹」形象曲：「下一站・與你」，歌詞融入了高雄各地觀光景點的地標與特色，輕快的日式曲風也讓粉絲們驚訝，其搶先試聽版 PV 在短時間的點閱率即突破 30,000 人次，不久後推出了完整版 PV，至 2015 年 8 月官方 Youtube 的紀錄點閱紀錄已達到 290,720 人次；[20] 也同時間推出了高捷少女彩繪痛車，還有正式的記者發表會作為宣傳活動，在網路上製造的話題，比起高捷於 2014 年初推出的史努比痛車還更有話題性，甚至連日本大學的教授也為此來臺灣研究動漫文化與觀光發展的關聯，而在 PV 歌詞中提及的地點被粉絲們當作聖地巡禮，[21] 也為高雄市帶來了些許的觀光人潮。像是高捷公司這樣成功的案例，做到了充分利用「虛擬偶像」代言的要素，畢竟代言並不只是邀請知名的人物或是製造話題來達到宣傳行銷，當話題一過民眾很容易就會忘記該檔次的宣傳，因為在市面上每天都有不同的人事物在推陳出新，如何把握住消費者或是客戶的眼光，不間斷的提供新的企劃在市面上運作這也是相當重要的，如果只是短時間的代言，其時效性很容易因為不同企劃的推出而造成落差與斷層，並且需要支付高額的簽約金外還無法在短期內擁有相

20 小穹形象歌曲「下一站・與你」，參考自 https://www.youtube.com/watch?v=g8yxUVb_cdw。

21 聖地巡禮：指針對漫畫、動畫或電影等等，粉絲們根據自己喜歡的作品，造訪故事背景區域，該場所則被稱為聖地。

對應的收益成效。

當虛擬偶像的形象以良好的包裝塑造後，自然會有許多的企業紛紛要求合作，因為這些虛擬偶像就是由企業本身栽培起來的代言人，立場就像是經紀公司與藝人般的關係，當有了知名度以後許多廠商也會希望藉著虛擬偶像擁有的人氣做連結以及宣傳，這時擁有知名虛擬偶像的一方也成為了被動的角色，多少能為公司帶來其他的收益，如同初音未來之於 CRYPTON，高捷少女之於高捷公司一般。

## 三、2.5 次元偶像

在這一章中要談及的是 2.5 次元偶像，[22] 簡單來說，2.5 次元偶像就是介於二次元偶像與三次元偶像之間。二次元偶像是我們一般在動漫作品中看到由製作者或製作公司所創作出來的虛擬角色，而三次元偶像則意指真實存在的真人偶像，那麼介於之間的 2.5 次元偶像就是「在動漫作品中擔當角色的聲優所結合的偶像」，近期最有名的例子是由日本日昇動畫公司 SUNRISE 於 2010 年初所推出的「LoveLive! school idol project」計畫（以下稱 LoveLive 企劃）中的「μ's」團體最為出名。該作品企劃初期，並非由單一動畫作品或是漫畫作品來擔任主軸，而是以設定好的虛擬角色配合聲優同時進行演出及活動，所以即使是二次元的動漫角色，每個角色之間有各種不同的屬性與風格，而配合該角色的聲優們也必須演出相對應角色的特性出來，所以在初期挑選各個角色所搭配的聲優時也要進行相當的篩選以及訓練，最主要的目的即是做到讓觀眾看到真人聲優也能聯想到動漫角色的觀點，讓聲優不只是單純擔任角色的配

22 一弦（化名），2015 年 4 月 23 日，〈淺談 2.5 次元偶像〉，取自 https://thestandnews.com/culture/ 淺談 2-5 次元偶像。

音員而已，他們同時也代表著讓觀眾能夠意識到虛擬角色本身存在於現實世界的這種想法。而以往的聲優並不用出現於螢光幕前，他們只需要具備相當專業的聲音技巧即可成為專業的「聲音演員」，但也因為成為「聲優偶像」的需要，漸漸的許多聲優需要有姣好外觀才有可能在這個職業圈中出線（陳可璇、林羿君，2008）。

而在 LoveLive 企劃推出之前，日本也有許多類似的動畫作品，例如：《K-ON》、《偶像大師》等結合聲優與動漫角色一同搭配的作品，原因就在於日本是個大量推行偶像的國家，眾多偶像如：早安少女組、AKB48 等團體，每次的活動都會造成許多社會現象（田中秀臣著，江裕真譯，2013），這也讓動漫產業中的投資者意識到，如果能讓這些動漫作品中的虛擬角色偶像化的話，是不是能帶來更大的產業利潤，所以有許多的作品出現在市場上試水溫，只不過，並非一開始就是一帆風順。這是由於日本是一個偶像非常盛行的地方，除了知名的偶像或是偶像團體以外，素人偶像的數量也非常的多，幾乎每個禮拜都有偶像出道，每週都有不同的偶像作品發行，所以日本民眾對於新興偶像的出現早已視為理所當然，所以當 SUNRISE 推出 LoveLive 企劃時，並非一開始就受到消費者的矚目，[23] 而是當 LoveLive 於 2013 年初推出動畫以後，作品以 μ's 九位劇中的高中生校園偶像為了解決廢校危機為主軸，開始了一季的動畫劇情，LoveLive 企劃才開始廣為人知，而這已經是距離 μ's 發行第一張單曲專輯時的兩年半之後。

所以當 μ's 這個「2.5 次元」的偶像團體開始走紅以後，支持者的數量也開始多了起來，有了消費者的支持當然也就開啟了新的消費市場（Cornel Sandvoss 著，王映涵譯，2012），開始推出畫冊、

---

23 團長（化名），2014 年 3 月 13 日，〈從寂寂無名到大受歡迎：一舉回顧《Love Live!》偶像計劃的成功之路〉，取自 http://www.thesosblogger.com/2014/03/love-live-school-idol-project.html。

PVC 模型、小說、遊戲等，幾乎涵蓋了所有可以呈現的 ACG 周邊，當然 μ's 也開始像其他的三次元偶像一樣開始發行影音作品，開始由子團體進行不同商品的銷售方法，在音樂唱片方面當然是由聲優本人擔當歌手，而在每年一次的演唱會中也由聲優進行表演呈現，讓觀眾看到真人聲優就像是看到虛擬角色的本人一樣。除此之外，真人聲優本人也進行著單獨的活動，當中不乏幾位是藉著 LoveLive 企劃後開始打開知名度，畢竟他們的本職是聲優，所以也有越來越多的邀約以及其他作品的推出，而在這種多重行銷手法的結合之下也為各其所屬的經紀公司帶來相當大的利潤。所以在目前這樣的行銷方式看下來，以虛擬角色結合真實人物的搭配看起來是相當成功的，他能避免「虛擬」的偶像沒辦法讓觀眾有「真實」的體驗感覺，也讓真實的偶像本身能夠更加的活躍。

## 四、虛擬偶像的反彈聲浪

在虛擬偶像的發展過程當中，由於創作者的活躍、粉絲間的熱烈廣傳以及廠商努力推出多樣化的合作商品，使得虛擬偶像在市場上被廣為人知，但是次文化畢竟是次於主流文化的範圍之外，所以除了正面的新聞之外，也會有很多負面的聲浪以及批判出現，例如曾經就有網友在網路上把虛擬偶像初音的歌唱聲域與一般歌手做比較，覺得初音唱歌的音域比一般的歌手還要廣以及在唱歌時不會出現失誤之類的言論，結果被其他 Anti（反對者）們說：「初音只不過是個軟體」，然後支持者馬上就被激怒打算回文要「決鬥！」在網路上造成了一股模仿言論的熱潮。其實從這樣的現象可以發現，還是有許多的人對於 ACG 界當中的二次元角色有相當的抗拒感，雖然某部分的人能接受一些大眾類的動漫畫作品，例如：《OnePiece》、《火影忍者》、《死神》（集英社《Jump 週刊》三巨頭）、《哆拉 A 夢》等，這種大眾比較熟知的作品。也因此在近幾年中，日系美少女作品在日本熱烈風行時，就在主流社會中產生了許多批評的聲浪，例如在這些作品，動不動就讓女性角色露出內衣或是底褲，造成許多家長認為這些畫面不適合兒童觀賞，但是實際上這些播出的作品都有規範觀看的年齡限制，但是家長們卻不認為這是自己應該負的教導責任，認為自己的小孩有錯誤的行為都是社會環境的錯，使得我們常常看到一些被稱為「怪獸家長」的情況上了新聞版面。

然而久而久之，社會環境的價值以及風向漸漸將一些負面的社會行為，怪罪於這些動漫作品帶來的影響，例如社會上出現一名殺人犯，記者就會去挖嫌犯從前是不是打過電玩、看過什麼動畫，這些作品是不是有反社會的現象，才造成嫌犯有反社會或是兇殘之類的行為。當然筆者也反對使用者違反年齡規範限制，畢竟讓心智不成熟的未成年觀看或是遊玩較為極端的作品時，在無法判斷事情的後果的當下，很容易出現偏差的行為，但是這樣的情況並不能無限上綱，否則在動畫、電玩出現之前，是不是沒有犯罪行為呢？在這點上筆者覺得必須理性地去思考這個問題，但是很遺憾的，我們的社會風向並非如此，畢竟 ACG 產業是次文化，並非大眾化的主流作品，所以經常受到許多的批判。特別是平日不接觸 ACG 的消費者們並不會去理解這些事情的來由，這些人主要接受主流的新聞媒體所傳授的資訊，所以新聞媒體傳達什麼訊息，這些人很有可能的全盤接受，造成了某些程度上的誤解與誤會，所以在新聞上常常會看到針對動漫相關的負面新聞，而讓這些喜歡電玩、動漫相關的人們，被貼上負面的標籤。但是近幾年動漫畫產業的熱絡，透過熱愛的粉絲們理性的解說或是相關的活動來改變動漫畫對於社會是負面形象的標籤，例如國立交通大學的梁世祐教授主辦御宅文化為主題的國際研討會，從學術的角度去探討動漫電玩文化的內涵與相關社會議題，在幾年內也得到了熱烈的迴響，許多愛好動漫文化的人參與其中，他們來自社會四面八方，職業也包含了士農工商，讓長期受到負面標籤的御宅文化能有更多正面的伸展空間。而也有粉絲們自製拍攝影片來探究動漫次文化在一般人眼中的誤解，在《宅？窄？淺談動漫次文化》這個影片[24]當中，建國中學的李榮哲老師提到：「主流文化與次文化是相對性的，沒有一個文化它是永遠有辦法成為所謂的主流文化，也沒有一個次文化它是永遠只會待在次文化。」所以當有越來越多的聲音以及越來越多的人來為御宅文化發聲時，社會的聲音就會有所不同，這樣的現象也會幫助虛擬偶像的發展方向，朝正面的角度前進。

## 五、虛擬偶像的未來

時至今日，虛擬偶像的發展從初音未來的誕生約已有八年的時間了，不過以日本動漫角色的發展來說至少約有 30 年以上，從 80 年代開始日本的動漫畫除了劇情的發展以外多少都有所謂的角色崇拜，例如 1979 年登場的「機動戰士鋼彈系列」至今也邁入 35 年的歷史，[25] 但是角色也只侷限在故事當中並非獨立於作品之外，而初音未來的誕生跳脫了單一作品當中的框架，成為了這個世代中「虛擬偶像」的代表，也因為背後有無限的創作者以及支持者，在演出方面本來就不需要原銷售公司的推動才能進一步的達到宣傳」的目的，在不違背「人物使用條款」[26] 以及「軟體授權條款」[27] 的前提之下，任何人都可以經由二次創作，創造出屬於自己的「初音未來」

24 Yi You Chiang（化名），2013年7月20日，〈宅？窄？淺談動漫次文化〉，取自 https://www.youtube.com/watch?v=jWkEXMZjKCg。

25 《東森新聞雲》，2015 年 2 月 12 日，〈所有男孩的夢想！帶你認識 35 年歷史的《鋼彈》〉，取自 http://game.ettoday.net/article/465518.htm。

26 角色人物使用條款，參考自 http://www.ectw.net/CFM/character_clause.html。

27 軟體授權條款，參考自 http://www.ectw.net/CFM/right_clause.html。

並且與其他人互相交流，這對於原銷售公司、創作者以及支持者都是一個三贏的局面，因為這會是一個長時間的現象與流行，而身為虛擬偶像本身的初音未來並不會因為時間而衰老（吳孟芯、戴裕蒨，2013），也不會因時間出現身體上的缺陷或是出現相關的負面新聞，而且隨著科技的演進，只會讓初音未來呈現更好演唱技巧、更多豐富的表演方式，爾後或者透過未來的科技或是人工智慧，讓現在的初音未來不只是歌唱軟體，也能讓一般使用者與初音未來做出互動（西村綾乃、椎尾一郎，2013）的行為。

目前在日本已經有些專家著手進行與 VOCALOID 互動的研究，在西村綾乃與椎尾一郎（2013）的研究中早已經做到 VOCALOID 的資料庫與一般電器做結合，來達到使用 VOCALOID 資料庫的音樂數據與人們的互動，構想是從建立網路資料庫並且與家中的電器作為連接開始，而在電器上設置的感應器可以從網路得知目前當下的環境，然後從資料庫擷取歌詞並且合成相關的樂曲來製作出相對應的歌曲，因為一般的粉絲可能不一定會使用音樂語音合成軟體，只能透過網路觀看 niconico 網站由創作者所製作的音樂或影片，透過這樣的系統即能讓一般人也能夠與自己所喜歡的虛擬偶像做為互動，而這也不僅只限於初音未來，畢竟市售還有更多使用 VOCALOID 或是其他音樂語音合成軟體而出現的虛擬偶像。

而隨著科技的進步，我們所處的資訊社會的資料量會越來越龐大，並且越來越容易取得這些資訊，將這些資訊透過資料庫的連接和傳送，人們就越來越有可能的跟虛擬偶像做出更多的互動（程士華，2013）。而在這些資訊進步以及資料整合的同時，虛擬偶像本身也正在慢慢的被我們擬人化，広瀬正浩（2012）也提出當我們賦予虛擬偶像人格的同時，他們的人格也同時間產生，即使現在看似虛幻的身體，但其人格早就在無形之中一點一滴的成形，即使是現在看似荒謬的想法。根據吳孟芯、戴裕蒨（2013）的論文中提到，波德里亞將擬像次序分成四階段，分別是「符號反映基本真實」、

「基本事實被符號遮蓋並異質其本體」、「符號讓真實消失」、「符號與真實間沒有關係，是自身純粹的擬仿物」（Jean Baudrillard 著，1985；洪凌譯，1998），從符號的表現中可知道，從單一元素的表象當中人們開始接受傳遞者所表達的信息，進而形成一種既定的概念，因此隨著時間以及人們的價值觀會漸漸影響整個社會的演變，不同的價值觀會產生不同的行為模式，進而產生不同的文化。[28] 例如「初音未來是偶像歌手」，等到了越來越多的事物發生時，例如「舉辦演唱會」、「透過電腦媒介與歌迷互動」，如此擬人化的行為，並且透過科技、生動的 3D 動畫、人工智慧的互動演進，漸漸的使得虛幻與真實會互相交疊甚至交叉，久而久之會有更多的人們確信初音未來的存在。這就是広瀬正浩（2012）所提到的擬人化當中，結合虛幻與現實，當大多數的人們確信虛幻不只是虛幻的同時，這些東西早已成為我們現實中的一部分。

# 六、結論與建議

綜觀初音未來的發展迄今的案例，也帶給了許多人們不同的啟發，對於企業主他們可以創造一個專屬於自己環境的代言人，可以根據本身的需求以及行銷企劃的方向，彈性的調整旗下虛擬偶像的風格以及特性，然後透過時下所需求的要素進行適時的發展，達到代言行銷所要的效果，也不至於像真實偶像代言般在許多條件上擁有很多的限制；而在粉絲方面，虛擬偶像所帶來的形象經過完美的包裝與設計，偶像本身也不會因為有自我的想法而出現負面的行為，相對地帶給粉絲們一定程度的信賴度，不過即使如此，粉絲們還是希望自己所喜好的虛擬偶像能有更多元的發展，在此同時原創

---

28 關於價值觀的意涵，可參考維基百科的說法，取自 https://zh.wikipedia.org/wiki/ 價值觀。

虛擬偶像所屬的單位就像是經紀公司一樣，必須慎選合作以及代言的事物，避免對虛擬偶像的形象帶來不好的影響。

再者虛擬偶像因為有著不同於人類壽命的觀念，很有可能一位虛擬偶像的存在將跨越了許多世代，畢竟在不同的年代有不同的流行。隨著科技的發展以及進步，或是當下所流行的人事物的變遷所衍生的問題，都是未來我們必須長時間觀察的現象。粉絲們可能因為時下不同事物的流行或是隨著時間的經過慢慢與新科技脫節，未來也有可能出現更多不同的虛擬偶像，雖然現在談論這些有點言之過早，但要是身為虛擬偶像本身的創造者，想要讓自己創作的虛擬偶像能夠長時間的持續下去，這是一個必須要儘早面對的問題。

而在未知的未來，有著我們無法想像到的科技，如 SONY 現在正在發展的 VR 實境（Virtual Reality，虛擬實境）——「夢神計畫」[29]，利用頭戴式 3D 眼鏡營造出不同於現實世界的虛擬環境，使用者在這當中可以體會到各種不同於現實的活動，讓原本只是投影在玻璃屏幕上的虛擬偶像可以在虛擬實境的世界與玩家見面。但是這也可能只是在短時間的未來所能認知到的技術而已，隨著目前人工智慧的方興未艾，也有許多實體人工智慧的研究正在發展，例如由臺灣人 DANNY CHOO 所研發的人工智慧娃娃—— SMART DOLL「未永未來」，[30] 目前也正在發展能夠與人類互動的人工智慧機器人，這一切的發展目的，都是人們想要拉近「虛擬」與「現實」之間的距離所做的努力。

筆者最後的建議是，當我們在追求虛擬偶像的同時，我們將虛

---

29 這方面可以參考〈專訪：〔GDC 2014〕インタビューと 自取材で見えた「Project Morpheus」7 つの秘密。液晶パネルは特注品だが，有機 EL パネル採用の可能性もアリ？〉，2014 年 3 月 22 日，取自 http://www.4gamer.net/games/251/G025118/20140321014/。

30 關於什麼是 SMART DOLL 可以參考下列網站 http://www.dannychoo.com/zh/post/27274/SMART+DOLL.html。

擬偶像擬人化或是賦予其人格特質，而虛擬偶像本身正有著不受空間限制的優點，可謂人人家中都可以有虛擬偶像的存在。雖然現今大眾對於虛擬的事物接受度依然不怎麼樣的高，許多對於虛擬事物的相關研究的結尾都會呼籲人們在追求這些虛擬事物的同時，不要忘記現實事物的的環境，避免在虛與實之間無法分辨何謂正確的事實，但是在此筆者認為所謂的正確也只是在社會上多數人所持有的意見，並非少數人的想法是不對的，在社會上很多的負面案件反而是現實世界中人與人之間的互動所產生的衝突而發生的，所以這並不代表將時間花在「虛擬的事物」上多於「現實的事物」就會為社會帶來負面的影響，如同現今社會灌輸我們，當電視上有作奸犯科的人出現，這人極有可能涉獵限制級電玩或是作品，這是相當大程度的謬論，沒有人會去反思是不是我們的現實世界或是現實環境發生了問題，卻一昧地推給了無法反駁的「虛擬」世界。筆者盼望在未來的時間裡，我們能夠正常的面對這些虛擬的世界所帶來的產物，並且能夠有多一點的時間去反思我們現實生活中所發生的問題，最後才能在這兩者之間取得友善的平衡。

本研究的許多論點，是筆者這幾年觀察所謂「次文化」的動漫界，以及許多前人所研究的文獻所得到的探討，因而藉由虛擬偶像初音未來的誕生讓我們面對下一個時代即將面臨的發展，而在臺灣對於虛擬偶像的研究並不同於發源國日本來得多，所以部分文獻必須參考許多日文研究來加以佐證與輔助。期望在未來能有更多相關的研究誕生，幫助相關研究者能提出不同於本文的論點，進而讓更多的人能夠了解虛擬偶像在未來對於我們生活中的影響。

# 參考文獻


## 中文

Baudrillard, Jean. 著，洪凌譯，1998，《擬仿物與擬像》。臺北：時報文化。

Sandvoss, Cornel. 著，王映涵譯，2012，《迷與消費》。新北：韋伯。

田中秀臣著，江裕真譯，2013，《AKB48 的格子裙經濟學》。臺北：遠流。

吳孟芯、戴裕蒨，2013，〈虛擬偶像紅翻天！初音未來的流行產製〉。《犢：傳播與科技》(5)：5-14。

陳亭希，2006，〈關於臺灣對國外文化接受度之研究—對日意識與對韓意識為主之探討〉。《95 年度全國應用日語教學研討會參考論文集》，頁 193-214。

陳昶辰，2011，《探討當代動漫產業的「迷文化」—以虛擬偶像「初音未來」為例》。東方設計學院文化創意設計研究所碩士論文。

程士華，2013，《Vocaloid 虛擬偶像：創作者與迷的文化之行動者網絡初探》。輔仁大學社會學系學士論文。

黃崇憲，2007，《「帝國」的浮現與逸出：日本漫畫產業於臺灣的「全球在地化」實踐》。東海大學社會學系學士論文。

## 外文

小高裕次，2011，〈日本のサブカルチャーにおけるアマチュア創作活動の特質 - 初音ミクを例に -〉。《中日文化論叢》28：91-104。

広瀬正浩，2012，〈初音ミクとの接触“電子の歌姫”の身体と声の現前〉。《言語と表現一研究論集一 第 9 号》9：21-34。

西村綾乃、椎尾一郎，2013，〈conteXinger：日常のコンテクストを取り込み歌う VOCALOID〉。《情報処理学会研究報告 IPSJ SIG Technical Report》(38) 9：1-6。

後藤真孝，2012，〈初音ミク , ニコニコ動画，ピアプロが切り拓いた CGM 現象〉。《情報処理》(53) 5：466-471。

## 網路

陳可璇、林羿君，2008，〈日本聲優與臺灣配音員之比較〉，臺中市私立宜寧高級中學，取自 http://www.shs.edu.tw/works/essay/2008/10/2008103108132347.pdf。

蔡佩珊，2012，〈簡析 VOCALOID 之發展過程與受到喜愛的原因〉，臺中女中，取自 http:/idv.sinica.edu.tw/hssbasic/hss2012/essay/TG14.doc。

# 人工伴侶未來狂想
## ——從 ACG 迷的觀點出發

邱懷瑤、宋玫玫

## 一、從科幻到現實

科幻劇情時常是演出未來人類生活型態的寫照，1985 年，日本動畫《MEGAZONE 23》劇中所描繪的美麗偶像女歌手「時祭依芙」是一名虛構出來的虛擬影像（翼獅，2000）；2002 年，同樣的概念出現在科幻電影《Simone》（中譯：虛擬偶像）中，劇中一位藝術片導演，收到臨死的科學家給他的一片磁碟，該磁碟為一個虛擬女性形象 Simulate One（虛擬一號）軟體，該導演將此虛擬女性取名為 Simone，並藉由製片技巧移花接木將 Simone 放入自己的電影當中，沒想到 Simone 一炮而紅（Niccol，2002）。

如今 MEGAZON 23 以及 Simone 所敘述的現象已經從科幻電影跳上現實生活，源自日本的虛擬歌手「初音未來」就是一個用 3D 投影出的動畫人物，這位年齡設定為 16 歲的女性虛擬歌手，已經在世界各地擁有廣大的歌迷，會唱會跳還出現在電玩遊戲裡，代言汽車和知名網路瀏覽器（google chrome）。其市場已經橫跨全球，也多次在全世界舉辦 3D 投影的演唱會（avex，2012；Li Amola，2012）。

2012 年 1 月，科技趨勢雜誌《WIRED》中文版創刊號中提及：「2030 年，電子性愛會明確以高潮誘發器或性愛機器娃娃的形式呈現。」（Chien，2012）。英國人工智慧學者 David Levy（2008）的書 *Love and Sex with Robots* 中提及，人類與機器人的性愛，聽起來不可思議，但是這樣的事情是可預期的，問題不在「會不會」發生，而是在於「何時」會發生，並預言在二十一世紀中期，人類將機器人當作戀人、性伴侶甚至婚配對象的情況會成為社會常態。

設想，若比照虛擬歌手的存在形式，人人都能在家投影一個3D圖像的「虛擬伴侶」。或者，如果Levy的預言成真，機器人在人類的伴侶關係中會扮演甚麼樣的角色呢？這些假設的未來都隱藏著許多不確定性，取決於時代中的人類所想所欲。可以確定的是，無論是前者或是後者的實現，對於兩性伴侶結構或更深層的婚姻的制度與形式，都將帶來劇烈的轉變。

自從動畫（Animation）、漫畫（Comic）、電玩遊戲（Game）（以下簡稱ACG）問世以來，已經孕育出一批長時間接觸ACG的御宅族，如今ACG迷的蹤跡跟著全球化的腳步蔓延至全世界（陳仲偉，2004）。ACG迷所引領的重視虛構風潮加上資訊時代中人與科技產品緊密結合的背景下，呼之欲出的則是人類有別於過往，發展出人與人工伴侶親密關係的可能。

本文主要目的在於「透過ACG迷對未來人工伴侶的想像，探討未來人工伴侶的多種可能未來」。蒐集七位深度ACG迷的對談，揭露ACG迷心中的理想人工伴侶未來、可能的人工伴侶形式，以及描繪人工伴侶存在的多種未來情節。

# 二、男孩危機

為何ACG迷引領的風潮會帶領人類走向人工伴侶的未來呢？根據東浩紀（2012）的說法，御宅族的文化歷史是將日本戰敗過後，1950到1970年代進口的美國卡通、電腦遊戲、科幻、雜誌等等的文化商品「國產化」的過程。為了走出戰敗的創傷，日本於80年代將戰敗以及後起的高度經濟成長所產生的矛盾放任不管，就這麼錯失了解決的機會而走入90年代，日本在這段期間，是跳過了現代化直接步入了後現代化。就這樣，日本進入了二十一世紀，搖身一變為享受高度科技成熟與消費社會的先進國家。並將這種日本國走在最前面的幻想，造就出一股虛構的漂浮感受，只要能持續虛構下去，便能夠更容易生存，這樣的漂浮感，表現在言語上就是後現代主義的流行，而表現在次文化上，則是御宅族文化的顯現。

這樣以大時代變遷為背景的御宅，在性別上彷彿多數為男性，動漫迷雖非一面倒為男性，但在沉迷虛擬偶像的人潮當中，男性確實占了大多數。國內學者針對網路成癮的性別研究也顯示，男性在強迫性上網行為、戒斷和退隱、時間管理與人際健康關係上都以男學生較女學生的網路成癮程度高（陳瑋婷、蕭金土，2012）。Zimbardo（2011）以「男性之殤」（The Demise of Guys）為題目在網路公開演講平台上，以多項數據說明男性在社交、學術聲望以及性成熟上越來越不如女性。男生比女生多出 30% 的輟學率，從小學到研究所階段，女生的成績一路普遍高於男生，在拿到大學文憑及碩士學位的性別比中，女性又比男性高出約百分之十；此外，他也提到男孩比女孩高出五倍的機率被診斷患有 ADHD（Attention Deficit Hyperactivity Disorder，簡寫為 ADHD，注意力不足過動症）。在現實生活中，男性出現了對於親密關係的社交恐懼；尤其是與異性相處時，無法辨識與接收異性所傳遞出的模糊矛盾又與自己不同的信號。害羞指數一年比一年高，導致男性不知道該如何解讀無聲與有聲的交流規則，包括傾聽與表達。

現代男性所遇到的問題，在於他們更樂於沉浸在與現實脫節的網路世界，也不願意與人交流。導致這種問題的主要原因，是過度的網路使用、過多的電子遊戲，以及網路世界中持續不斷的色情內容，使男性產生一種「誘發性成癮」（arousal addictions）。這種成癮會令人不斷想要新鮮刺激的內容以滿足自我，業者也不斷推陳出新，提供了成癮者新的興奮源。男孩子的大腦也因此不斷被新的數位內容塑造。

電玩遊戲的出現，提供了小男生一個在現實生活之外的虛擬世界來達成自己的夢想或是滿足自己的慾望。虛擬世界動的很快，是現實世界所無法超越，相較於電玩世界，課本的內容一點也無法相比。當孩子發現他可以在遊戲當中實現許多在現實當中無法實現的慾望，對遊戲結果不滿意或是感到挫折時甚至可以關機重來時。電玩世界便取代了現實，於是就此上癮（Sax，2008）。

這樣的現象延續到青少年時期，許多男孩子便寧願打電動也不跟女生出去，對真實的「性」缺乏興趣，寧願在網路世界中求滿足，有些甚至不只是對女性沒有興趣，他們不想認識任何人，只想待在房間內，不跟任何人說話，當他們有生理需求，通常偏好「線上色情」而不願與真實的女性互動。

## 三、二次元戀愛與非有機物愛情

在日本，一位電玩玩家因為愛上掌上型遊戲機 NDS 戀愛遊戲《Love Plus》遊戲中的虛擬女友角色而決定與該虛擬女友結婚，2009 年，他帶著一台 NDS 遊戲機舉行婚禮，這場婚禮吸引大批網友關注（〈虛擬愛情真實延伸〉，2009）。

一則以 Love in 2D 為標題的報導中提到御宅族迷戀 2D 愛情這樣的現象在日本已經成為行為學者討論的議題。報導中介紹一名年過三十的日本男子「尼森」（Nisan） 與一個印有動漫人物「朝倉音夢」的枕頭套密不可分的愛戀。尼森和枕頭套在東京的漫畫大會上一見鍾情，根據他的敘述，他和音夢（朝倉音夢枕頭套）在多次的約會當中相知相惜。三年之後，他已經離不開這個枕頭套了。尼森過去曾有一位真人女友，只是那段過往不歡而散。未來，他仍然希望有一段真人婚姻，不過他希望自己的太太可以接受這個枕頭套（Katayama，2009）。

經濟學家森永琢郎（Takuro Morinaga）認為某些御宅族出現與 2D 人物的愛情是來自於真實生活中愛情潰敗的替代形式；然而日本輕小說作家本田透（Toru Honda）卻藉此趨勢提倡 2D 愛情，他認為，只要訓練想像力，就可以讓 2D 愛情生活更甚於真實生活（Katayama，2009）。

或許，對某些族群而言，沒有靈魂，也可以產生愛情，也許愛情的發生可以是單向的。如果這些行為背後的原因是一個實現想像，或填補缺乏的途徑，那麼當代男性已經逐漸從科技產品、虛擬人物、電玩遊戲中找到現實世界中理想和慾望所無法實現的移轉方式了。

也就是說，科技的快速變遷，讓現代人的愛情和婚姻模式也隨之改變，男女兩性再也不同於過去需要一個核心家庭來維持生活和社會的運作，換句話說，整個時代背景的變遷，正在推動一個即將形成的新型態伴侶關係。

# 四、選擇人工伴侶的原因

## （一）二次元獨有的夢幻美好 V.S. 麻煩難搞的真實女性

雖然許多評論仍抱持那是很宅的人交不到女朋友，在現實中無法跟真人好好互動的「婚姻敗者」說，然而，在認同二次元愛情的說法中，出現的則是：「二次元獨有的夢幻、完美，是在真人身上無法體現的。」除此之外，還有認為與真人互動複雜性太高、時常讓人不知該如何是好、太麻煩等意見。

二次元愛情的美好，除了畫風和文本在角色中賦予的個性以外，也建立在現實女性的不完美和性格難搞的形象上。對受訪者而言，現實就是無法兼具外表的美麗以及內在性格的美好。就算出現了理想標準中內外兼具的對象，也會因為人類的性格多變難搞，令人不想花費心力去維持。

不僅如此，將時間投資在人類身上，常常會出現徒勞無功的結果。即使想要好好維持一段關係，卻沒有自信自己能夠掌握得了人類的多變性情。需要時時抱著一份怕弄壞就無法修補回來的擔憂，如同 SN3 所言：

> 虛擬人物就是，你吵架你可以設定一個吵架的期限，你可以設定我吵到哪裡，然後和好。可是現實世界這完全是無可預料的，而且是……呵呵 [ 無奈的笑 ]……整個是無法控制的，可能事情爆發之後就無法收尾了。（SN3）

雖然願意忍受吵架溝通，但是又擔心事情爆發之後自己沒有收尾的能力，相較於真人，虛擬的二次元人物，的確是可以依照自己的想法安排，不容易出現無法收拾的意外。對 SN3 而言，虛擬角色特有的可愛表現手法，如果換成現實中的女性來表現，只會破壞了令人喜愛的效果，甚至覺得討厭……。

> ……虛擬角色的話，有時候有些人喜歡比較『傲嬌』的類型，……現實社會中如果有人是『傲嬌』的話，其實你只會覺得她很煩，很討厭，可是虛擬角色的話……，你可以讓她說出……你想要讓她對你說的話，然後你就會覺得她很可愛。（SN3）

除了特有的表現手法，二次元比起真人女性好預測，可以依照自己的旨意給予令人欣喜的回應，這種「一切都在自我掌控內」的感受，對受訪者來說是重要的。總結以上的對話，二次元戀愛的好處，除了便於掌控和預測，也兼具了特有的內外美感、不需要花心思回饋或是哄對方、失敗了可以重來的特性。

### （二）三次元萌不起來

一談及二次元人物的夢幻美好，研究者追問，這種真人身上無法體現的夢幻美好，在外型上是否和動漫人物時常出現巨乳、豐臀，這類性徵巨大化的畫風有關係？根據受訪者的回答，性徵巨大化的目的，有一半是動漫產業的商業性質，這種將人物角色性徵巨大化的繪畫手法，在日本動漫產業已經形成一種文化，除了依照文本被設定的屬性而有性徵大小的變化以外，作者本身的畫風也被這種商業文化要求，成為一種約定俗成的手法。受訪者在談及這種畫風時，說明這種性徵巨大化的畫風，在日本動畫產業中可說是一種額外招待給顧客的贈品。

換句話說，許多觀眾都對動漫角色有著高度性幻想。而這種對美麗動漫人物產生的性幻想跟對真人產生的幻想有何不同呢？受訪者 WN1 笑笑的提到網路上流傳的玩笑話——「三次元萌不起來」的說法，意指「對真人無法產生愛情或興趣、感覺」，也就是對活在現實生活中的人，無法產生被吸引的感受。

> WN1：「應該說是有一種開玩笑的說法叫做『3D 萌不起來』，就是對真人你比較沒辦法萌，所以你也不會想要去對真人萌起來。」

「萌」這個字眼之於研究者，是一個在進入訪談前，一直似懂非懂的字，因此，在與受訪者對談的過程中，研究者也逐一詢問受訪者對於「萌」的定義。有人說是「一眼見到的愛情度」，類似「美感」的意思，有人說是「很可愛」、「很有感覺」、「很令人喜歡」，但是除了「萌」這個字本身，彷彿沒有其他能同時包含「萌」這個同時是動詞、形容詞、也是名詞的字。然而，受訪者一致認同，「萌」的感受是見仁見智的，這種感覺的獨特性，在對談當中顯得非常私人。而對「三次元萌不起來」這句話的認同，則成為 ACG 迷認同人工伴侶優於真人的關鍵原因。

WN6：「我完全沒對真人有幻想。……，現在是真的……對真人真的沒有很大的慾望……。」

研究者：「那麼……我有聽過一句話，叫做『三次元萌不起來』，你認不認同？」

WN6：「就我而言的話，我就是這個情況阿。……國中的時候我就有看過成人漫畫，後來再去看 A 片的時候，就覺得……有落差，感到很失望……。」

對 WN6 而言，現實中的事物已經不比二次元世界所感受到的刺激來的猛烈。雖說萌與不萌，完全是見仁見智，在研究者蒐集的受訪者當中，也並非每一位受訪者都認同「三次元萌不起來」這句話。受訪者 SY7 自己即是一位擁有女朋友也同時覺得二次元很萌的案例，然而在他的談話中也表示，二次元所能表現出的美感與精神滿足大大的高過於真人，不僅是外形，與真實人類互動中的回話，總是會有大夢初醒，回到現實的感覺。

簡而言之，顧及女朋友也是和自己一樣不完美的人類，因此保留了一種對現實妥協上的包容力；而對二次元角色這樣的虛擬存在，則要求臻至完美。兩者在幻想上的差別，在於現實當中包含著妥協；理想上則矇有一層極致渴望的夢幻。SY7 表示，對他而言，肉體慾望跟精神慾望是可以區分的，對於強烈認為三次元萌不起來的男性而言，肉體慾望不見得是滿足自我的首選，因為二次元能滿足的精神慾望更加強烈。而精神慾望的滿足，當然也是在自我精神層次內了結。這便是為何有些人認為二次元戀愛是跳脫肉體、更純潔的經神層次愛情。

## （三）腦補的美好與缺憾

極端認同三次元萌不起來的男性也許不在多數，不過這種完全在精神層次完成整套幻想的手段，也不止出現在極端認同三次元萌不起來的男性身上。受訪者所談到的精神層面了結慾望的手段，是ACG 迷對動漫角色出現性幻想時普遍使用的方法，這種不需要透過真實女性就可以自給自足的戀愛或者性滿足形式，他們稱之為——「腦補」。

「腦補」意旨「腦內補完」，根據受訪者的回饋，當自己對動漫角色產生性幻想時，滿足自我的方式就是透過在腦中幻想以補足沒有的情節或畫面的方式完成。而在腦補的過程中，則有非常多輔助腦補或刺激幻想的工具，例如購買將動漫人物具體化的成人模型、H-GAME（成人電玩遊戲）、H 漫（成人動漫）、印有動漫角色的長條抱枕，都可以做為輔助腦補幻想的工具。

雖然這種刺激幻想的工具多元豐富，然而，這些工具和腦補，在此聽起來只是一種對自己理想角色意淫的方式，透過這些腦補輔助工具達到生理刺激之後，這種與二次元角色的單方向連結，仍然距離成為「伴侶」有一段落差。受訪者表示，腦補做為幻想二次元人物的精神戀愛形式，僅適用於動漫人物，不能使用於真人身上。不只是因為真人的現實感會將幻想的美好感受給打破，在腦補幻想的世界裡，夢幻、理想、跟著自己的意念走是非常重要的元素。

雖說真實女性很麻煩，又覺得三次元萌不起來，加上腦補的美好，成為部分受訪者選擇二次元戀愛的原因。但是受訪者也表示，人類愛情的複雜程度是不容易出現在人工的事物上的，要討論「伴侶」應該不僅只於單方面的腦內滿足，雙方能否有實質的互動、肉身形體的缺乏，以及有沒有專屬於我的獨占性也是二次元目前所沒有的缺憾。

> 愛這種複雜深沉的情感不適用二次元……，二次元所沒有的，除了肉體之外，其實還有一項很重要，就是獨特性，簡單來說就是占有性，比方說前陣子到現在都很流行的 Love+（戀愛養成遊戲），雖然能占有，但你擁有的不是獨特，你喜歡愛

花（角色人物名稱）可能有一萬個人跟你一樣，他們喜歡的對象都是愛花。（SY7）

2D 婚姻中 LOVE+ 戀愛養成遊戲的特別之處，在於遊戲角色能與自己互動，在自己與角色互動的情況中，發展出自己對物的真實情感。這種情感跟極端認同二次元戀愛的受訪者對動漫角色投射的情感非常相似，也就是將二次元取代真人，而前提是這樣的互動要夠逼真，具有人工智慧，而目前的二次元戀愛形式或人工伴侶，仍然存在虛假與真實的距離。

研究者：「那如果 LOVE+ 裡面的角色有人工智慧……。」

WN6：「那我就會把她當真人一樣，……如果她有人工智慧的話……。」

另一種則是因二次元角色體現美感而誘發出的身體慾望，透過腦補的形式滿足慾望，因個人因素或科技限制，慾望當中不摻雜愛情。

WY2：「的確是有幻想，但是也僅止於……看，不會去跟她互動，因為我覺得去跟虛擬人物互動，像現在我們還有我們的道德觀念，如果造成我的伴侶不舒服，那我是不是在偷吃。」

SN3：「當然不會從來沒有過這個慾望，可是……我們可能會，我們比較重視的是，角色跟其他角色的互動，而不是角色跟我們的互動。」

研究者：「那當你有這種感覺的時候……你會想要觸碰到她或是希望她可以跟你互動嗎？」

SN3：「嗯……當然會希望啊……」

由上述擷取的部分，可以整理出當前二次元虛擬愛情的優點在於完美理想，因為在現階段，她是存在於精神領域的幻想，無法觸碰到的領域；而缺點則是她並非真實存在於現實生活當中，而且不具有獨特性與占有性。由於人人對於理想伴侶的定義與條件都不同，七位受訪者中又可分為認為人工伴侶可以取代真人與不可取代真人者，但是不論是何者，都對人工伴侶有程度上的幻想與渴望。

## 五、人工伴侶形式幻想

對於二次元人物的幻想和戀愛，是目前 ACG 迷最普遍的人工伴侶形式。研究者根據這些當前虛擬戀愛的缺憾之處，運用許多假設性問題，引發受訪者發想，如果克服了這些缺憾之後，理想中的人工伴侶未來會是什麼樣子。綜合受訪者的回饋，整理出四種人工伴侶的未來形式:「3D 虛擬秘書」、「機器人女友」、「虛擬實境老婆」、「高 AI 晶片靈魂附著式人工伴侶」。

### （一）形而上的人工伴侶——高智慧功能 3D 虛擬秘書

想像一個 3D 投影的理想伴侶在家中，跟真人一樣在家遊走，對談自然，性格與外表客製化。此形式的人工伴侶如同貼身秘書，了解使用者性格喜好，無條件接收指令，為使用者提供聲音與視覺的娛樂功能，同時是性技巧高超的女友、具備百科全書智慧的秘書、貼近自我心靈的精神伴侶。自動更新學習、具備同步使用者生活的功能。由於虛擬秘書擁有可能凌駕於人類之上的高度智慧，為了降低其對人類現實生活實際威脅性，令其不具備肉身實體做為一種限制其行為能力的補償。其主要優點為：「完全不占空間，隨時出現隨時消失，對物質世界毫無直接影響力，不具實體和機械威脅感，不求回報接收指令；無疑是腦補輔助器。」缺點則是：「不具備肉身實體，想要接觸只能回家配戴感應器；需要投影設備才能存在，因此只限在家中出現影像，無法在戶外使用，真實度低，社會大眾不認可。」

### （二）受制於人類的實體伴侶——機器人女友

機器人女友的概念來自於真人充氣娃娃加上有限度的人工智慧。由於受訪者在描繪實體機器人伴侶時，非常擔心機器人對人類現實生活會造成威脅性的影響，因此，機器人女友的人工智慧沒有3D虛擬祕書來得高且靈活，雖然沒有高超的人工智慧，但是機器人女友的行動靈活度跟真人沒有兩樣，想像一個可愛又性感的傻氣女友非常依賴使用者的照顧和保護，在家能幫忙打理家務，出門可以帶去和朋友們獻寶，外型可自己訂製，性格也可以依照自己的喜好調整。除了人工智慧不高以外，機器人女友的外型和真人女性基本上沒有不同，真假難辨。主要優點是：「對現實生活有實質影響、可幫忙做家事、可在戶外使用、使用者現實生活直接連結、具有真人一般的肉體觸感；出得廳堂、入得廚房、上得睡床；可作為替代性勞力。」缺點為：「低人工智慧、維修不方便、占空間、故障可能導致使用者生命危險。」

### （三）金屋藏嬌式伴侶——虛擬實境老婆

虛擬實境老婆的概念來自輕小說《刀劍神域》（Sword Art Online）（以下簡稱SAO）。文本中說明主角進入虛擬實境遊戲中體驗，途中發生遊戲尚未結束系統無法登出，跳脫不了虛擬實境回到現實世界的曲折過程。在虛擬實境當中，你可以體驗屬於自己的第二次人生，就像金屋藏嬌一樣，把它藏在屬於你的私人世界裡。虛擬實境老婆的優點是：「隱私性高、感受真實、不影響現實生活；實際運用廣，一旦技術成熟，不僅適用於人工伴侶技術，進入人腦意識的技術，將可以運用在社會上許多其他產業上，包括給重病垂死者更人道的『未來安寧病房』、『意識監獄』，虛擬實境『遊樂園』等等…。」缺點則是：「對現實世界無直接干預、無法帶入現實生活、沒有實體肉身；對腦部可能有無可挽回的影響、過度沉溺的危機、虛實無法分辨的困境。」

### （四）結合虛與實的人類新寵——高 AI 晶片靈魂附著式人工伴侶

綜合 3D 虛擬秘書、實體機器人女友、虛擬實境老婆的進階版人工伴侶，高 AI 晶片靈魂附著式人工伴侶的模式是利用一小塊晶片記憶卡，將人工伴侶的人工智慧、與你相處的記憶、個性與外型儲存在晶片當中。在虛擬實境裡是它是虛擬影像，將晶片透過 3D 投影器就變 3D 伴侶的影像，讓它與你在現實空間中相處互動，更進一步，想要帶你的人工伴侶出門與世界互動時，訂做一個專屬於你的機器人軀殼，將晶片放入機器人體內，啟動你的伴侶晶片，人工伴侶就像活生生的真人一樣陪在你身邊。換句話說，此晶片形式的人工伴侶，概念上如同靈魂一樣，可以依照使用者的各種情境需求，附著在不同的載體上。其優點為：「同時具備各種形式，一次滿足所有情境需求，同時滿足靈魂與肉體。」缺點是：「一個可轉換各種存在形式的高人工智慧產物，一旦系統故障，可能可以透過各種方式控制並破壞人類或使用者的精神與物質生活，未來威脅感強大。」

## 六、人工伴侶情節描繪

在四種人工伴侶的形式當中，3D 虛擬秘書和機器人女友的相關討論已經是科幻電影常出現的題材，3D 投影和機器人議題也是比較常聽見的討論議題。受訪者在訪談時也表示，對於進入虛擬實境的期待度非常高，指日可待。因此，研究者根據受訪者的回饋內容，訂立出人工伴侶議題所牽扯到的可能層面，包含：1. 社群關係、

2. 社會觀感、3. 技術、4. 價格、5. 環境、6. 政府態度、7. 婚姻制度。並整理出未來學中常用的情節勾勒方法—「未來表」[1]（Futures Table）如表 1。勾勒出三個不同情節：最佳情節（utopia）、最糟情節（dystopia）、維持現狀發展情節（BAU）。

表 1 2045 年臺灣虛擬實境老婆的未來表情節路線

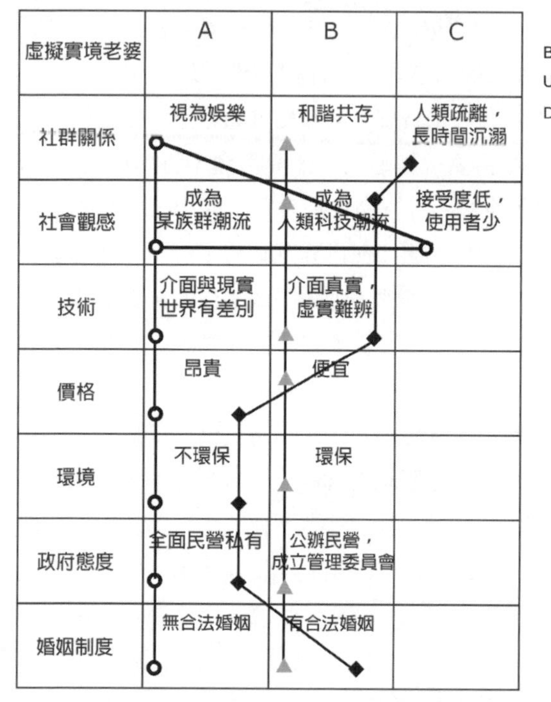


| 虛擬實境老婆 | A | B | C |
|---|---|---|---|
| 社群關係 | 視為娛樂 | 和諧共存 | 人類疏離，長時間沉溺 |
| 社會觀感 | 成為某族群潮流 | 成為人類科技潮流 | 接受度低，使用者少 |
| 技術 | 介面與現實世界有差別 | 介面真實，虛實難辨 | |
| 價格 | 昂貴 | 便宜 | |
| 環境 | 不環保 | 環保 | |
| 政府態度 | 全面民營私有 | 公辦民營，成立管理委員會 | |
| 婚姻制度 | 無合法婚姻 | 有合法婚姻 | |

表格來源：作者整理

1　未來表為未來學中常用之勾勒情節方法之一，其優點在於更全面的從該議題所牽扯到的各個層面描繪出未來情節。讓描繪出的情節故事更合乎邏輯結構和劇情。參考自：Aalto, H-K. 2014. Futures1:Morphological scenario building. Finland Futures Academy。

## （一）維持現狀發展

【情節背景】

2045 年，臺灣人對於和虛擬實境有關的內容仍然停留於娛樂層次。由於虛擬實境需要透過影響腦波進入，對一般大眾而言仍然接受度低，但同時也因為感受真實，成為電玩族群的新寵。在遊戲介面上，虛擬實境跟過去的電玩遊戲光碟一樣，畫面隨著遊戲主題的不同，與現實世界有差別。但因虛擬實境遊戲開發經費高昂，而且運作虛擬實境機台的耗電量大，想體驗的人不但要負擔昂貴的虛擬實境機台費用，還要負擔額外的電費及環保稅，通常只有經濟負擔得起的有錢人才有能力向虛擬實境遊戲公司購買機台和體驗這種遊戲。那時的人類無法和虛擬實境遊戲中的任何角色有合法婚姻，因為虛擬實境中的人物只是影像，想和虛擬實境中的人物結婚是不被法律和大眾所承認的。

【情節故事：小毛的虛擬戀情】

今年剛滿 17 歲的小毛，是一個相貌平凡、在校成績不好、現實生活當中並無特別成就的少年。小毛下課後的最大娛樂，就是去學校附近的虛擬實境電玩間逗留。當時許多學生家長因擔心自己孩子影響腦部發展而禁止孩子進出這種電玩間。但小毛覺得變化多端的遊戲介面，比現實生活過癮得多。此外，在虛擬實境裡的自己充滿自信，能夠完成所有現實生活中無法做到的事情。

今天是小毛的 17 歲生日，電玩間的老闆看小毛總是一個人來店裡玩遊戲，想給小毛一點生日禮物，於是讓小毛進入那個在遊戲間後方未滿 18 歲禁止進入的隔間。這個房間是虛擬實境戀愛區，表面看起來沒甚麼，但是一進入遊戲介面之後，小毛被前所未有的感官刺激給充斥，他看見與現實生活很不同的女性，異常性感撩人，選好和自己戀愛的對象之後，可以選擇慢慢約會、或是直接發生性行為。在短短一個小時的遊戲時間裡，小毛覺得遊戲中的女孩比任何人都可愛，在遊戲裡他們約會，牽手、微微的肢體碰觸，讓小毛體會到所謂戀愛的酸甜感受。在遊戲裡的小毛一點也不會沒自信，無論做了多蠢的事情，女孩都會包容且覺得自己很有趣，這是他在現實生活中完全無法體會的美好感受。

遊戲時間結束，回到現實後的小毛，像變了一個人一樣，用穩重的口吻告訴店老闆，無論如何請他一定要保留著這款遊戲，一年之後，他會來買走它。回家的路上，小毛回想在遊戲中跟少女承諾的一切，這一年他必須努力表現，得到父母的認同，一年之後，他要把存下的錢一半留下來買遊戲，一半留下來跟少女約會，他已下定決心，長大後他會努力賺錢，等到他存夠錢買自己的虛擬實境遊戲機時，他要告訴父母也告訴大家，在遊戲機裡的女孩就是他的終生伴侶。

**【最佳情節——情節背景】**

在虛擬實境發展臻至完美的 2045 年，臺灣社會的許多建設都與虛擬實境緊密結合，新的替代能源讓虛擬實境運作時不耗費地球資源，因此國家的虛擬實境管理委員會撥出許多款項，讓某些能夠與虛擬實境結合的產業能夠提供客戶購買或製作前事先體驗的虛擬實境服務，例如室內設計、旅遊、駕訓班等。這樣的交易方式，免去了很多徒勞無功的浪費。由於臺灣人的生活已經和虛擬實境結合，除了結合產業的虛擬實境，也有許多政府負責管理的長遠運作虛擬實境界面，例如虛擬實境老人照護中心、虛擬實境監獄、虛擬實境紅燈區、虛擬實境婚姻中心。這些界面提供需要的人長期生活於虛擬實境當中，或是與虛擬人物建立長遠且合法的關係，長期使用這種虛擬實境界面的人，需要向政府提出申請並由國家管理，這種長期虛擬實境界面只有國家能營運、維護並擁有。

**【情節故事：阿清的雲端人生】**

今年 30 歲的阿清從虛擬實境監獄出來後，由於罪行重大，他被判終生無法從事與虛擬實境產業相關的工作，其實就算沒有這條終生罪刑，阿清也一樣沒有相關的產業敢聘用他，因為根據他的紀錄，阿清是虛擬實境駭客重犯，在這個虛擬實境與產業緊密結合的年頭，公司多半將產業機密藏在虛擬實境碼裡面，如果公司內有虛擬實境駭客，代表公司在虛擬實境平台中的資料隨時可能被竊取並胡亂修改介面。再多的虛擬實境保險金也無法彌補被駭客竄改介面碼後的結果。

阿清是爺爺養大的孩子，聰明的他從小就展現了在撰寫程式碼上的天賦，18 歲時，阿清發生了生命中影響他至深的兩件事情，一是青梅竹馬的女朋友小英意外身亡，二是爺爺證實罹患癌症。於是阿清寫了兩套虛擬實境介面，一套是他幻想中和小英的未來婚姻生活，在裡面他可以再次見到小英，一起共組家庭，一起體會人生的喜怒哀樂；另一套，是阿清依照爺爺的夢想田地，把遊戲介面設計得跟伊甸園一樣美妙，阿清想讓爺爺在有生之年能換一種方式實現夢想。沒想到自己的遊戲剛設計好，就被學校教虛擬介面設計的老師拿去用自己的名字參賽，這位老師後來得了獎，進入政府的虛擬實境管理部工作。

年輕的阿清在發生一連串的悲劇之後，從此不再相信世界的美好，為了報復這位老師當年的惡行，阿清更努力的學習虛擬實境程式，25 歲那年，阿清成功駭入政府管理的長遠運作虛擬介面，想要搗亂那位老師的工作，但是在阿清尚未動手竄改政府的虛擬實境介面時，就看見政府所設計的虛擬實境婚姻中心，裡面就是阿清當年設計的和小英的未來生活，在婚姻中心裡，許多在現實生活中無法體驗婚姻生活與天倫之樂的人，能夠在政府管理的介面裡得到足夠的愛與溫暖，就像當年阿清用心為小英建造的世界一樣；在政府的虛擬安寧病房裡，阿清看見爺爺的伊甸園，沒想到，這些申請虛擬安寧病房的垂死病患，都能在爺爺的夢想園地裡安詳地死去，在面對死亡時，他們能帶著生命的完整與感動離開世界，就像阿清當年為爺爺打造的晚年夢境。就在阿清備受感動的此時，就被虛擬實境管理員發現了，擅自闖入政府機構，判意識監禁五年，出獄後終身不得從事虛擬實境工作。

阿清在入獄前，告訴垂死的爺爺，他因為去替爺爺看了一眼天堂的樣子，忘了先申請所以要被處罰，但是他很滿意天堂的樣子，很放心爺爺在那裡生活。入獄前他給爺爺的最後禮物，就是替爺爺申請進入虛擬安寧病房。

重獲意識自由的阿清，已經不再想著要報復那位老師，回到老家繼承爺爺的農地，嘗試度過爺爺時代曾流行的慢活農耕生活。那位老師在阿清入獄期間，得知阿清的事情之後，心中感到非常愧疚，為了彌補自己的過錯，老師自願付清阿清爺爺安寧病房的所有費用，並在阿清出獄之後，特別聘用阿清為政府撰寫虛擬實境的保護機制。年輕的他，現在除了政府的工作以外，平時會整地耕田，照著爺爺生前的生活步調過生活，日落後，他會到虛擬婚姻中心報到，他知道，小英會在那裡等他。

**【最糟情節——情節背景】**

2045 年，臺灣人為了運作大量的虛擬實境機台，將原本蒼綠的寶島資源消耗殆盡且不再適合人類居住，處處都是汙染。在當時，只有少數的有錢人能夠長時間在虛擬實境中享受，待在虛擬實境當中成為一種奢侈的生活方式，也成為人人追求的目標。為了支撐虛擬實境機台的運作，研發且擁有虛擬實境技術的大財團壟斷了這個市場，大量消耗資源與聘用廉價勞力，導致貧富差距越來越大，環境也持續惡化，以至於大家生活與辛苦賺錢的最大目的，就是能夠換來生活在虛擬實境裡更長久的時間。相對於現實生活的烏煙瘴氣與惡劣的工作環境，已經沒有多少人願意在現實生活與人類一同養兒育女，因為那樣只會延續兒女生活在人世間的痛苦，只有在虛擬實境當中，才能體會所謂高尚的娛樂、享受身為人類的幸福生活，人們轉而選擇與虛擬實境中的人物結婚，也盡可能用勞力與金錢換取在虛擬實境中體驗虛擬婚姻與養育子女的感受。

【情節故事：雲頂上的天堂】

阿望與小希是 2045 年臺灣環保局的公務人員，已經 65 歲的兩人，跟同齡的其他退休同事一樣，存了一輩子的錢，就是期待退休之後可以長時間在雲頂公司的虛擬實境世界裡度過清幽的晚年。今天是阿望跟小希的退休日，在他們將這輩子存的退休金匯給雲頂公司之後，其他同事們紛紛祝賀，恭喜兩人終於可以和兒子與虛擬媳婦團圓，到虛擬實境裡享受退休生活，不用再留在環境惡劣充滿污染的現實中工作。阿望跟小希感嘆當年進入環保局時，自己的同事都是成績優異的臺灣人，不像現在，環保局的工作只剩下便宜的外籍勞工，這一切都要追溯回約莫 20 年前雲頂企業的虛擬實境老婆遊戲…。

阿望跟小希當年一起考入環保局時，兩人才 28 歲，在當時，臺灣年輕男女多半沒有錢生育，工作壓力大，女孩子找不到值得託付的對象，男孩子想娶沒錢娶，更有很多男生自小就沉迷電玩，在年輕女孩眼中，這些男生簡直不食人間煙火。公務員是大家夢寐以求的工作，保障足夠薪水又優渥，兩人也因此有積蓄結婚，並生下一個兒子小勇。直到政府和雲頂公司合作之後，一切才變了樣。

2020 年，雲頂公司推出主打顧客群在年輕男性的虛擬實境老婆，並與臺灣政府相互合作，一起行銷虛擬實境之後，雲頂公司獲得更多資源，從此，毫無壓力，也沒有社會價值束縛的虛擬實境，成為比現實世界還美妙的場域。這款遊戲的厲害之處，在於虛擬實境老婆的人工智慧與魅惑力，成功抓取玩家的心思，使用過的玩家無一不上癮。逐漸的，因為花錢享受虛擬實境老婆的人已經到一定數量，政府在民意要求下修法，將虛擬實境老婆與人類的婚姻合法化，一夕之間，雲頂公司透過虛擬實境老婆的產品合法繼承人類遺產，也收取了許多人類老公投資的錢，一躍從製作虛擬實境老婆，延伸到虛擬實境人生，本來的顧客群，也從年輕男性擴大為所有人民，群眾一掃對於雲頂公司只是遊戲公司的形象，紛紛認為雲頂公司的產品就是人類未來。

由於雲頂公司的產品運作時會造成大量汙染，環保局員工的工作量倍增，但是汙染的速度遠遠不及環境修復的速度。因雲頂企業的擴大又急又快，臺灣人投資和生活在虛擬實境中的時間越來越長，像是摒棄了現實一樣，政府要插手早已太遲，整個社會環境因為運作昂貴又負擔重的虛擬實境而搞得烏煙瘴氣。而在環保局中工作的阿望和小希清楚知道，這種環境惡化程度，短時間內是無法回頭了。有了這個覺悟後的夫妻倆，決定將年僅 10 歲的小勇送進虛擬實境受教育，在雲頂規劃下的虛擬私人小學接受新世紀的教育，提早適應虛擬實境中的生活，並直接在虛擬實境裡成家，過完一生。

由於環境污染實在太嚴重，政府只好聘用外籍勞工做過去臺灣人在現實中做的工作，如今，政府部門已經有一半以上的員工是外勞。在現實生活中工作的人，也多半都是沒有錢進入虛擬實境的貧戶。在回想完這一生，阿望與小希到雲頂企業報到，領取了預先約定好的虛擬實境人生房位，辦好資產轉移到小勇名下，死後遺體與財產交給雲頂企業處理的同意手續，在服務人員的協助下，插上維持營養的生命維持器，戴上虛擬實境頭盔，長久進入雲頂為他們設計的虛擬退休人生中。

## 七、從單方到雙方、從當下渴望到未來故事

綜合本文，首先了解社會趨勢，浮現中的現象，再針對目標族群探討選擇人工伴侶的原因。一步一步，在探討原因後，引導受訪者描繪可能的人工伴侶選項，以及從受訪者對未來的恐懼與渴望

中，描繪未來情節。

在選擇人工伴侶的理由中，包含「真實女性太麻煩」、「二次元萌不起來」、「腦補的美好與缺憾」。對沉迷 ACG 的族群來說，真人女性太難掌控，許多受訪者表示，跟女生相處實在很麻煩，虛擬人物的世界相對而言是一種舒適圈，他可以在其中容易的把握、恣意的幻想，在遊戲的世界裡，除了聲光效果給人更多競爭感和誘發性的娛樂感，在受訪者面對虛擬人物、遊戲和動漫時，似乎這些娛樂帶給受訪者更多的包容，做錯了可以重新來過、有彌補的餘地。在幻想園地當中，這是他可以逃避現實的地方。久而久之，當他發現，科技、虛擬世界、人工產物，越來越可以滿足自我甚至優於現實時，索性選擇投身人工伴侶。

在虛擬實境老婆的三種情節當中，分別從青少年的個人角度（小毛）、壯年人對於實現自己與家人理想的角度（阿清）、退休父母幫助後代與自己度過往後人生的角度（雲頂）撰寫虛擬實境老婆存在的時空背景和文化。

綜合以上，從一開始，只是一團對美好事物的幻想、慾念，到思考這種慾念延伸出去的未來理想伴侶，受訪者隨著研究者訪談的引導，開始從單方面對虛擬人物的幻想，到思考未來伴侶這個牽扯到另一人的雙方議題。從個人的幻想，到個人與他者共同的未來，從自己可以把握的想法，到遙遠未知不確定該如何掌握的未來。最後，透過未來推想和情節描繪，看見從受訪者的一念，最後產生了影響整個社會、國家、甚至是人類命運的未來。

### （一）為何談論人工伴侶

總體而言，本研究從人工伴侶議題，探索推動此議題前進的目標族群—— ACG 迷。從 ACG 迷長時間沉迷虛擬世界的現象中，討論當代男孩所身處的時代背景、面臨的困境與現象；藉由 ACG 迷對於人工伴侶未來的描述與幻想，看見新型態的兩性關係和伴侶形式，以及藏在其背後的價值觀，最重要的，是看見「人類」、「科技」與「思考未來」之間的關係。

若將人工伴侶拆為「人工」與「伴侶」來談，可以發現，「人工」一詞，因非真實，反而讓受訪者更直接且大膽的表達自己對伴侶的幻想。而從「伴侶」一詞談人工科技，則讓受訪者在利用科技實現幻想時，透露出人類看待科技的方式，以及人類對科技的期待與恐懼。從 ACG 迷對女性的幻想中，一方面看見當代女性在男性眼中所扮演的角色；另一方面，我們也看見這些觀念與渴望所夾帶的未來危機；更值得思考的，是人性面對思考未來與科技時，主動與被動的巨大差別。

【情節故事的啟示】

從三個虛擬實境老婆的情節故事，小毛扮演的是從個人的角度，透過科技滿足自己的慾望；阿清是想透過科技，滿足自己未了慾望的同時，也用科技的方式滿足家人；阿望跟小希兩夫妻，則是被迫的進入這種被科技完全取代的人生。對小毛而言，他是主動進入，在主動追求進入虛擬實境背後的動力，則是現實無法滿足自我的遺憾，然而主動訴求於科技這個舉動，具備了數位原生代對新科技的渴望和積極性；對阿清而言，他是有選擇的進入，在現實無法實現的限制下，利用科技替自己也替爺爺實現夢想，保留了現實生活的人生和虛擬人生，代表的是科技和現實平衡的未來；而阿望夫婦，則是隨著時代的遷移，被迫將孩子送進虛擬實境，也因為社會價值的變化，將自己的退休生活託付在虛擬世界裡，他們代表的是被動的數位移民，在這個情節裡，有主動進入的人，有被迫進入的人，但無論如何，留在現實都已不再是最好的選擇。

如果虛擬實境代表的是一種對現實不滿的逃離，並且朝向所謂更好的未來，我們可能要好好定義，何謂更美好的未來？

在人類發明科技的背後，是一股利用科技來滿足單憑自己和自然力量無法達成的慾望。當科技真的能夠實現自己的幻想時，我們便越發將自己無法達成的事情訴諸於科技。逐漸的，我們將科技視為一種達到理想生活的寄託，引頸仰盼科技能一步步解決人類的困難，帶領我們走向更有品質的未來。最後，我們養成了科技就是未來的思考邏輯。對科技，我們令其滲透自己的生活，又不想被取代；對未來，我們總是想知道，卻又抗拒去思考。

## （二）人心對思考未來的欲拒還迎

人心的恐懼是拖垮科技進步與思考未來的一大重力，但是，觀察人類從農業社會走到工業社會，每往前走，速度變化就越快，如今我們已經在資訊時代下生活，且從數位移民，到自稱為是數位原生代。在此演化的過程中，值得反省的是，我們到底是數位時代中的「原生世代」，還是數位時代中的「被殖民者」？

我們認為科技給我們的是更便利舒適的生活、認為在科技變化過程中自己是主動創造時，我們可以是數位原生代。當我們感覺自己在科技變化的潮流中，是為了和自己所創造的東西賽跑，以至於被迫適應更快、更巨量、更忙碌的生活方式時，我們則成了數位時代的被殖民者。換句話說，當我們認為可以掌握科技的速度與改變科技的發展方向時，我們是數位時代的創造者，但當我們發現自己掌握不了科技演化的速度且被迫適應這種速度時，則成為當中的囚徒。

研究者認為，讓我們成為數位時代中被殖民者的根本原因，就是過於被動的面對長遠的未來。而未來情節故事的主要目的之一，就是提醒我們從看似遙遠的未來故事中反省當下。我們必須回過來思考，到底是什麼時代背景，什麼社會環境，讓這些情節得以實現。若檢視情節故事背後的推力，絕對不僅僅在於 ACG 迷本身，促使未來發生的，還有家長、女性、國家政府與科技研發者。可能是過度滿足子女的母親、可能是科技研發者在滿足市場和獲利的同時缺乏長遠的顧慮、也可能是國家的疏忽管理，是社會價值無法符合時代所造成的矛盾壓力。

追尋人工伴侶的ACG迷，就是在時代變遷的過程中，夾在新舊價值交替矛盾時期的產物。在自己無法符合社會期待，真實女性也無法符合自己的期待時，ACG迷轉而用科技的方式滿足自己。人工伴侶的未來，看似取決於ACG迷的慾念延伸，其實，成就這個未來情節的，從來不只是單一族群本身，從這個觀點來看，人人都成了人工伴侶未來的現在推力。換句話說，未來是環環相扣的。

在群眾對思考未來欲拒還迎，覺得反正跟自己沒什麼關係的想法中，讓我們一不小心就成為時代中的被殖民者。透過人工伴侶未來情節的描繪，我們可以再次思考，當我們都認為，新的科技正在引領我們創造未來時，是否可以用一個更新的觀念面對科技；當我們對未來冷漠以對，覺得一切還很遠，根本無從掌握以至於抗拒去思考時，我們可以反觀人工伴侶劇情中，主動進入與被動殖民的巨大差別，用更小心且積極的態度思考未來。

## 參考文獻

### 中文

Chien，2012，〈未來的面貌〉，《Wired》創刊號：14。
Sax, L. 著，洪蘭譯，2008，《浮萍男孩》。臺北：遠流。
東浩紀 著，褚炫初譯，2012，《動物化的後現代—御宅族如何影響日本社會》。臺北：大鴻藝術。
陳仲偉，2004，《日本動漫的全球化與迷的文化》。臺北：唐山。
陳瑋婷、蕭金土，2012，〈學生性別與網路成癮關聯性之後設分析：多向度觀點〉。《南台學報》37(2)：106-109。

## 外文

Aalto, H-K. 2014. "Futures1: Morphological scenario building." *Finland Futures Academy.*

Levy, D. 2008. *Love + sex with robots.* London, England: Harper Perennial Press.

Niccol, A. 2002. Simone. [DVD]. USA: New Line Cinem.

## 網路

Avex，2012 年 3 月 16 日，〈人氣虛擬偶像「初音未來」耀國際 Google 廣告曲跨 217 國〉，雅虎奇摩新聞，取自 https://tw.news.yahoo.com/%E4%BA%BA%E6%B0%A3%E8%99%9B%E6%93%AC%E5%81%B6%E5%83%8F-%E5%88%9D%E9%9F%B3%E6%9C%AA%E4%BE%86-%E8%80%80%E5%9C%8B%E9%9A%9B-google%E5%BB%A3%E5%91%8A%E6%9B%B2%E8%B7%A8217%E5%9C%8B-075742882.html。

〈臺灣變遷全紀錄／歷年人口統計：結婚率與離婚率（原始數據）〉。2013，中央研究院社會學研究所。取自 http://www.ios.sinica.edu.tw。

〈虛擬愛情真實延伸 動漫迷娶電玩女主角〉，2009 年 11 月 24 日，《自由時報電子報》。取自 http://www.libertytimes.com.tw/。

翼獅，2000 年 9 月 12 日，〈Re:[ 討論 ] 這期 10 月號 NEWTYPE 的背面（線上論壇）〉，取自 http://webbbs.gamer.com.tw/gemread.php?brd=GameAC&f=F107QQQ3&n=2。

Katayama, L. 2009/7. "Love in 2-D." New York Time Magzine, retrieved from http://www.nytimes.com。

Zimbardo, P.，2013 年 8 月 12 日，〈飛利浦．津巴多：男性之殤 2011 Mar〉，取自 http://www.ted.com/talks/zimchallenge?language=zh-tw。

# 從二次元跨越到三次元：
## 淺談日本動漫與電玩改編電影面臨的挫敗與困境

張智涵

## 一、前言

將知名動漫以及電玩改編成電影，逐漸成為一種頻繁的趨勢。不單是在好萊塢聲勢逐漸壯大的漫威英雄家族，日本近年許多經典動漫作品也加入了改編的行列，例如近期的《機動警察》和《科學小飛俠》、《神劍闖江湖》以及木村拓哉主演的《宇宙戰艦大和號》等。在更早些時期，日本幾部知名電玩也獲得好萊塢的垂青被搬上大銀幕，例如《惡靈古堡》及《生死格鬥》，以及《快打旋風》和《超級瑪莉兄弟》等等。

然而，許多動漫或是電玩的改編其結果很多讓人難以接受，原作的形象在三次元的世界產生嚴重的崩壞，例如《快打旋風》、《格鬥天王》以及《生死格鬥》等格鬥類型的電玩，改編的結果皆相當慘烈。《惡靈古堡》雖然在商業上還算有些成績，但故事的形象與原作愈來愈大相逕庭，尤其從第三集之後的大幅度原創的展開，劇情再也難以與原作有圓融的銜接性，甚至讓電玩經典角色淪為四不像的配角。

然而並非所有的日式動漫改編的作品都如此淒慘。曾經執導過《駭客任務》系列的華卓斯基姊弟（過去為兄弟）導演，將 1960 年知名的日本賽車動畫《馬赫 GOGOGO》改變成電影《駭速快手》（Speed Racer），改編的結果保留了大部分原作的精神；而近期湯姆克魯斯主演的《明日邊境》改編自日本輕小說作品 *All you needs is kill*，口碑也相當不俗，然而這些都是稀有的成功案例，大多數日本動漫以及電玩作品，在好萊塢的體系之下仍有水土不服的困境。而改編失敗的不僅止於好萊塢，甚至連日本自身也難以駕馭改編的拿捏。

筆者將要試著從美術、劇本以及電影文化差異性等方向做為切入點，探討日本的動漫以及電玩作品在好萊塢體系與日本電影改編之下遭遇的挫敗，並揀選少數成功的改編案例加以分析，從中找尋出未來改編電影可行的準則。

## 二、電玩與電影

### （一）電玩的敘事架構

電玩與電影間存在了一個明顯的差異，電玩較後者注重於互動的內容，而電影則是較為傾向為被動的媒體。早期的電玩比較缺乏劇情的概念，但隨著硬體技術的演進，電玩在影像上能表現的空間就更加豐富，甚至還能借鏡好萊塢電影的製作經驗，彼此間的影響甚至愈來愈頻繁，似乎兩者擁有了密不可分的交集。

雖然傳統劇情電影的敘事結構，在電玩的製作上產生巨大的影響，然而電影的工業模式是否能讓電玩產生絕對的優勢？而劇情電影的敘事結構，在講究高互動性的電玩媒體上是否完全合適？筆者認為進入電玩改編電影的主題之前，這是一個可以先加以釐清的議題。

曾經擔任過阿富汗戰地記者、並得過包含知名的羅馬獎等多項文學獎項的 Tom Bissell，創作了許多散文與小說作品。他曾和好萊塢電影編輯 Rob Auten 合作知名電玩系列《戰爭機器》第四部作品《審判》的編劇，並從中體悟到許多遊戲的敘事經驗。筆者將從 Tom Bissell 的各個訪談中整理出數項論點，並加以逐一探討：

1. **電玩的核心目的並不必然是說故事，但敘事類型或是說故事的電玩已經崛起。**

Tom Bissell 在與記者 Maria Bustillos 的一篇訪談中，曾提起他曾經認為電玩是最佳的說故事平台，但現在不那麼肯定了，他舉出《太空侵略者》（Space Invaders）、《小精靈》（Pac-Man）等相當早期的電玩作品為例，這些都是目標導向但故事結構模糊的電玩作品。他認為說故事並不是電玩的主要目的，但敘事類型或說故事的電玩已經崛起，而且可能逐漸獲得有別於傳統遊戲的地位。

筆者認為，故事性或是敘事的電玩迅速崛起，與電玩硬體技術的突破有關。早期的電玩由於硬體技術限制的關係，大部分的作品為線性故事居多，例如相當知名的《超級瑪利歐兄弟》（Super Mario Bros）就是十分典型的線性敘事。基本上早期電玩作品的故事性相當薄弱，但就如 Tom Bissell 所言，總會有明確的目標在引導玩家，就像是玩家無法獲知瑪利歐兄弟的個性以及身世背景，但可以明確的知道打敗魔王庫巴以拯救公主是必須完成的條件。但隨著 Play Station、Sega Saturn、Nitendo 64 等次世代的主機問世，遊戲世界可能性大幅度的躍升，由於過去影像的瓶頸受到突破，電玩可以用更多的過場動畫來鋪陳角色與劇情的厚度，甚至還能用電影的鏡頭語言來改變遊戲的方式。

1996 年首當深受次世代主機性能影響的電玩作品，就是 CAPCOM 公司的《惡靈古堡》（Biohazard，在美國名為 Resident Evil），監製為三上真司。《惡靈古堡》緣起於當時三上真司在負責新進人員訓練的空餘，想要開發一款恐怖冒險遊戲，創作方向為「盡量避免在畫面上有計量顯示表，希望能有電影般的恐怖感」，除此之外遊戲也刻意仿效電影切換鏡頭的方式，玩家因此一時難以察覺場景中所有的角落，營造出無法預知怪物從何襲來的驚悚感。另外三上真司也曾表示過，《惡靈古堡》的靈感來自於美國殭屍電影鼻祖喬治羅密歐（George Romero）1978 年的作品《Dawn Of The Dead》。其實從遊戲的美術風格看來，依稀可以窺知三上真司對於歐美恐怖電影情有獨鍾，《惡靈古堡》第一部作品以歐式洋房為背景，《惡靈古堡 4》裡可以看到山姆雷米（Samuel Raimi）導演的《屍變》（Evil Dead）、《鬼玩人》（Evil Dead2）與《魔誡英豪》（Army of Darkness）等經典恐怖作品的風格，在最近離開 CAPCOM 之後製作的《邪靈入侵》（The Evil Within），更是將歐美血腥恐怖電影的氛圍發揮到極致。

另一個受次世代主機影響最深的，就是史克威爾（Square）公司旗下的知名角色扮演遊戲《Final Fantasy》系列，當時第七部作品《Final Fantasy VII》原本要在任天堂的 Nintendo64 主機上推出，但因為儲存媒介不敷 3D 圖形影像的巨大容量要求，於是史克威爾決定獨占發行於 CD-ROM 介質的 SONY Play Station 主機上。《Final Fantasy VII》受惠於劃時代的影像革新，無論是角色的刻劃還是劇本的描述，皆讓玩家震撼不已，至 2015 年為止累積銷售了一千萬套，是系列作中銷量最高的作品。《Final Fantasy VII》除了嶄新的 3D 技術之外，另外一項特色就是華麗的過場動畫，讓電玩具備電影般的史詩感，於是後續的《Final Fantasy》系列作品便時常穿插大量的劇情動畫，也成為系列作最大的賣點之一。因為動畫技術帶來遊戲巨大的成功，也讓史克威爾萌生了製作同名電影作品的想法，於 1997 年成立了史克威爾影業（Square Pictures）。

日本知名電玩製作人小島秀夫，在業界中因為酷愛電影而頗負盛名，他最知名的作品就是《Metal Gear Solid》（中譯：潛龍諜影）系列，其中兩部作品《Metal Gear Solid》與《Metal Gear Solid 2：SONS OF LIBERTY》入選為美國尼爾森美術館「電玩遊戲藝術展」（The Art of Video Games）最佳電玩藝術作品，因為獲獎的關係，小島秀夫也親臨美國發表演說，論述他創作《Metal Gear Solid》系列的心路歷程。在演講上他表示自己相當喜歡電影，這一生的志業最初其實是想當一名電影導演，然而要成為電影導演並不容易，他曾經考慮藉由創作小說的方式當作踏入電影業的敲門磚，正當他苦惱於如何成為電影導演之際，任天堂的 Family Computer 遊戲主機正好發售，他便沉迷了電玩許久，接下來他思索若無法從事電影相關工作，能否在電玩這個將要興起的媒體上找到成功之路？於是他便投身於電玩的事業之中。《Metal Gear Solid》裡充滿許多經典電影的要素與題材，小島秀夫表示這是他個人「電影電玩化」的成果，也算是實現了他懸念已久的導演夢。

《Metal Gear Solid》誕生的關鍵來自於 1963 年拍攝的電影《第三集中營》（The Great Escape），劇情描述主角帶領 250 名士兵逃離德軍集中營，電影中主角逃離德軍追捕的緊張感讓小島秀夫留下深刻的印象，同時心中浮現能否在遊戲中重現同樣場景的想法，他認為電影僅能預設好一種結局，但電玩可以讓玩家自己發掘不同逃亡路線的可能性，這是單向傳播的電影無法具備的要素，小島秀夫在遊戲中嘗試還原電影中緊張的氛圍，於是最終完成了《Metal Gear Solid》。另外小島秀夫先前與日本影音出租連鎖店 TSUTAYA 合作，列出了 15 部影響《Metal Gear Solid》的經典電影，小島也在每一部電影留下短評，告訴眾人這些電影是如何點燃《Metal Gear Solid》誕生的靈感火光，由此可知電影確實是小島秀夫重要的養分來源。

在後續電玩主機硬體技術不斷的突破之下，經典的故事類型遊戲不斷地推陳出新，無論是日本或是西方，說故事類型的電玩形成了巨大的市場，電影與電玩之間交流影響的例子也屢見不鮮，然而電玩是否像電影具備了一定的編劇準則或公式？而劇情在電玩中又有什麼樣的幫助呢？

### 2. 電玩沒有專屬的故事說法，劇情的存在是為了讓玩家忘卻自己正在做重複性的動作。

Tom Bissell 指出大部分的電玩是在不同的地點重複做相似的事情，地點與地點之間的串聯就由劇情所推進，而劇情的推進可以讓玩家忘卻正在做重複性的動作。以知名電玩系列《決勝時刻：現代戰爭》（Call Of Duty：Modern Warfare）為例，遊戲中玩家會因為不同的主角以及任務的關係，在美國本土、南美洲、中東以及非洲和歐洲四處奔波，但玩家於電腦螢幕前從事的動作，就只有W、A、S、D的移動以及按下滑鼠左鍵殺死敵人，但劇情的推進以及新類型的敵人不斷出現，這種新鮮感就會讓玩家忘卻重複性動作的呆板。角色扮演類型（Role-Playing Game）的遊戲操縱手法也相當簡易，但那些蘊含動人劇情的華麗動畫，總是會成玩家繼續破關的動力。

然而Tom Bissell認為世界上真的沒有存在電玩專屬的編劇法則，不同類型的電玩有各自適合的敘事手法。例如太過於複雜的故事對於動作類型的電玩沒有優勢，因為玩家要在短時間處理非常多的資訊，太複雜的敘事會超出人腦的負荷，所以動作類型的電玩故事必須簡易扼要，然而Tom Bissell所說的故事簡單並不意謂著簡陋而毫無深度，動作類型的遊戲最重要功夫就是「化繁為簡」：在最短的時間內刻劃出鮮明的角色性格與背景，反過來說如果劇情太簡陋，中間幾乎沒有過場的劇情鋪陳，玩家就會在接連不斷的戰鬥中感到疲乏；另外像《Final Fantasy》系列的角色扮演類型電玩，則是因為巨大的世界觀以及富含深度的故事名聞遐邇，由於遊戲著重於自由探索的過程，劇情的編撰可以更加細緻而恢弘，所以電玩沒有可以放諸四海皆準的敘事準則，作者意圖傳達給玩家的感覺與想法會決定故事的說法。

放眼望去，現在很多大製作類型的電玩劇情多少都帶有好萊塢的敘事風格，然而這是否代表電影的表現語言能在電玩界暢行無阻？Tom Bissell對於當前電玩界普遍引入好萊塢的製作手法，也發表了一些論點。

**3. 好萊塢的製作手法未必都能適用於所有的遊戲，兩個媒體形式所需要消耗的時間並不一樣。**

Tom Bissell 在一場與記者 Bustillos 的訪談中，談論到現在很多電玩製作廣泛的借鏡好萊塢工業的經驗，例如電影編劇中角色的成長描寫方式，但他認為這未必絕對占有優勢。電影的編劇可以預設觀眾從頭徹尾都坐在位子上，一氣呵成的欣賞完長達兩小時的電影，但一款遊戲有時動輒九個甚至是十幾個小時以上，玩家不太可能坐在電視機前面一口氣玩完整款遊戲，大多會斷斷續續的完成遊戲的流程，所以電玩製作小組無法預期玩家會如何花費時間去認識電玩作品，玩家與電玩之間的黏著度就會是一個重要的課題。究竟是什麼樣的遊戲會讓人廢寢忘食，可能就要決定於遊戲是否有讓玩家充裕掌握自主權的空間。

電玩作品《極地戰嚎 4》（Far Cry 4）的創意製作人 Alex Hutchinson，曾經表示過去傳統線性故事的電玩將會面臨巨大的困境，因為像 YouTube 或是 Twitch 這樣的影音分享網站的崛起，很多玩家會在網路上實況電玩，這時候觀眾們就會發現線性故事遊戲的內容重複度相當高。他更進一步的說，開放世界類型的電玩會愈來愈興盛，因為高自由度的遊戲方式可以衍生很多不同的玩法，不同的玩家還能一起合作解決遊戲中不同的任務，而且每位玩家所做的事情都會不一樣，所以彼此能產生很多話題。《極地戰嚎 4》雖然也有完整的故事，但玩家可以用自己喜歡的方式去探索故事中「Kyrat」這個虛構的國度，沒有明顯的線性架構。Alex Hutchinson 認為現在的玩家們渴望自由度更高的遊戲。

若相互比對 Tom Bissell 與 Alex Hutchinson 兩個人的說法，遊戲能否吸引玩家黏在螢光幕前長達數小時，劇情不會是主要的原因，更重要的是玩家能否擁有足夠的控制權，以及內容重複性的多寡。儘管電影的敘事技巧影響了電玩內容的呈現方式，兩者間還是存在了決定性的差異，如果電玩的故事內容過於引用好萊塢三幕劇的編劇方式，遊戲的線性架構會很明顯，玩家就會感覺到被某種機制強烈的牽引，束縛於已經安排好的事件流程。開放世界類型的電玩，魅力在於能讓玩家置身於一個龐大的虛擬空間可以四處探索，雖然遊戲還是有一個主要劇情，但還存在了很多可以選擇的任務，而且沒有前後順序的規定，在遊玩這些任務時還能徜徉於巨大世界中的每個角落，遊戲不會催促你盡快完成主要的劇情，而且就算主要劇情完成了遊戲也不會結束，繼續讓玩家探索其他的區域，徹底滿足玩家為所欲為的慾望。

電玩終究是一個注重於「體驗」的媒體，電玩與電影之間的差異點還是必須被釐清。如果說不能太過於引用好萊塢工業的經驗，那麼編劇在遊戲中該怎麼發揮自己的專才呢？ Tom Bissell 作出了一個精準的看法。

**4. 好的編劇，就是能靈巧的隱藏製作人想要指引玩家的企圖，讓玩家不會感覺到被某種規則強硬的牽著走，玩家們進而可以創造專屬於自己的故事經驗。**

Tom Bissell 認為，儘管玩家已經身處於被安排預設好的劇情中，但好的編劇可以悄然的抹除線性架構的痕跡，將在遊戲中的主控權完全交還到玩家的手中，編劇只需要創造一個有豐富故事性的虛擬世界，然後讓玩家自主去挖掘埋藏於這個世界之中的各種故事，就能讓玩家產生強烈的互動感。若覺得 Tom Bissell 的說法仍有些抽象，筆者舉出自身在日本吉卜力美術館參觀的經驗，一般的美術館或博物館總有明確的路標指引遊客參觀的方向，但吉卜力美術館沒有設置任何路標，任由遊客自己去挖掘美術館內不同的展覽室，讓遊客充分體驗探索驚喜的樂趣，但吉卜力美術館還是具備了傳統展覽館的出入口，就好比遊戲中的線性架構被淡化，玩家可以自由的在巨大的虛擬世界中暢行無礙，創造出獨特的遊戲經驗，但遊戲的劇情還是具備了傳統的開端與結尾。

Tom Bissell 認為編劇者只要創造一個深具魅力的世界觀氛圍，並把精心製作好的材料放進遊戲中，然後將干涉玩家的企圖降到最低，完全信任玩家可以藉由你準備的材料創造出屬於自己的敘事方式，這樣就是成功的電玩編劇。

討論至此可以得知一項結論，電玩與電影的最大相異處就是何者擁有比較高的自由抉擇性，然而美國知名影評 Roger Elbert 卻以此做為否定電玩具備藝術價值的論點，他認為藝術所追求的就是引導觀眾至一種無法避免的結局，而不是讓人可以作出許多選擇。但無論如何，電玩與電影之間確實存在了一種曖昧而難以說清的相互影響，大導演史蒂芬史匹柏（Steven Spielberg）是一個狂熱的電玩迷，洛杉磯的 E3 電玩展可以時常看到他在攤位上試玩的身影，他曾經在一場演講上說過，「若電影人想要改變電影的風貌，就必須去打電玩」，他甚至還認為電玩與電影未來可能會融合一體，所以就此否定電玩具備藝術性還言之過早了。

## （二）電玩改編自電影的難處

電玩改變自電影的形式，最重要的就是「收斂」的技巧。電玩為了讓玩家能有充分的挑戰體驗，一定會盡其所能地擴增遊戲的內容與篇幅，增加更多的遊玩方式。例如《惡靈古堡》除了在殭屍與生化兵器下求生存之外，還要面對各種解謎的挑戰，增加了遊玩的時間與豐富度，或是像《Metal Gear Solid》增加環境的規模與複雜度，讓「潛行」的遊玩方式增添更多挑戰性。因為相較於電影追求擬真的拍攝手段，電玩更重視的是遊玩性，影像上的略為遜色是能被接受的，當前電玩的即時運算與電影 CG 還是有段不小的差距。所以在同樣的成本之下，電玩可以更加大膽地勾勒出恢弘的世界觀，以及數量繁多的故事支線，這些元素的存在也是為了支撐起電玩高互動性的價值。

相較於電玩廣闊的創作篇幅，電影就明顯的吃虧一些。特效電影所追求的是畫面極盡所能的擬真，觀眾對於影像的要求會高於電玩，所以製作的成本耗費不貲，再加上電影的長度限制，能呈現的世界觀會少於電玩許多。若要再將這些世界觀豐富的電玩改變成電影的形式，一定會面臨取捨的問題。首要課題就是要分辨電玩原作中那些部分是為了添加互動性而製作的，例如筆者若要撰寫《惡靈古堡》（Biohazard）的改編電影劇本，會先刪除電玩中絕大部分的解謎要素，因為少了解謎要素也不會影響劇情的推進，遊戲中的關卡內容也能大幅度的刪除，精簡電影的敘事流程。就如先前 Tom Bissell 所說的，電玩大部分的過程都是在做重複性的動作，若要改編成電影的型態就必須排除這些重複性高的流程。

美國著名編劇布萊克·史奈德（Blake Snyder）曾說過，好的電影都有打動人的「故事前提」（long line），好萊塢行話就是「一句話劇情蓋要」（one-line），意思就是用一到兩句話就可以說出電影的內容，例如《終極警探》（Die Hard）的故事前提就是「一名警察來到洛杉磯找分居的妻子，卻發現她上班的大樓被恐怖份子占據」。筆者認為經典的故事性電玩也都存在著好的故事前提，可以讓玩家一目了然將要經歷的冒險。電影編劇可以找出電玩作品的故事前提，再去尋找擁有類似故事前提的電影做為改編的參考，例如《古墓奇兵》（Tomb Raider）與《印第安那瓊斯》（Indiana Jones）的故事前提就很類似；《Metal Gear Solid》與《絕地任務》（The Rock）兩者有些相近，就是「美國境內近海某座島嶼被特殊部隊所占領，政府派出特遣部隊潛入拯救人質」；《惡靈古堡》與《異形 2》（Aliens）也有相似的概念，就是「特殊部隊前往某一地區救援，卻受困於充滿生化怪物的密閉空間內」。

### （三）日本電玩改編失敗的例子

美國好萊塢將電玩改編成電影的例子不勝枚舉，無論是日本還是美國本土的電玩皆有，然而筆者發現一項有趣的事，這股興起於 90 年代的改編浪潮，是先從日本作品為開端，後來才逐漸蔓延至美國的電玩作品。綜觀電玩改編的電影成果平庸，但美國多數的改編只是「不夠精彩」，但日系的電玩作品總有一種「面目全非」的感覺，絕大部分皆偏離原作形貌以及粉絲的期待。

目前改編成電影失敗的日本電玩作品，早期有一些是比較缺乏傳統的敘事性。例如眾人皆知的《超級瑪莉歐兄弟》（Super Mario Bros），曾於 1993 年被改編成電影，但結果慘不忍睹，在知名的電影評分網 IMDb 上只拿到 3.7（滿分為 10）的淒慘分數，不過這樣的評價「實至名歸」，電影內容確實千瘡百孔，形象與原作大相逕庭。整部電影最大的問題，在於劇組竭力地想把電玩的世界合理化於現實，最後卻弄成末日類型電影的氛圍，完全看不到原作明亮而可愛的風格，大反派庫巴變成有爬蟲類特徵的人類，碧姬公主也長了蜥蜴般的舌頭，這樣的改變誰能接受？除了加入了稀少的電玩原作的符號，整部電影的劇情荒腔走板。

諸如《超級瑪利歐兄弟》(Super Mario Bros)、《音速小子》（Sonic）等電玩作品，都是用鮮明的虛擬角色魅力取勝，要將他們從虛擬角色的輪廓轉變成真實演員的樣式實在過於勉強，這就好比任誰都無法想像凱蒂貓由真人飾演。最適合改編的方式莫過於真人搭配虛擬動畫角色的演出，例如於 1988 年上映的《威探闖通關》（Who Framed Roger Rabbit）、由美國知名漫畫改編的《加菲貓》（Garfield：The Movie），以及由華納知名動畫角色與籃球選手麥可喬登（Michael Jeffrey Jordan）搭配演出的《怪物奇兵》（Space Jam），近期的則有《藍色小精靈》（The Smurfs），漫畫中的角色來到現實世界展開冒險，除了賈不妙先生之外，其餘的漫畫角色都以動畫呈現。而迪士尼於 2012 年上映的動畫《無敵破壞王》（Wreck-It Ralph），讓許多日本與美國經典電玩角色於電影中串場，頗獲觀眾巨大的正面回響，或許也為這些虛擬電玩角色在電影界找到一條可行之路。

另一個缺乏明顯故事性被改編成電影的日本電玩類型，就是格鬥類型（Fighting Game）的電玩，是改編數量最多、崩潰數量也最多的改編類型，目前為止沒有一部能在片商的「巧思」下生還。《快打旋風》（Street Fighter）在 1994 年成為這一連串悲劇中「身先士卒」的作品，雖然當時有知名的動作演員尚－克勞德·范·達美（Jean-Claude Van Damme）演出，但在過度竄改原作的劇本情況下，評價與票房皆兵敗如山倒；在過了幾年之後「生死格鬥」（DOA: Dead or Alive）也被片商相中，由香港導演元奎進行執導，但總結果也相當不理想；儘管已有兩次的前車之鑑，但片商的毅力相當驚人，繼續將《鐵拳》（Tekken）與《格鬥天王》（The King of Fighters）推上大銀幕，甚至將風塵已久的《快打旋風》翻出檯面，將其中知名的角色「春麗」獨立出來拍成電影，但崩潰的程度更勝於早期改編的作品。

格鬥類型的電玩相當缺乏明顯的線性故事結構，所以要將它改編成電影的難度絕對高過於關卡類型的電玩作品，雖然原作有為個別角色設定來歷背景與個性，但在電玩中角色之間缺乏完整的連結，要改編成電影勢必要讓所有角色之間產生關聯，才能架構出完整的故事流程。除此之外，像瑪莉歐兄弟這樣的電玩作品，即使是非電玩迷的族群還算是耳熟能詳，但格鬥類型的電玩作品大部分只在電玩族群間頗具知名度，因為能瞄準的消費群有限，片商也不敢砸下巨資拍攝，以至於電影的成品處於尷尬的不上不下，電影想要重現電玩裡的華麗打鬥，但不充裕的資金只能做出廉價的特效，讓整部電影充滿滑稽古怪的氛圍。在接連幾次改編失敗之後，片商終於停止了改編格鬥電玩作品的企圖，也終止了一連串災難的延續。

早期日本電玩改編失敗的另一個原因，也與日本電玩角色造型設計的觀念有關，《快打旋風》系列的角色設定安田朗曾經說過，他設計角色最留心的就是「一眼就能從外形的輪廓來識別的造型」，而日本動漫業界也普遍存在一種角色設計的準則，就是用黑色剪影來檢視自己設計的角色能否具備高度的識別性。但是當這樣的造型要讓真人演員進行詮釋時，很容易出現合理化的障礙，若在電影預算偏低的狀況下還要「忠於原作造型」，就會產生像是品質劣等的角色扮演（Cosplay）的結果，再加上缺乏足夠的經費聘請合適的卡司，也很難以寫實的角度去詮釋角色原作的神韻與氣質。從動漫角色造型過渡到真人飾演，還是需要懂得如何「收斂」，例如近年美國英雄漫畫改編的好萊塢電影，造型上不會勉強的完全呈現漫畫的造型，會做適度的取捨並留下些許的特徵。

自從電玩進入次世代紀元之後，電玩作品的故事性明顯的提升許多，當時 Play Station 平台上出現了《惡靈古堡》、《Final Fantasy VII》、《Metal Gear Solid》以及《沉默之丘》等故事性很鮮明的經典作品，其中製作《Final Fantasy VII》的日本電玩公司史克威爾（Square），因為動畫為遊戲帶來巨大的成功，所以史克威爾萌生了製作電影的想法，於是在 1997 年成立了史克威爾影業（Square Pictures），公司的目標是「將電影部門的技術進步帶進遊戲，實現遊戲創造性啟發電影、再反過來提升遊戲的循環」，可見當時史克威爾就有讓電玩與電影彼此產生強烈影響的企圖，然而這樣的雄心壯志卻在拍攝完《Final Fantasy》同名電影之後受挫其深。《Final Fantasy》的電影與其說是「改編」，更像是掛著與電玩相同標題的原創故事，《Final Fantasy》系列的架構相當特殊，雖然每一部作品的續集列數有所延續，但作品彼此間都是新的世界觀，故事很少有關聯性和延續，雖然每一部作品幾乎都是獨立故事，但都有共通的識別符號，例如路行鳥、飛艇、水晶或是魔石、以及召喚獸等，還有每部作品都會有一位名叫「席德」的角色。2001 年上映的《Final Fantasy》雖然集聚所有尖端的動畫技術，但票房的表現皆相當不理想，其原因在於電影使用了以現實作為背景的科幻故事，除了一位名叫「席德」的科學家之外，看不到過去電玩系列作的熟悉符號，若單以一般科幻電影的角度來看，沉悶而複雜的故事無法吸引多數的觀眾，史克威爾志在做一部引領世代的動畫電影，然而當初的市場定位就沒有設立清楚，既吸引不到忠實的玩家，也得不到一般大眾的青睞。

最終《Final Fantasy》以慘澹票房收場，史克威爾影業因為巨大的債務而解散，縱然壯志未酬，但電影作品的技術還是在後續留下了一些影響，例如《駭客任務》（The Matrix）的續集《駭客任務：重裝上陣》（The Matrix Reloaded）上映之前，發行了數篇短片動畫集結而成的作品（The Animatrix），其中一部作品《絕命飛行》（Final Flight of the Osiris）是由史克威爾影業進行製作，之前在《Final Fantasy》中累積的經驗為《駭客任務》創造新穎的視覺概念。在史克威爾與艾尼克斯（Enix Corporation）合併之後，再度製作了動畫電影，這一次他們瞄準了核心玩家為主要市場，延續了《Final Fantasy VII》的故事，巧合的是這部作品啟發了當年史克威爾的電影夢，折返原點之後又走出了不一樣的結果。

與《Final Fantasy VII》同樣在Play Station發跡的《惡靈古堡》，也被改編成電影於2002年上映，整個系列所呈現的結果，就像是導演想要用《惡靈古堡》的元素去敘述自己想要說的故事，而不是將電玩原作重新解構成電影的形式。美國著名編劇家布萊克．史奈德（Blake Snyder）曾於自己的著作《先讓英雄救貓咪》（Save The Cat !）中提出一項論點，就是電影裡不能出現「雙重超自然力量」，因為這會讓電影裡的世界觀失去真實性，最簡單的比喻就是吸血鬼與外星人不會出現在同一部電影，這個問題唯有在美國英雄漫畫以及改編的電影比較會被眾人所忽略。《惡靈古堡》電影第一集就犯了這個錯誤，劇情裡有讓人變成殭屍與怪物的病毒，但又存在了超級人工智慧「紅后」，後面續集甚至還讓女主角擁有超能力，可以說是「三重超自然力量」，導致整個劇本失去重心。《惡靈古堡》時常被人評為「很像電玩」，其原因在於導演把電玩裡「高度重複性」的特質帶進電影裡，但又沒有足夠精彩的劇本做故事上的推進，高度重複性的枯燥就變得更為顯眼。電玩的高互動性可以讓玩家遺忘重複性的呆板，但被動性質的電影就缺乏這樣的優勢了。

《惡靈古堡》電影系列另外一個問題，就是草率的詮釋原作裡的角色。導演保羅安德森（Paul Anderson）不以電玩中任何經典人物作為主角，而是另外原創了名為「艾莉絲」的女主角，第一集完全沒有任何電玩裡的角色出現，直到第二集開始才依序安排登場，但存在感完全被艾利絲搶盡，而且這些原作角色只是很粗糙的模仿了外在形象，原本的個性與深度完全被抹除，甚至有些演員的外貌不適合詮釋原作的韻采，宛如手法拙劣的 Cosplay。保羅安德森自作聰明地大刀闊斧地更改原作的劇情，第一、二集還勉強的維持於電玩迷熟悉的場景，第三集卻突然決定做出大幅度的時空跳躍，以至於電玩原作角色只能用牽強的動機讓他們出現在電影裡，劇情恣意竄改的範圍也決定了角色扭曲變形的程度。

《惡靈古堡》電影系列儘管偏離了原作的樣貌，劇情與美術也大多相當不理想，甚至遭到排山而海的惡評，但仍舊是眾多電玩改編電影中少數有穩定票房的作品，然而第五集北美首週末的票房為整個系列中倒數第二，次週末的票房跌幅高達 68%，依靠全球二億四千萬美金的票房彌補美國本土的挫敗。如今導演保羅安德森導演將要投入整個系列最高的預算九千萬美金拍攝最後一部作品，替這個漸顯疲態的系列劃下最終的句點。

在所有日本電玩作品改編的電影中，唯一算是勉強保留原作風格的只剩科拿米（Konami）的《沉默之丘》（Silent Hill）。雖然電影還是有不少劣評，但大致保留了電玩原作的劇情主幹，而且不拘泥於電玩的敘事架構，撰寫出適合於電影形式的劇情，美術視覺上也完全忠實地呈現電玩的風格。但可能是電玩原作題材的關係，以至於改編電影無法呈現精確的類型，所以比較難以瞄準特定的觀影族群做行銷，票房也就顯得差強人意。

綜觀所有日本電玩改編不盡理想的例子，主因在於電玩這種次文化並非如電影或電視般廣泛的普及，除了像《超級瑪莉歐兄弟》在電玩迷以外的族群仍有高知名度外，一般電玩作品可能也只有電玩迷可能比較熟知，所以電影公司不太敢斷然投入大量預算，所以製作品質上大多難免顯得低落。這些高知名度的電玩作品擁有龐大的支持族群，因此吸引電影公司的注目，然而縱使原作的粉絲數量不少，其消費潛力還是不足以支撐起全部的票房，所以電影公司必須開發原作之外的元素來吸引一般的觀影族群，因此時常出現走味的結果。在顧及粉絲外的觀眾群以及資金侷限的雙重考量下，也就很難將原作的精髓詮釋到位。

## 三、動漫與電影

### （一）漫畫與電影的差異

雖然說漫畫被改編成電影，在近年來是一個相當普遍的現象，但筆者想要再稍微敘述一下彼此間的差異，因此想先用電影的前置作業「分鏡」來解釋兩者概念上的差異。富野由悠季（以下簡稱富野）曾在著作《影像的原則》中提過，電影有一項前製工作名為「分鏡」，就是由一連串靜態圖片所構成，外表看起來就像是分格漫畫，分鏡與影像之間的關係，就像是樂譜之於音樂，然而分鏡不能用閱覽漫畫的方式去判讀，而判讀分鏡的人必須擁有計算實際時間、以及想像成動態畫面的能力，通常漫畫人士也無法勝任判讀分鏡的工作。

富野進一步提到，電影或動畫與漫畫不同的地方，在於漫畫的讀者可以自己掌握閱讀的時間，但電影以及動畫等影像作品，其觀賞的時間是取決於作品本身，必須將觀眾束縛在一段時間內，所以影像創作者必須讓觀眾能去愉悅的享受這段被束縛的時間，在影像的創作上就要傳達出別於靜態圖畫的創作想法，營造出生動的影像力學。富野也說到，像動畫師或是漫畫家等職業的人，雖然優異的繪畫能力在分鏡的繪製上占有優勢，然而他們比較容易陷入精細刻劃每一張畫面的執著，雖然能創作許多精美的圖畫，但反而缺乏影像動態的考量。

分鏡對於電影與動畫等影響創作是非常重要的環節，往往可以決定整部作品絕大部分的完成度，但一般人會將分鏡誤解為潦草的漫畫。事實上分鏡就像是建築或是工業產品的設計圖，它的作用是用來判讀電影成品可能實際呈現的畫面，並不是最終的成品，但漫畫卻是以完成品為目的進行創作，而且基於「閱讀」的考量，漫畫每一格的邊框都是不規則的設計，藉此營造出閱讀的節奏感；但影像的分鏡必須交代出人物與背景兩者關係的完整性，而且還必須通盤考量美術、音效等諸多元素能否在動態下產生緊密的作用，這就是電影分鏡存在的意義。

綜觀富野由悠季的說法，「影像」與「靜態圖像」的分別，在於「影像」擁有輕重緩急變化的視覺力學，藉此建構出敘事的方法，觀眾欣賞作品時會被喚醒情感；但漫畫的概念比較近似於攝影，捕捉深刻而有意義的那一瞬間，觀眾將會在固定的圖像上喚起想像力，好比我們去美術館觀賞諸多的畫作時，會去想像畫中人物下一步的動作，並揣測人物們的動機，漫畫與電影及動畫的創作最根本性的目的差異便是源自於此。

筆者認為若要分辨漫畫與電影間的差異，理解兩者分鏡的概念會是一個比較輕易入門的方式。

## （二）好萊塢動漫改編電影

比起大量改編不盡理想的電玩作品，日本動漫在好萊塢的境遇算是比較幸運而樂觀的，被改編的作品數量不多，雖然也有失敗的作品，但成功的案例也不算少，只是二十世紀福斯（Twentieth Century Fox）改編的《七龍珠：全面進化》（Dragonball Evolution）失敗的太過於讓人印象深刻，不然好萊塢也有值得讚許的案例。

好萊塢改編美國漫畫已經行之有年，除了現在眾人頗為熟悉的英雄漫畫類型之外，還有其他題材類型的漫畫，例如《三百壯士》（300）、《萬惡城市》（Sin City）、《地獄怪客》（Hellboy）等作品，近期還有被改編成電視影集的《陰屍路》（The Walking Dead），這些非英雄的漫畫類型也被改編的相當成功，還能忠實還原出漫畫原作的美術風格。英雄漫畫的改編起初也不是一帆風順，早期失敗的作品也不少，但他們仍舊走出了一套成功的模式。由於漫畫改編電影的經驗相當豐富，所以日本動漫改編失敗的作品也就比電玩少了很多。

若要談論到日本動漫與美國好萊塢的影響，就要先提到當年拍攝《駭客任務》（The Matrix）系列的華卓斯基兄弟（The Wachowski Brothers，現稱姊弟 The Wachowskis），由於受到日本《攻殼機動隊》（Ghost In The Shell）的影響而創造了《駭客任務》三部曲。事實上除了《攻殼機動隊》之外，《駭客任務》也時常出現一些日本 ACG 特有的影像敘事風格，例如大量的慢動作特寫便是其中一項，日本動漫作品時常出現用靜態手法去描寫巨大張力動作的瞬間，使得「動」與「靜」之間產生一種曖昧的屏息，雖然畫面靜止了，但讀者仍然可以感受的到時間的流動，《駭客任務》借鏡了這樣的敘事風格，並使用十九世紀攝影大師埃德沃德・邁布里奇（Eadweard J. Muybridge）的拍攝技巧創造了「子彈時間」（Bullet Time），也更加強了虛擬世界中時空的極端描寫，而華卓斯基兄弟也與日本多位動畫導演合作，創作出多部短篇動畫集結而成的《駭客任務立體動畫特集》（The Animatrix），其中一部作品還是由製作《Final Fantasy》電影的 Square Pictures 製作的，動畫特輯詳盡的描述《駭客任務》複雜的世界觀，日本動漫的表現風格更加深掘出《駭客任務》世界的魅力。

在《駭客任務》三部曲結束之後，華卓斯基兄弟將日本動畫《馬赫 Go!Go!Go!》（マッハ GoGoGo）改編成電影《駭速快手》（Speed Racer）。這部電影的敘事風格相當特殊，不走以往「擬真」的電影風格，而是將動畫、漫畫與電影等不同的敘事風格加以整合運用，在漫畫的手繪風格、2D 動畫風格以及 3D 動畫三者間遊走，平衡三者的特性創造出新穎的視覺經驗。除了視覺上的突破之外，電影對於原作的還原度也相當高，角色造型有經過現實化的適度修飾，個性也被完整的保留下來，劇情的核心精神也被精準的掌握。

事實上推出《駭客任務》三部曲與《駭速快手》的華納兄弟（Warner Bros），與日本動畫也有不小的淵源，除了與日本動畫公司合作過《駭客任務》短篇動畫特輯之外，在 2008 年《蝙蝠俠：開戰時刻》（Batman Begins）的續集《黑暗騎士》（The Dark Knight）即將上映前，也與日本不同的動畫公司合作，製作出前傳性質的六部蝙蝠俠短篇動畫，集結而成《蝙蝠俠：高譚騎士》（Batman Gotham Knight），之後也幫微軟的電玩作品《最後一戰》（Halo）系列，與日本動畫公司合作製作了九部短篇動畫，匯集而成《最後一戰：光環傳奇》（Halo：Legend）。甚至以同樣的模式將旗下的影集作品《超自然檔案》（Supernatrual）發行了動畫版作品，補足了影集沒有描述詳盡的劇情。因為有了四度與日本合作的經驗，所以對於日本 ACG 風格與好萊塢電影找到串聯之處。

近年華納兄弟也改編了來自於日本不同形式的作品，例如由日本作家櫻坂洋所撰寫的輕小說 *All you needs is kill*，被華納改編成《明日邊界》（Edge of Tomorrow），雖然票房只能打平成本，但是創下優異的口碑評價，基本故事原作的大綱沒有被大幅度的篡改，只是用好萊塢的故事風格改變了一些細節，使其故事的結果與原作略為不同，但基本上看過原作的人還是能辨識出熟悉的故事流程，雖然原作的內容一定有所刪改，但影像上的處理更加細緻而恢弘，描述時間重複的主題也相當有巧思，獲得小說原作者極好的評價。同年改編上映的《哥吉拉》（Godzilla）也抓到了原作電影的精神，保留了原作電影對於大自然省思的主題，也延續了原有的驚悚災難片氛圍，哥吉拉的造型更是在符合原作的基礎下創造出新的概念，連原作東寶公司都大為讚賞。

其實好萊塢很少直接從日本動漫作品進行改編，大多是挪用一些經典的影視元素來製作原創電影，例如於 2013 年上映的《環太平洋》（Pacific Rim），導演吉勒摩戴托羅（Guillermo del Toro）匯集了日本巨大機器人動畫以及特攝怪獸電影類型的風格創作而成，而不是直接找尋一部機械人動畫加以改編；拍攝《駭客任務》三部曲的華卓斯基兄弟也是如此，借鏡了日本動漫作品以及挪用了視覺語言創造了《駭客任務》；美國導演保羅范赫文（Paul Verhoeven）參照日本《宇宙刑事ギャバン》的造型，於 1987 年創造了《機器戰警》（Robocop）；二十世紀福斯拍攝的《金鋼狼：武士之戰》（The Wolverine）也窺探了東瀛這個神祕的國度，並明確地傳達出日本文化的特色。直到近幾年直接改編日本動漫作品的熱潮才逐漸興起，接下來幾年已經有不少日本動漫被排入改編的行程，例如華納已經預定要改編《戰鬥妖精雪風》以及《死亡筆記本》（Death Note）等。

好萊塢日本動漫改編失敗最「響亮」的例子，就是《七龍珠：全面進化》（Dragonball Evolution），當時上映時獲得排山倒海的劣評，其中最直接的問題就是動畫特效技術性上的不足。由於日本有些動漫作品有大量的虛構元素及誇張的劇情描寫，沒有一定的預算基礎就無法準確的重現於現實。華納改編日本動漫或是其他類型的作品，預算大多有一億美金左右，《駭客任務：最後戰役》（The Matrix Revolutions）裡結尾的戰役，就忠實呈現出《七龍珠》原作裡飛天遁地的毀滅性打鬥風格，筆者當時看完這段便認為《七龍珠》電影版改編有了參考的依據；然而《七龍珠：全面進化》的預算只有三千萬美金，《駭客任務：最後戰役》卻高達一億五千萬美金，兩者的差異有著天壤之別，所以《七龍珠：全面進化》的技術性問題是可以預期的。由於製作預算的寡少，也接連影響了劇本的編寫，劇組被迫用相當有限的資源拍攝電影，因此角色的個性與背景無法做深入的著墨，通篇成為急促交代的流水帳。雖然劇組已經努力的在最低限度下還原了漫畫中角色的造型與特徵，但簡陋的故事是漫畫迷最無法忽視的痛與失望。拍攝動漫改編題材的電影一定要有足夠的決心耗費重本，否則就會赤裸地呈現出製片者遲疑而投機的心態。

### （三）日本動漫改編電影

相較於好萊塢的電影市場，日本改編動漫電影的情形是更頻繁的。日本動漫改編電影的問題比較直接而明確，就是電影工業的規模與條件無法同等於好萊塢的優渥，所以改編失敗和成功的類型題材就比較能區別出來。

在相當早期的日本，電視或電影類型的動畫題材大多比較偏向有紙本原作的作品作為改編的依據，例如宮崎駿的《風之谷》還在紙上企劃時，就被德間書局以「用沒有原作的題材拍出來的動畫，缺乏吸引觀眾入場的賣點」的理由回拒，因此宮崎駿才開始執筆創作《風之谷》的漫畫。因為有原作做為改編的基礎，就比較容易能先預測出市場的潛力，所以日本將漫畫作品搬上大銀幕的經驗算是豐富的，只是差別在於動畫與真人拍攝兩種不同的形式。

日本改編動畫電影比較成功的，都是比較偏向劇情類型的電影，例如《NANA》、《宇宙兄弟》、《羅馬浴場》、《死亡筆記本》、《賭博默世綠》等作品。這些電影大抵保留了漫畫的主軸劇情，或是挪動漫畫原作劇情的發生順序組合出屬於電影的故事，並再做一些銜接細節上的創新，最後另外原創出一個新的結局，這樣的創作思維近似於華納改編的《明日邊界》（Edge of Tomorrow）。這些改編電影的導演並沒有完全原創一套新劇情，既能獲得漫畫迷的支持，又能吸引從未接觸原作的觀眾。另一方面來說，由於這些漫畫作品需要用到大型動畫特效的需求偏低，所以預算上比較能輕易掌控。

因為先天上的資金匱乏，需要廣泛使用大型特效製作的電影一直不是日本所能駕馭，1998 年好萊塢將日本的《哥吉拉》改編為《酷斯拉》後，因為日本東寶認為不符原作的形象，所以又一連續拍攝了多部本土的哥吉拉作品，然而更是自曝特效技術的落後事實。後續一些世界觀比較廣大或是有大量誇飾表現的動漫作品，就明顯沒有改編得當，例如《彼岸島》、《殺戮都市》、《黑執事》等作品。

由於動畫特效是日本電影產業難以轉變的硬傷，所以近年來日本已經不再侷限於好萊塢工業式的擬真，而是試圖追求各種風格化的手法，讓改編電影產生截然不同的魅力。例如近年的《宇宙戰艦大和號》、《寄生獸》等作品，近期的《神劍闖江湖》則是將原作漫畫的表現風格加以收斂，角色的描寫以及劍術過招的場面都加以修飾成合乎寫實的型態，盡量避免需要使用許多特效的劇情，《寄生獸》的特效則在擬真與風格化之間找到絕佳的平衡，維持電影統一的高質感。

除了直接從原作進行改編，日本還出現一種直接延續了原作劇情的真人版影視作品，《機動警察》（THE NEXT GENERATION）就是其中一例，背景設定成新的成員接班了漫畫原作的角色，唯獨繁夫一角還留下，並由當時的配音員千葉繁來飾演。而電玩作品《Final Fantasy VII》、《鐵拳》以及《惡靈古堡》也都相繼推出延續原作世界觀的 3D 動畫電影作品。

綜觀整個日本從漫畫改編的電影作品至少緊守了一個原則，在美術視覺與劇情上盡可能地忠於原作，但有時難免會有照本宣科的僵硬感，太過於謹慎的結果就是缺乏導演獨特的詮釋風格。

## 四、動漫電玩改編電影的可行方向

在論述過動漫與電玩被改編成電影的各種情況之後，筆者想要試著從「編劇」與「美術」兩大區塊，整理出可行的改編方式。

## （一）劇本

### 1. 依循原作劇情大致流程作改編

綜觀現今好萊塢成功的小說或是漫畫等改編電影，部分的電影劇情大致架構上依循著原作的流程，例如《魔戒》（The Lord of the Rings）三部曲、《哈比人》（Hobbits）三部曲、《哈利波特》（Harry Potter）系列等，劇情的主要方向沒變，改編的方式就是刪改大量的劇情，保留下小說中推進劇情的關鍵事件，每個事件之間再另編新的劇情加以串聯，例如《哈利波特》系列電影就是這樣的架構，《魔戒》三部曲也是精簡許多小說的篇幅，保留了小說裡的關鍵事件，中間再以新編的劇情加以聯繫，《哈比人》三部曲則視狀況比較特殊，因為原作只有一本小說，所以導演將原作拆成三部曲，之間再加以擴編，還另外自創新的角色。改編自日本作家櫻坂洋的輕小說的《明日邊界》，也是延續小說大致上的架構走向，只是敘事細節上使用了好萊塢所擅長的風格。

日本一些動漫改編電影也使用了相同的模式，例如《死亡筆記本》是以漫畫系列前半部的劇情為改編的主軸，保留了關鍵事件並改變了引發的方式，角色上也做了一些更換，並將漫畫中的結局方式移植到電影的劇情中，再另外編寫新橋段將前面的劇情與結局做銜接，最後完成忠於原作又另類的改編電影。《NANA》也是走類似的編劇架構，以整部漫畫系列前半段劇情為改編的主體，最後再用新劇情延伸到結局。

### 2. 重新組合式創新

除了依循原作劇情大綱的架構之外，還有另外一種重新組合式創新，就是將系列作拆解成大量獨立的「材料」，再將這些「材料」組合成新的故事，而且這些「材料」的本質不變，然而這樣的分解式創新考驗著導演反芻消化的能力，消化的徹底就能另闢蹊徑，並獲得原作死忠粉絲的廣大支持。更重要的是導演能夠深刻掌握每一個主角的個性與背景，而且也能依據新劇情做適度的修改，並增加角色的深度，就算沒有完全依據原作劇情走，角色之間也能產生出新的關係，並創作出保留原作精神的新劇情。

由克里斯多福諾蘭（Christopher Nolan）執導的《黑暗騎士》三部曲，參考了漫畫原作《Dark Knight Returns》、《Knight Fall》和《No Man's Land》等三部作品，個別從中汲取可以參考的元素，並再參考狄根斯的經典文學《雙城記》（A Tale of Two Cities）加以創作而成。除了保留原作黑暗而嚴肅的偵探風格，還讓電影充滿文學性的內涵。而漫威（Marvel）也是用類似的方式創作了《復仇者聯盟》（The Avangers），但更特別的是這部電影的每位英雄各自都有一部獨立的電影，每個英雄的背景都被深刻的鋪陳，所以《復仇者聯盟》才得以獲得巨大的成功。

3. 日本動漫與電玩改編方式：

(1) 動漫

日本動漫最大的困難就是篇幅的問題，漫畫作品很多都是十幾集起跳，適宜的方式就是依據預算的多寡，來決定漫畫中最適合改編的段落。例如《死亡筆記本》後半的劇情是國際事件，以日本的電影預算來說幾乎負擔不起，所以發生在日本國內劇情的前半部做為改編主體，並將漫畫的結局作為電影的結尾，再編新的劇情銜接兩者。

另外長達數十幾集的漫畫作品，就可以考慮採用重新組合式創新的編劇，以《航海王》（One Piece）為例，筆者可能會先透析每一位角色的背景與個性，再選擇一個能讓每位角色第一時間同時相遇的事件。事實上美國漫威也有遇過類似的問題，因為漫畫本傳作品有長達 70 多年的歷史，為了吸引新的讀者而新創了漫威終極系列（Ultimate Marvel），為自己的英雄們重啟新的故事，日後漫威英雄改編電影就同時參考了本傳以及終極系列來編寫劇情。漫威改編電影的方式迴異於一般小說改編的常識，因為漫畫系列過於龐大，他們都是在汲取不同的元素重新排列組合。

(2) 電玩

故事性的電玩比較適合依循原作架構進行改編，因為電玩很多關卡都是高重複性的內容，而 Tom Bissell 說電玩劇情的推進就是為了讓玩家遺忘重複性的內容，所以編劇必須找到推進關卡的主要劇情，最容易分辨的方式就在於那些觸發事件的過場動畫，編劇可以擷取那些過場動畫的劇情進行些微的改編，再編寫新的劇情將彼此串聯起來，劇情的完整度就八九不離十了。除此之外，找出一部電玩的故事前提，也能輕易擁有相似前提的電影作品，這樣就有了能作為改編參考的依據。另外隨意原創劇情也存在著巨大的風險，《Final Fantasy》的原創劇情無法吸引太多原作的粉絲，《惡靈古堡》恣意創造新的劇情，所以拖累了電玩原作角色登場的合理性。

至於像瑪莉歐兄弟或是格鬥類型電玩等比較缺乏明顯傳統故事性的作品，最好的方式就是重新組合式創新。瑪莉歐隨著次世代作品的發展，已經有越來越具體而豐富的世界觀，可以從中找出適合的材料，重新組合出屬於電影的劇情；格鬥類型電玩已經有一些漫畫類型的創作，《快打旋風》甚至還有幾部系列動畫作品，編劇可以從中汲取合適的「材料」，撰寫出一個完整的故事，更重要的是需要加深角色的性格刻劃。

(3) 美術

無論是動漫還是電玩的創作，美國與日本對於「造型」的出發點就不太一樣。美國英雄或是其他類型的漫畫，大多是接近真人的比例與風格；日本的角色造型則是用黑色剪影的概念來設計出角色的辨識度，而且為了賽璐璐作畫的方便，所以角色的造型也會盡量簡化;角色服裝色彩的飽和度會被大為提高,讓角色顯得更為鮮明。

Cosplay 的裝扮與現實常會存在某一種難以形容的出入感，原因在於細節不夠豐富，以及色彩的飽和度過高。

日本動漫或是部分電玩要改編成電影，角色造型上必定要經過「收」的過程，並增加其服裝上大量的細節，也要降低其飽和度。除此之外，角色的服裝一定要做出合理化的處理，就如電玩《快打旋風》裡的春麗旗袍造型過於誇飾，走在現實的街道很難不被注目，最理想的處理方式就是保留原服裝的色彩特徵，再另外設計比較能合理於現實的樣式。美國英雄漫畫改編類型的電影也皆有做過類似的處理，《黑暗騎士：黎明昇起》（The Dark Knight Rises）裡的貓女為了符合寫實劇情的風格，造型上的設計就明顯區別過於漫畫中的風格，反派班恩也做了一樣的處理；《復仇者聯盟》系列的英雄角色，身上服裝的設定也都增加大量的細節，並降低色彩的飽和度；即將於 2016 年上映的英雄漫畫改編電影《自殺突擊隊》（Suicide Squad），其中「小丑女」哈莉奎恩的裝扮有別於漫畫原作的小丑鬼牌的裝扮，而是另類的粗魯街頭扮相，但整體看來還保留了濃郁的色彩特徵，這樣的改變也獲得出版原作的 DC 影業大力支持。日本動漫改編電影大部分都有做到「忠實」於原作的造型，但「合理化」的技法還生疏了一些。

至於在次世代電玩主機上發跡的故事性電玩作品，造型大部分都接近真人的比例與樣式，寫實化的問題比較少，比較大的問題還是在於角色個性無法被確實地掌握，《惡靈古堡》電影裡即使里昂的造型與原作相仿，但猥瑣的個性根本與原作紳士而沉靜的形象天差地遠，個性刻劃的不夠深入，造型還原度再高也是枉然。

不過也有特殊的例子，電影《駭速快手》（Speed Racer）反而保留了動畫原作大部分的風格，主要原因在於華卓斯基兄弟等人擅於日本動畫風格與真人影像之間的視覺融合，但這樣的手法處理極為不易，必須熟稔影像視覺的概念才能輕鬆駕馭，否則只要稍微閃神就會變成四不像的失敗改編。

## 五、結論：改編，是一條漫長的摸索之路

筆者在網路上看到批判日本或動漫電玩改編電影的言論，時常看到「二次元應該永遠留在二次元」的說法。縱然日本也有不少失敗的例子，然而好萊塢當前風行的英雄漫畫電影熱潮，也不是一蹴可幾的成果，事實上他們也累積了不少的失敗經驗，才能建立今日的英雄電影王國，所以不能輕易斷言日本的動漫應該永遠不被改編成電影。例如好萊塢在 1998 年曾經將《哥吉拉》改編失敗，但在 2014 年第二次改編時獲得良好的口碑，因為有了前一次失敗的經驗，第二次的改編才能找出正確的方向，而近年改編自日本輕小說《明日邊界》的成功案例更是讓未來好萊塢改編日本動漫電影有了比較樂觀的方向。

電玩改編電影失敗的比例之高，是因為這個媒體出現的歷史比漫畫與電影都還要來的短，它勢必需要經過更長的時間加以摸索，才能逐漸建構出改編的法則。日本早期電玩作品改編失敗，是因為其角色設計的特質在合理化於現實有很大的困難度，再加上缺乏明顯的故事性，所以不太容易找出具體的方向；次世代主機上故事性電玩雖然受到電影不小的影響，但由於篇幅過於龐大，編劇又缺乏相關的改編經驗，再加上編劇也不一定具備電玩遊玩經驗，所以很難抓出平衡於兩者間的準則。但自從迪士尼動畫《無敵破壞王》上映之後，也透露出些許新的改編可能性；SONY 影業正在用真人搭配動畫演出的方式，來改編《音速小子》（SONIC）；《世界大對戰》（Pixels）用先進的 3D 動畫技術重現早期的電玩作品，並編撰出能讓它們合理化於現實的劇情；《古墓奇兵》電影當初無論是角色還是劇情都有抓到原作的風味，現在史克威爾將電玩重啟之後也將要進行第二次的電影改編，結果相當讓人期待；經歷過《超級瑪莉歐兄弟》電影改編的慘痛經歷，任天堂也正在認真找尋重返電影市場的機會，將公司轉型成複合式娛樂公司，更積極的在電玩以

外的市場找尋角色行銷的方式。

無論是電玩或是動漫作品，將要改編成電影的消息傳出時，都不應該憑藉過去的刻板印象下意識地做悲觀的否定，相反的我們可以從這些失敗的案例中去分析電影與原作之間改變的差異，去理解改編之間遭遇到的難處與挑戰，再從中找尋下一次可以更正的方向，讓電玩、動漫與電影之間產生更有建設性的話題。

# 參考文獻

## 中文

Snyder, Blake 著，秦續蓉、馮勃翰譯，2015，《先讓英雄救貓咪：你這一輩子唯一需要的電影編劇指南》。臺北：雲夢千里。

富野由悠季著，林子傑譯，2014，《影像的原則：初學者到專業人士的分鏡》。臺北：五南。

劉乃嘉，2015，〈電玩遊戲是否能成為藝術？從反面意見在反思〉。《幻境與實像：電子遊戲的理路與內涵》，新竹：交通大學出版社。

## 網路

Breznican, Anthony. “Spielberg, Zemeckis say video games, films could become one”. 2004/9/15. The San Diego Union-Tribune, retrieved from:http://legacy.utsandiego.com/news/features/20040915-1336-ca-games-spielberg-zemeckis.html

〈Far Cry 4 dev says linear games “will suffer” in streaming world〉，2014/10/23，Gamesradar，取自 http://www.gamesradar.com/far-cry-4-dev-says-linear-games-will-suffer-streaming-world/。

Sam，〈小島秀夫親自挑選影響《潛龍諜影》系列最深的 15 部經典電影作品〉，GNN，取自 http://gnn.gamer.com.tw/1/34681.html。

Theguardian. “Shinji Mikami: the godfather of horror games”, retrieved from:http://www.theguardian.com/technology/2014/sep/30/shinji-mikami-evil-within-resident-evil

方世欽（Paul78607），2012 年 7 月 27 日，〈諾蘭蝙蝠俠三部曲最終章——黑暗騎士：黎明昇起分析〉，巴哈姆特，取自 http://home.gamer.com.tw/creationDetail.php?sn=1677859。
方世欽（Paul78607），2012 年 11 月 12 日，〈美國與日本動漫交流的黃金時期〉，巴哈姆特，取自 http://home.gamer.com.tw/creationDetail.php?sn=1801214。
李立凡，2014 年 11 月 9 日，〈論「遊戲敘事學」：從 Tom Bissell 兩則訪談說起〉，U — ACG，取自 http://www.u-acg.com/archives/619
梁世佑（RainReader），2015 年 9 月 4 日，〈在藝術的殿堂：小島秀夫談電玩、電影與藝術的分界〉，U — ACG，取自 http://www.u-acg.com/archives/5366
「子彈時間」條目，維基百科，取自 https://zh.wikipedia.org/wiki/%E5%AD%90%E5%BC%B9%E6%97%B6%E9%97%B4。
〈《極地戰嚎 4》製作人：「線性故事的遊戲在現今的市場將面臨困境」〉，2014 年 10 月 24 日，雅虎奇摩遊戲，取自 https://tw.gamedb.games.yahoo.net/2012_gamedb/gamenews.php?id=33989。
〈三上最討厭蕾貝卡？發售前夜專訪〉，2014，惡靈古堡資訊站 2058info，取自 https://www.facebook.com/media/set/?set=a.737252199643688.1073741844.198932113475702&type=3。

# 實境幻想：
## 淺論臺灣執事文化接收與發展

吳培寧

## 一、前言

臺灣向來對日本動漫產業有著極大的接受度，一些在日本動漫中作為元素的事物也常因此掀起流行旋風，如《爆走兄弟》中的四驅車、《遊戲王》中的戰鬥怪獸卡、《棋靈王》中的圍棋……。近幾年，偶爾能在街上看見女僕咖啡廳、執事喫茶這兩種類型店面經營，店面通常採取精緻華麗的歐式裝潢風格，有著高於一般下午茶餐廳的價位。而進入店裡消費時，前來服務的也不是一般穿著制服的服務生，而是穿著蕾絲澎澎裙、將消費者稱為「主人」的女僕，或是穿著全套西服、將消費者稱為「大小姐」與「少爺」的執事。這兩種店面的顧客取向看似以性別為分界而有所不同，實際上運行的是同一套規則。讓進入店面的消費者在短短一兩個小時的消費時間內暫時進行某種角色扮演，享受被尊為主人、身旁有著貼身僕人服侍的情境。

本文重點聚焦於臺灣目前仍較少有專門討論的執事上。「執事」實為日文辭彙「管家」的漢字寫法。所指的是在古老英國家庭裡身穿正裝處理大小事物的管理者。在日本動漫開始使用管家元素進行各種創作後，執事成為代稱男性管家的大眾用語，也進一步影響到臺灣。2008 年，臺灣東立出版社翻譯引進日本漫畫《黑執事》十分熱銷，以《黑執事》為創作藍本的同人漫畫、小說紛紛出現。臺灣接收日本執事文化熱潮的情形，在 2010 年臺北出現第一間執事喫茶時掀起另一種高潮。2010 年至 2011 年，臺北、臺中分別有幾間具有不同代表性的執事喫茶開始營業。若不是執事的形象在臺灣具有一定程度的接受度，這樣消費偏高、顧客取向年齡卻偏低（以年輕學生為主）的店面便不會開設。

本文第一階段討論臺灣執事喫茶店對消費者的吸引力何在？筆者將透過自身前往執事喫茶店消費與觀察之經驗，嘗試作出分析，判斷在執事喫茶裡存在著使消費者無法割捨的事物形象為何？假如臺灣執事喫茶是一種對於日本執事文化的接收，本文第二階段所想探討的「噗浪虛擬店面」便是吸收後的發展，以微網誌為名的社群網站噗浪（plurk）具有強烈的隱私性和即時性。同樣在 2010 年，「互動式噗浪輕小說」Spring Blend 以虛擬執事喫茶形式登場。虛擬店面該怎麼運作才能讓點進頁面的玩家願意將自己暫時代入情境裡，是經營時所遇到的最大困難。Spring Blend 以幾種特殊方式運作後獲得成功，推動 2010 年至 2012 年的噗浪虛擬店面高峰。作為本文主軸，筆者擬針對向來被視為網路遊戲一環的噗浪店面進行發展整理，並在整理過程中參照個人經驗、實際訪談內容，討論噗浪虛擬店面對玩家到底有什麼樣的吸引力，以及當我們意圖以學術方式談論它時，將能從什麼角度和理論切入？

## 二、執事喫茶在臺灣

當「管家」在日本被轉換成「執事」一詞，且成為各種動漫小說中的常用元素後，臺灣讀者如何從日本漫畫裡吸取關於「執事」的理解，我們可以臺灣輕小說作家柳傲雪（2009）由鮮鮮文化出版的《執事學園》輕小說裡，執事角色梅菲斯特初登場時的一連串描述為印證。小說男主角任渙在第一章中前往職業介紹所，因為忍不住饑餓在會場內偷吃飯糰，隨後立即被一名身分不明的男子從後追趕，經過一段追逐，任渙才有機會看清這名陌生男子的相貌：

> 那個光是視線就讓人雞皮疙瘩、用回收箱砸人、還拿原子

筆當子彈用的綠巨人浩克，竟是眼前這位身穿燕尾服的優雅男人？就連儀表也是英俊挺拔、玉樹臨風、風度翩翩、氣宇非凡……幾乎所有形容帥哥的用詞，都不足以比喻的超—級—美—男—子—！（2009：9）[1]

若拿言情小說的模式來形容，大概會出現下列的敘述：男子身穿一套純白的燕尾服，有著一頭閃爍光輝的金碧長髮，微微隨風掠過白皙的肌膚、俊挺的鼻骨；一對深邃的凝眸，鑲著令人著迷的翡翠色眼珠。高雅尊貴的氣質，濃縮在那一抹揚高的笑；搧動的纖纖睫扇，在熾烈的日光下投射出迷濛影子。（2009：9）[2]

從兩段對於尚未自報名號的梅菲斯特的描述，能歸納出這位「全球國際首席執事」兼「執事學園代理執事長」從外貌到氣質上有多少近乎完美的設定。而當故事來到第二章，任渙前往執事學園，卻在學園入口遇上一對正激烈對戰的男女，差一點被捲入戰鬥中，梅菲斯特再次登場阻止時，也能看出對於「執事需要十項全能」的另一種誇大設定：

「我說過……請不要打到大門來。」一道熟悉的聲音從容優雅地穿過我的腦海，我雙眼一睜，只見一道披著金色髮瀑、身穿純白燕尾服的修長人影擋在眼前。戰雲散去，眼中挺拔的身影一腳跪地，戴著白手套的兩指頂住雙方武器。無論是燙手的槍口、還是銳利的刀鋒，皆未讓潔白的布料染上猩紅。（2009：25）[3]

---

1 柳傲雪，2009，《執事學園 01 改造王子》。臺北：鮮鮮文化。

2 同前揭註。

3 同前揭註。

暫不論迅速移動到戰場中心、單膝跪地、手指還能精準的抵住兩種武器使對戰中的男女不再繼續行動這些動作能否在短時間內全數完成。梅菲斯特作為執事角色的全能設定從何而來？作者柳傲雪在第一集後記中自述，她「因為被賽巴斯汀（《黑執事》漫畫主角）的魅力橫掃中標」才有了強烈的書寫執事的慾望。而她提及的賽巴斯汀，正是在《黑執事》裡一面說著「我只是一名執事罷了。」這樣的臺詞，一面進行超人行為、完美達成主人命令的執事主角。

雖說在 2008 年《黑執事》漫畫出版前，臺灣已能看見些許以執事為題材的日本小說、漫畫作品，只是因《黑執事》漫畫在臺出版後獲得暢銷，使更多臺灣讀者能接觸並理解執事的具體意涵。因此，漫畫出版可作為執事文化在臺灣萌芽的第一步。2009 年，柳傲雪以《執事學園》系列小說出道，這套作品是第一套直接以執事為題材的國人輕小說，透過貫穿全書的執事梅菲斯特設定，以及書中各章節標題如「執事不是普通人」、「執事不能逃避」、「執事身懷絕技」、「執事就是要帶給人幸福」，都已能看出臺灣讀者對執事身分的基本解讀：總歸一句，無所不能。

爾後，這份對於執事便該無所不在的認定，延燒到社群網站噗浪上，成為各虛擬店面展現特色的一種方式。這部分將在本文第二階段進行討論。接下來將進行本文第一階段論述：關於臺灣執事喫茶的發展情況，以及哪些店面在怎樣的條件下誕生臺灣獨有的執事現象。

2010 年，臺灣第一間執事喫茶[4] Gloria 在臺北市大安區開幕營運，對臺灣當時的日本動漫愛好者掀起一陣風潮。今日，Gloria 經過幾次人員更動風波後已於 2012 年宣告無限期歇業，只能藉由留

---

4　嚴格而言，臺灣第一間使用「執事」為營業噱頭的店面，是 2008 年至 2010 年在高雄營業的鳳華執事學園，該店家在營業風格上並非典型的日系執事喫茶並頗具爭議性，故暫略不提。

在各大部落格、網路討論區上的心得感想對這間臺灣首發的執事喫茶作出基本描繪。存在於 Gloria 中、讓消費者感到驚奇而願意一再前往消費的服務要素，無非是身穿全套正裝的實體執事、真正對消費者單膝下跪、以大小姐為敬稱，以及歐洲古典風格的裝潢等幾項。Gloria 拷貝日本執事喫茶而來的營業方式在臺灣獲得一定程度的成功後，也促使其他業者投入執事喫茶，擴張在臺灣的營業版圖。

2010 年至 2012 年間，臺北有 Chitty Mood 少女心、Wisteria；臺中有 Michaelis 等執事喫茶店開始營業。前兩間同樣位於臺北的執事喫茶店營運模式大抵和 Gloria 類似，都偏向完整呈現日系執事喫茶風格。不過，也開始出現了臺灣執事喫茶店在日本執事喫茶風格下自行演變出的事項，如：利用網路平台與消費者／網友直接互動，打破執事與客人間不可跨越的界線、舉辦各種主題活動和祭典，使消費者產生「參加活動就能看見不同於平日營業風格的執事」這樣的心情等。在此我們從 2012 年於臺中市西屯區開幕的 Michaelis 執事喫茶店切入進行討論。

對臺灣執事喫茶消費者而言，執事喫茶都像是個秘密般的存在，消費者在店內通常只與執事接觸，少有機會能和負責人或是店長之類的角色面對面。2012 年 1 月，臺中 Michaelis 執事喫茶負責人（家主）蘭陵王在臺大批踢踢實業坊女性向 Chat 板（Maiden Road）以〈[ 討論 ] 臺中 Michaelis 執事喫茶的餐點〉[5] 為標題發表文章，文內表明自己的負責人身分，針對即將於三月開幕的 Michaelis 執事喫茶餐點問題與網友進行討論，並在文章最後宣傳開張不久的臉書專頁，這種直接與消費者溝通討論的行為方式不僅帶來期待感，也為消費者們帶來自己的意見是確實受到重視的安全

5 SGS，2015 年 8 月 20 日，〈[ 討論 ] 臺中 Michaelis 執事喫茶的餐點〉。取自 https://www.ptt.cc/bbs/Maiden_Road/M.1326426061.A.2F5.html。

感。文章下方能看見不少網友提出自己對一間執事喫茶應有的餐點標準的想法。[6] 隨後，Michaelis 執事喫茶如蘭陵王所預告的在當年三月開始試營運、同年六月正式營業。若只計算女性向 Chat 板中的心得文，能普遍發現消費者對該店餐點懷有好評；2012 年 3 月，Michaelis 執事喫茶試營運期間接受 aniarc 動漫新聞專題採訪，蘭陵王針對為何開設執事喫茶店這個問題的回答：「開一間餐廳是夢想；但要開就要開最有水準的。」[7] 也成為網友書寫評論時引用且認同的指標。

當消費者感受到執事喫茶營運方對自己意見的重視，所願意付出的回饋和參與度也更加提升，對屬於次文化一環、消費金額向來又偏高的執事喫茶而言，消費者的高參與度甚至能宛如熱血少年漫畫中來自主角同伴的呼喚般，成為支持店面繼續經營的動力。2014 年 4 月，Michaelis 執事喫茶一度宣告將由於店租問題結束營業，隨後因應客人需求，在店面臉書粉絲專頁上出現要求重新尋找店面再次營運的連署活動，並在活動期限內透過網友按讚留言達到標準。2014 年 6 月，Michaelis 執事喫茶店由原先的西屯區移往離市區較近的北區，同樣經過試營運後順利重新開幕迄今。從初期宅邸到暫時停業，再到北區新宅邸開張這段期間，Michaelis 執事喫茶相關人士都不斷透過臉書專頁和噗浪帳號持續更新宅邸消息、執事趣聞，也會在頁面上回應粉絲留言，且語氣是較為輕鬆幽默，有時

---

6 Michaelis 執事喫茶店內餐點裡磅蛋糕一項，於 2013 與 2014 兩年均入選臺中百大伴手禮，也有執事出外在相關活動時擺攤販售，可以說是家主蘭陵王從店面草創時期便對餐點有嚴格要求的一項成就。

7 Eji，2015 年 8 月 20 日，〈臺中 Michaelis 執事喫茶初體驗～大小姐 歡迎回到宅邸～〉。取自 http://news.aniarc.com/news/21886/%E5%8F%B0%E4%B8%AD-michaelis-%E5%9F%B7%E4%BA%8B%E5%96%AB%E8%8C%B6-%E5%88%9D%E9%AB%94%E9%A9%97-%E5%A4%A7%E5%B0%8F%E5%A7%90-%E6%AD%A1%E8%BF%8E%E5%9B%9E%E5%88%B0%E5%AE%85%E9%82%B8。

還開著執事們玩笑。作為店面負責人的蘭陵王也經常性地在宅邸內現身服務，這些行為方式都讓「執事」身分顯得不再那麼如漫畫、小說文本裡描繪的那麼高不可攀。

Michaelis 執事喫茶在新宅邸重新開始營運之後，臺灣的執事喫茶店暫時不再擴張，各店面營運模式也沒有太大變化。願意前去參加營業的消費者們依然維持能從中得到短暫成為大小姐／少爺、從各種社群網站上和店內成員互動、尋求得到同好的愉悅感。

2014 年 3 月，一間以酒吧為主要營業項目的執事店 Iris de Nuit 在臺北市中山區開始試營運，這是臺灣第一間不以喫茶為名，而是以有年齡限制的酒吧為招牌的執事店。對於為何捨棄一般人較為理解的執事喫茶，選擇執事酒吧為營業方向這點，Iris de Nuit 執事長羽成悠希在 2014 年店內舉辦的一場執事文化講座時提到，自己曾在日本執事喫茶進行過一段時間的考察，他認為執事在歐洲是專門為貴族人家服務的角色，那麼來到店裡的大小姐與少爺也應該具有一定的貴族知識，而品酒又是貴族生活中不可或缺的一環，抱著這樣的想法，Iris de Nuit 以執事酒吧的模樣呈現，並且希望將其打造成能讓到來的消費者們愉快品酒、彼此輕鬆相識的環境。

執事喫茶由日本發跡，影響至臺灣、香港兩地都有類似店面，但像 Iris de Nuit 這樣以酒吧為店面主題的卻是第一間，Iris de Nuit 在準備期時的廣告方式也頗具特色：由噗浪虛擬執事店的元老 Spring Blend 團隊[8]發表正式聲明，表示該店是唯一一間該團隊在幕後提供企劃建議的實體店面。[9]本文第二部分將談及 Spring Blend 團隊在噗浪這個虛擬空間中對團隊成員實際身分保持極度的保密性，而團隊在店面噗浪發表對 Iris de Nuit 執事酒吧的宣傳廣告時，

---

8 Spring Blend 團隊當時已結束該階段營業，改以 Spring Arcade 為名繼續運作中。

9 Spring Arcade，2015 年 8 月 20 日，〈執事公告〉，取自 https://www.plurk.com/p/jtnfr1。

不但立刻吸引噗浪玩家的注意，「執事酒吧」這個主題也在另一種層面上使非噗浪虛擬店面玩家的消費者產生好奇心。這是 Iris de Nuit 在尚未開始營業時，便已經展現出異於日本傳統執事喫茶風格、近似於吸取前輩經驗後發展出獨樹一格的特色。

Iris de Nuit 同樣使用臉書粉絲專頁和噗浪帳號即時發布店內消息，或許是 Iris de Nuit 繼承了提供經營意見的 Spring Blend 團隊的建議，他們確實捕捉到前往留言的網友們對特定回應的期待，並且如此回應著每一則留言訊息，消費者會發現，Iris de Nuit 店面成員回應訊息時某種程度上是記得哪些帳號代表哪幾位客人的，例如一句「真希望有機會再去找大家玩」的留言，可能會被專門 Tag 且得到「某某小姐課業辛苦了，希望很快能再看見您」的回覆。Iris de Nuit 是如何記憶哪個帳號代表哪一名消費者已經不是最令人好奇的事項。對消費者而言，排除萬難前往參加營業也變成一種希望在踏出店面、回到網路上之後，仍能與店裡以特定話題繼續交流的事項。

執事喫茶受到原生地日本影響，偶爾有的特殊活動也大多以「浴衣」、「七夕情人節」等日本執事喫茶舉辦過的為主，活動不是常態，通常必須配合特殊節日到來的月份才舉辦。在 Iris de Nuit 作出更動的情況中，他們在每個月份都設立主題不同的特別活動，有些是前文提及的「夏日浴衣」、「煙火」、「七夕巧克力」，有些則是由店內執事進行 Cosplay，扮成當時熱門電影、動漫人物的特別營業，消費者必須滿足一些特定需求才能參與這些活動，例如消費須達固定金額、穿著與活動主題相符的服裝等。在 Iris de Nuit 於 2015 年 8 月歇業前便舉辦配合農曆 7 月的試膽活動，並將店面營業時間從原先的下午至晚上更動為只有晚上。隨著每月不同的特殊活動舉辦，也帶出 Iris de Nuit 另一項在原有執事喫茶情境裡不曾發生過的現象：執事照片的流動。在以往執事喫茶裡，不分日、臺，會在規定須知裡設置一條「禁止拍攝店內執事」。Iris de Nuit 試營運尚未開始前，釋出的店面官網中卻能見到有著「執事一覽」這樣的子頁面。店面開始營業後，也能從粉絲專頁和噗浪上看見店內執事一同拍攝如穿著浴衣、制服的照片。這些照片後來也被拿來進行店面特殊活動，作為達到特定消費額度的消費者能帶回家留做紀念的小禮品。由於 Iris de Nuit 目前已經歇業，暫時無法直接得知當時店內人員是抱著什麼理由願意將照片作為禮物用途，僅能從在店裡擔任執事的成員們或多或少具有一些 Cosplay（角色扮演）經驗，本身已不避諱鏡頭這點作推論。

目前，執事喫茶在臺灣暫且停留在有些曖昧的定義情境中，若在網路搜尋引擎裡鍵入執事喫茶關鍵字，所搜見的心得大抵是書寫者本身便對日本動漫文化頗感興趣、懷著好奇心情想知道究竟真正的執事喫茶店會是什麼模樣而前往消費。這些消費者中亦不乏將前往執事喫茶（專業用語稱之為「歸宅」，意指扮演大小姐／少爺身分的消費者進入執事店中，其實是扮演一種回到自家宅邸的行為）作為例行公事。這些動輒歸宅二三十次，並每次寫下歸宅紀錄放到部落格供人點閱的熱情客群，短暫逃避現實生活，遺忘自己的社會身分，與盡責扮演執事的店員進行互動，彷彿是消費者們願意一再前往執事喫茶的推手。即便執事喫茶中的消費金額普遍高於一般咖啡廳下午茶也無所謂。撰寫本文的 2015 年當下，臺灣執事喫茶風景看似平穩，究竟還會不會有臺灣經營者從日本動漫裡吸收任何有關執事的理解，並將這樣的理解實際地轉化為店面運行或許值得繼續觀察。

接著將進入本文第二階段，討論一項貨真價實將日本的執事元素進行轉化，輔以臺灣特有方式再次創生的有趣現象：噗浪（plurk）虛擬店面。

## 三、虛擬店面在噗浪（Plurk）

近幾年，各種大眾文化現象逐漸成為臺灣各學界加以研究的素材，舉凡動漫迷的Cosplay（角色扮演）、BL（Boy's Love）文化、日韓追星等，常被長輩斥為荒唐浪費時間的事物，其中都有值得以理論分析研究的價值。作為本段論述主軸的噗浪虛擬店面，便是筆者由2010年開始投入迄今，進而產生研究興趣的一個案例。

以「微網誌」作為主打，強調既能達到社交成果，卻又不如臉書那樣過於開放而失去隱私性的噗浪（Plurk）於2008年正式上線。雖是全球性的社交軟體，但似乎由於歐、美、日、韓地區已慣用推特（Twitter）、中國大陸又有微博（Weibo）等因素影響，噗浪的使用者以臺灣、香港占大多數。一些在噗浪上產生的特殊現象，也自然而然多以臺港兩地為第一傳播地點。

2006年日本漫畫《黑執事》開始連載，作者樞梁，以較為誇張搞笑的方式描繪來自英國的傳統管家。漫畫作品在日本暢銷，許多讀者透過漫畫接觸並了解「執事」為何物。臺灣東立出版社在2008年正式翻譯引進該作品，讓臺灣動漫迷群陷入執事風潮，這股風潮原本如同其他日本漫畫在臺灣的傳播一般，只是在動漫的同人作品、各大動漫展、周邊產品銷量上大放異彩，但因備受歡迎而催生執事喫茶店在臺灣開始營業。2010年執事風潮更進一步與噗浪結合，造就「噗浪虛擬執事店」的出現。

虛擬店面中，作為「執事」（店員）和「主人」（顧客）的玩家只利用網路連上噗浪頁面，進入虛擬的執事店主頁後，便能按照店面規則和店內執事進行互動，大多互動是即時性的，雙方玩家各自明白另一方玩家也同時存在線上，只是互不相識也不必要相識。在店面規定的營業時間結束之後，玩家和執事便各自離去，他們可能有下一次的再相遇，也有可能這名玩家從此不在這間執事店裡出現，當然，也存在著玩家基於興趣轉為執事角色的案例。

隨著噗浪上出現第一間虛擬執事店，並獲得許多玩家參與、給予正面肯定之後，隨之而來的是第二間、第三間……更多的虛擬執事店在噗浪上「開幕」。在執事店模式為噗浪虛擬店面並奠定基礎玩法後，有志進行此類創作的玩家開始轉換跑道，催生許多種類訴求各不相同的噗浪虛擬店面成立，而又由於虛擬執事店始終受到「執事不得和主人發生感情」這條來自日本對執事想像立下的不成文規定束縛，玩家們在成立其他種類虛擬店面時，便自然而然朝向「公關」這個能夠光明正大與客人調情戲耍的店面模式前進，最後造成在執事店之後，虛擬公關店成為噗浪上另一種店面遊戲的大宗。

以下由第一間虛擬執事店Spring Blend（下文簡稱SP）為起點，整理2010年至2012年的噗浪虛擬店面高峰期間，各種具備獨有特色的虛擬店面。

## （一）虛擬真人執事店發展先聲：Spring Blend與Spring Arcade

2010年6月16日，SP製作團隊同樣在臺大批踢踢實業坊女性向ACG交流板上貼出標題為〈::Spring Blend．執事喫茶 :: 互動式噗浪輕小說推廣〉的宣傳文章，內文標明此處是由同好聯合創作的輕小說，以執事為主題，將在噗浪上進行連載，而創作者在噗浪上扮演的執事也會和讀者扮演的顧客進行互動，文章全文如下：

> 各位版友好：
>
> 這是一群同好創作的輕小說，以執事為主題在噗浪上連載。
>
> 所謂互動式是指，如果讀者們有所回應，由作者扮演的執事們也會給回應，並且納入創作素材。
>
> 執事們是在一間名為Spring Blend的執事喫茶裡服務，讀

者們便是歸宅的主人。希望有興趣的版友兼噗友可以試著訂閱連載看看唷！！不然執事們會很寂寞的（淚）（Spring Blend，2015）[10]

SP 團隊並於文後附上連載聲明、連載宗旨與訂閱互動辦法，在此值得一提的注目點是，SP 一開始其實是個以開發者撰寫小說為主的創作團隊，而在宅邸裡服務的執事們原先都只是小說中的角色，在 SP 正式營運之後，團隊始終保持不定時在噗浪與網誌上發表以執事們為主角的自創小說，只是小說內容與虛擬店面營業內容之間並無關係，僅做為讓虛擬店面參與者補完執事背景故事之用。

SP 漸上軌道之後，亦逐漸能察覺出該團隊營運方式有何特殊之處，以下略分三點敘述。首先是團隊與讀者玩家間的距離性，SP 團隊採共同帳號制，身兼讀者與玩家二職的參與者永遠不知製作團隊內的確切人數與性別，而當 SP 發表噗浪訊息時，則採以在訊息最前方標明執事姓名，以讓參與者理解此時是哪一位角色透過噗浪發聲；其次是虛擬店面的幻想性，現實世界裡的執事喫茶仍具有其現實限制，必須在進貨成本與顧客需求間尋找平衡性，但虛擬店面不受此限，團隊透過文字展現明顯不存於現實世界的物品，參與者也在知曉這些呈現純屬想像的情況下接受這種幻想，並適時應和，如同那些由團隊帶動的想像都實際存在一般；最後則是扮演者與參與者的貼合性，雖然 SP 團隊與玩家間保有一定的隱密性，但在營業或是一般的閒聊狀態時，團隊成員扮演的執事亦會向參與者問起生活近況，若參與者給予的是和自身現實生活相關的回應，團隊也不急於將參與者拉回虛擬空間內，反倒會迎合參與者的現實話

10 Spring Blend，2015 年 8 月 20 日，〈::Spring Blend · 執事喫茶 :: 互動式噗浪輕小說推廣〉，取自 http://www.ptt.cc/bbs/Maiden_Road/M.1276701866.A.825.html。

題，並適度提出關心或建議。

由創作團隊打造出的空間同時具備強烈幻想性與現實性，兩者元素看似衝突，實為SP在作為噗浪虛擬店面首創者時的最佳利器，在團隊與參與者雙方達成對店面想像的共識以後，作為當時唯一一間虛擬店面的SP聲勢上漲，參與者人數漸增，無論是自行發掘此處，或由已有參與者介紹加入。參與者們不分先來後到地認同SP擬定的想像空間。在SP聲勢極盛時，參與者必須以回應速度來為自己爭取參加當晚營業的資格，SP亦曾為此狀況擬定公約，表示一位參與者不得連續二日參與營業活動。[11] 而當下狂熱的參與者曾創下在SP團隊發出噗浪訊息公告活動即將開始時，一分鐘內報名額滿的舉動。

2011年6月7日，SP團隊於噗浪上公告結束輕小說連載與虛擬店面營運。月底，團隊更新公告言明將於同年12月以Spring Arcade之名（以下簡稱SAR）更新帳號並繼續活動。[12] 自2011年12月開始的SAR維持SP時期小說連載與互動方式，同時將虛擬店面拓展到臉書上。團隊運用臉書特有的社團訊息功能同時與多位參與者互動，重新營運進入軌道後，並再推出「每週擔當執事」的臉書專屬服務，[13] 可視為另一次虛擬店面與現實生活的交會。

---

11 Spring Blend，2014年5月20日，〈:: Spring Blend 執事喫茶 :: 第二季公告（2010.12.13修訂）〉，取自 http://blog.yam.com/springblended/article/30514094.。

12 Spring Blend，2014年5月20日，〈SP製作小組公告〉，取自 http://www.plurk.com/p/dvdf8c。

13 Spring Arcade，2014年5月20日，〈Spring Arcade 執事莊園 Facebook 互動辦法〉，取自 https://www.facebook.com/notes/spring-arcade-%E5%9F%B7%E4%BA%8B%E8%8E%8A%E5%9C%92/spring-arcade-%E5%9F%B7%E4%BA%8B%E8%8E%8A%E5%9C%92facebook%E4%BA%92%E5%8B%95%E8%BE%A6%E6%B3%95/262198073880319。

2014年5月，SAR團隊正式公告將於6月30日完全結束活動，並不再以任何形式恢復活動，團隊向外公告中言明認為近幾年的風氣已有轉變，故不再持續，而是趁勢結束活動，並也在公告中談及團隊對虛擬真人扮演店面的想法：

> 主要的理由是我們認為，噗浪、虛擬角色扮演和執事文化這三者整體的風氣在這幾年來已逐漸轉變。因此真人扮演的執事、與用類似TRPG方式營造歸宅氛圍的這塊領域，已非我們應該存在的地方，與其毫無生機地持續，不如及早結束。當然，我們還是很驕傲SP/SAR是第一個採用這種網路互動型態的創作者……（Spring Arcade，2015）[14]

即便SP／SAR團隊已決定停止活動，仍不能忽視該團隊在噗浪虛擬角色扮演店面上的開創性與獨特性，在此之後，各類噗浪虛擬店面承繼SP／SAR團隊而起，雖然題材多有創新，整體運行方式仍不脫由SP／SAR團隊所立下的潛規範。接著將討論與SP模式略同，但主題並非執事的另一間虛擬角色扮演店面Vincolati（以下簡稱VC）。由VC的發展與特徵中，將略能看出噗浪虛擬店面運作團隊所面臨的發展困境。

## （二）虛擬店面再展演：Vincolati

2010年10月，Vincolati以「虛擬公關店」之名在噗浪上展開活動，店內特徵主打為公關接待，每位扮演公關的團隊成員都擁有自己角色的獨立噗浪帳號，平時成員可以自身帳號發表噗浪訊息，

---

14 Spring Arcade，2014年5月20日，〈Spring Arcade真人扮演執事+小說連載結束四年營業公告〉，取自http://www.plurk.com/springarcade。

店面帳號則負責發表公開營業訊息及公告提醒等官方事務。VC 另一項特徵為店內所有成員身分設定均非人類，而是中西背景不限制的妖物，如果說 SP ／ SAR 團隊是在參與者親身踏入後才感受其非現實性，那麼 VC 便是在參與者接觸到的瞬間便展示了店面的非真實情境。

在 VC 啟動營運時，噗浪尚未出現其他虛擬店面，SP 獨攬大局，參與 VC 活動的玩家主要來自兩種情況：第一，VC 創辦者藉著自身參與 SP 活動機會與其餘玩家搭話相識，進而推廣自身店面；第二，VC 團隊成員對自身在現實社會中的友人進行宣傳，邀請友人以友情協助之名前往參與。雖說虛擬店面參與者本就來自四方，但 VC 採用的創辦者侵入 SP 宣傳手法，卻也引起 SP 團隊方面針對 VC 是否進行抄襲的指控。這番爭議事件後以 SP 團隊與 VC 負責人各退一步，VC 並於官方噗浪上公開發表聲明方式落幕：[15] 在 VC 營運的兩年間，負責人與團隊成員均不提起 SP，私下亦不參與 SP 活動，噗浪虛擬店面的同質性問題卻從此事件中略微浮出。

在噗浪虛擬店面發展上，VC 的重要性在於打破 SP 原先成立的虛擬店面距離性，一名成員便擁有一個專用噗浪帳號。玩家除了加入官方噗浪帳號好友之外，也能依個人喜好隨意將店內成員噗浪加為好友，在噗浪身為社交型微網誌的功能下，成為好友的雙方便能看見對方的噗浪訊息，也能隨意進入訊息中回應，這個自由度拉近了身為「公關」的 VC 成員與身為「客人」的玩家之間距離，甚至有玩家和 VC 成員打破公關與客人的設定，進一步在現實社會中交流互動的情形產生。VC 團隊成員和參與者的深入交往，讓我們關注到噗浪虛擬店面在社交領域上還有另一種可能性。在 SP 情況下，玩家的社交同伴是和自己同樣身為玩家的他人；但到了 VC 時

15 Vincolati，2014 年 5 月 20 日，〈重要聲明〉，取自 http://www.plurk.com/p/8u9ffg。

期，則被允許和提供服務的團隊成員交流，更甚至進一步獲得傾聽成員現實生活心聲的資格，這種可能性對玩家來說是十分誘人的，不僅顯示出自己的與眾不同，也顯示出螢幕後的團隊成員其實並不如此的遙不可及。只是這樣的特點隨著 VC 進入正軌的時間越長，卻漸漸成為一項絆腳石。在參與者與團隊成員建立私交以後，原先參與噗浪虛擬店面營業的動機——進入想像空間暫時獲得情感紓解——便不復存在。當噗浪虛擬店面的營業變得不再是重點，團隊成員們便失去繼續經營虛擬店面的動力，更由於虛擬店面無成本的先天條件，造成成員失聯、不肯上線使用帳號等情況產生。2011 年 10 月 11 日，VC 公布將永久暫停營業，[16] 這間在 SP 之後繼起並占有一方地位的噗浪虛擬角色扮演店面，最後仍無法抵抗因過度情感交流帶來的負面效應而宣告終止。

在 VC 營運的這段時間內，噗浪上漸有不同類型虛擬店面興起，執事、公關型、咖啡廳等類型均有。在 SP 團隊持續活動的情況下，後起團隊想在噗浪虛擬店面中撐起一片具有特色的天空，其實極度需要運氣與優良的設定。下面將提及的虛擬真人執事喫茶店 Lilas Blanc（以下簡稱 LB）便是汲取 SP 與 VC 特色模式，再加以發展而成的噗浪虛擬執事店案例。

## （三）執事元素回歸與破滅：Lilas_Blanc

2011 年 1 月，「虛擬真人執事喫茶店」Lilas_Blanc 成立，官方設定執事們服務於一座名為 Lilas_Blanc 的塔邸，並於官方部落格置頂文章中載明自身成立基礎來自 SP 團隊，但在角色設定等方面則不參考 SP。LB 團隊所獨創的營運方式特色在於小精靈的出現。執事所在的塔邸被設定成奇幻元素存在的時空，每位執事身邊

16 Vincolati，2014 年 5 月 20 日，〈公告〉，取自 http://www.plurk.com/p/ebd1x3。

都跟著暱稱特異的小精靈，負責公布營業事項等雜務。

在執事設定部分，SP 時期的執事角色設定清一色為日系姓名配合日系背景；到了 VC 時期，公關設定混雜東西方妖物概念，角色姓名也隨著公關身分設定而有所變化；而 LB 可以說是擊破了 SP 與 VC 的一貫式設定，團隊內的執事風格東西混雜，西方設定與東方設定的執事同時存在於塔邸內，與 SP 或 VC 相較下也許顯得不夠嚴謹，但對參與者而言，噗浪虛擬店面原本便是一場遊戲，一座塔邸內同時擁有多種元素的執事設定，看似不合理卻也不那麼重要到值得在意。

從 LB 團隊中孕育出的執事並不如 SP 的那樣維持分際。相反的，LB 執事採用的是如同 VC 般地一人一帳號的概念。初期團隊並未明文規定扮演大小姐或少爺身分的參與者不能私下與執事互動，更能說 LB 在其全盛時期最受人歡迎的一點，便是執事於個人噗浪帳號上大量暴露自身扮演者的真實身分線索，使玩家樂於掌握某位執事身處何方的秘密感。只是在 2013 年 4 月 LB 暫時歇業，到該年 9 月重新宣布復業之後，團隊便建立了禁止玩家私下和執事接觸的規定。

LB 團隊在噗浪上以執事人數眾多、互動玩法新穎等要素打下名聲。但在 LB 逐漸站穩腳步的同時，VC 正也因為玩家和團隊成員間過度的私人互動而走向倒閉。VC 與 LB 兩間虛擬店面的玩家本質上並不重覆，當 VC 結束營業時，LB 並未關注到這個現象。筆者在 2011 至 2012 年約一年間同時參與 VC 與 LB 兩間虛擬店面活動，當時便注意到 LB 團隊中的執事與玩家關係比 VC 更來得緊密，執事們亦不避諱在公開噗浪訊息裡提及與某位玩家私下聊天互動的情形。

LB 執事人數眾多帶來的負面效應，便是流動率相對提升，[17]

---

**17** 自 2011 年 Lilas_Blanc 開始營運至筆者撰寫本篇論文的 2015 年 8 月為止，

在執事與參與者開始建立關係之後，執事扮演者因故離開團隊的情況仍在發生。此時便產生了參與者因為想更貼近執事扮演者而向LB 團隊應徵成為執事的情形。在參與者轉換身分成為執事後，又會有新的參與者與其建立私人關係。同時，人數眾多的團隊裡也不斷有執事離開，如此周而復始循環下，2011 年末，筆者停止參與LB 一切活動時，團隊內從主事者到執事、甚至為執事書寫故事的專門寫手均是熟人。LB 將執事元素重新帶回噗浪虛擬店面雖為事實，但無可否認的是，LB 也毀壞了噗浪虛擬店面上最開始由 SP 帶起的傳統執事的想像。

噗浪虛擬店面從 SP 起家、興盛，到 VC 時建立了執事以外的虛擬系統，LB 再將似乎已遠去的執事符號引回，卻又加以破壞。在這一連串的發展歷程之後，時至今日，噗浪虛擬店面風氣已不如 2010 年至 2012 年那段時期的興盛，只餘幾間客群已固定的店面持續活動，那麼究竟虛擬店面對玩家的吸引力何在，可試著切入的學術論點又是什麼？

李衣雲的《變形、象徵與符號化的系譜—漫畫的文化研究》書中第三章〈漫畫符號體系的解釋共同體—漫畫的讀者介入與二次創作〉中談及解釋共同體概念為「由共有解釋戰略的人們所組成」，一個文本內具有許多解釋面向和意義，擁護不同意義的讀者群形成不同的解釋共同體，並對該文本進行二次創作。[18]

若將「噗浪虛擬店面」設定為一個文本，由不同團隊主持的不同類型虛擬店面，儼然便是文本的各種二次創作，李衣雲同時也提及解釋共同體具有大小上下性質：「大的解釋共同體之中，存在著各式小的解釋共同體，其分享了部分大解釋共同體的社會認識參考

---

LB 團隊執事已更換至第六期，團隊負責人（家主）亦是第三代，團隊流動率之高由此可證。

18 李衣雲，2012，《變形、象徵與符號化的系譜—漫畫的文化研究》。臺北：稻鄉，頁 128。

架構，但卻又有各自的差異存在。」、「解釋共同體並非是單一的權威，而是有多層次的關係，可以互相包納，亦可主從換位。」[19]

若解釋共同體之間能彼此包容，那麼在噗浪虛擬店面的情況下，為何會發生如抄襲指控、參與者喜惡選擇店面的現象？

2010 年 VC 團隊遭受來自 SP 團隊的營業模式抄襲指控時，筆者因與 VC 負責人相識而參與其中，SP 團隊方面指稱 VC 團隊在試營運期間，營業噗浪上有關「本日接待時間、限定接待人數、若人數已滿才入場，公關可能無法接待」等敘述句與 SP 團隊使用的接待句型幾近一致。此事雖在 VC 團隊發表聲明後落幕，但引起的後續效應似乎不容輕忽，虛擬店面團隊間存在不同角色，但角色設定中卻又有某些雷同。面對這種來自不同店面不同角色的相似感，參與者的觀感為何？曾與筆者針對噗浪虛擬店面問題接受訪問的玩家 F，談及自己參與 SP 與 VC 時的情形說到：

> SP 裡面有很喜歡的執事……每次互動遇到他都覺得特別害羞，可能是太喜歡他的設定，後來在 VC 時自然就受到有同樣設定的公關吸引，但久了還是會覺得 VC 公關不如 SP 執事設定的那麼好……我還是喜歡 SP 那裡多一點。（受訪者 F，2014）[20]

對參與者 F 而言，擁有某項設定特質的 SP 執事會讓她覺得害羞、特別想與對方互動，但到了同樣是虛擬店面的 VC 時，擁有同樣設定的 VC 公關卻讓 F 覺得「不如 SP 那麼好」，屬於 SP 共同

---

19 同揭前註 9，頁 159-160。

20 筆者於 2014 年 2 月與 4 月份別與下文提及之受訪者 F 和 D 進行面對面訪問，受訪者 F 於 2010 年 10 月開始參與 SP 營運活動，受訪者 D 則於 2010 年 12 月開始關注 SP，兩人至今都持續在噗浪上關注虛擬店面活動事項，但不願在論文引用訪談內容時具名，故分別以代號表述。

體的參與者不一定能接受其他虛擬店面，雖然虛擬店面的參與者彼此流動，但仍保有專屬於某個共同體的想像，在遇到其他共同體時，玩家採取的反應是：

> LB太小孩子氣了，覺得他們很假，就是掛著執事店名字在做公關店的東西……觀望過幾次啊，但就是不想過去參加，SP好多了，我每次看到噗浪上朋友說LB很好的時候都想笑，他們真的知道執事店是什麼嗎？（受訪者F，2014）
>
> 抄襲是一定的吧？受歡迎的東西也就那幾樣啊，像是個性比較成熟、帶點腹黑會欺負客人的執事就很受歡迎，公關也是，反正客人就喜歡那種臉紅心跳的感覺嘛，而且虛擬店也沒有版權問題，遇到太擺明抄襲的店就只好不去啦，不然還能怎麼樣。（受訪者D，2014）

從受訪者F的發言裡，我們發現噗浪虛擬店面的解釋共同體之間不存在包容性，也許設定元素和參與者是自由流動的，但對虛擬店面有某種解釋的共同體彼此間不允許對方存在，如F所屬於的共同體對虛擬店面的解釋與想像是「如同SP那般」，當這個F屬於的共同體遇到將虛擬店面解讀為如同VC或LB一般的共同體時，產生了排斥與比較的想法；受訪者D的發言則讓我們知道，面臨自己不喜歡的解釋共同體時，參與者將無法容忍，會拒絕參與該共同體活動的情況。

因為在參與過程中享受到休閒的愉快，進而確認該虛擬店面共同體對自己是重要的存在，當噗浪上出現其他虛擬店面時，參與者便以「新的虛擬店面有沒有辦法讓我感受到和舊店面一樣的愉悅感」作為是否接受新店面的參考標準。只是在參與者心中大多已有最優秀的共同體前提下，難以再接納新的共同體進入，反而產生對新共同體的批評與抗拒，到頭來，噗浪虛擬店面的解釋共同體因為承載著團隊與參與者雙方的想像與滿足，變成一種安撫心靈、暫避現實的工具。為此，無論團隊或參與者方面都無法容忍自己屬於的共同體受到挑戰，一旦共同體遭遇質疑，等同於自己的心靈依歸受到動搖。

在此情況下，對其餘共同體的質疑實為維護自身共同體的獨特性，在未來探討噗浪虛擬店面相關議題時，店面間的互不相容應不只視為遊戲手法，而還有更深一層的討論空間。

## 四、結語

與其說執事在臺灣沒有被研究，不如說它尚未被看見可研究的線索，相較之下與執事類型相似的女僕咖啡廳已有如李明璁、林穎孟〈從情緒勞動到表演勞動：臺北「女僕喫茶」（咖啡館）之民族誌初探〉這般由社會學角度切入探討的研究論文。雖說 2012 年日本御茶水女子大學性別學際研究專攻博士班學生張瑋容有論文〈作為愉悅建構的「BL 妄想」—以臺灣腐女在「執事喫茶」的實踐為例〉以執事喫茶為主軸，但該論文仍聚焦在執事元素連帶出現的 BL 妄想上，並未對執事現象如何進入臺灣發展有太多著墨。本篇論文以臺灣的執事文化發展順序為文章順序，將實體執事喫茶擺在噗浪虛擬店面之前，實際上，筆者是先以噗浪虛擬店面其實是個巨大想像共同體為思考出發點，才開始進行關於臺灣執事文化的發展考究。執事喫茶與女僕咖啡廳具有多方討論面向，除了既有的社會學、性別學角度外，或許也能由行銷管理手法方向切入研究，只是為免分散論文針對臺灣執事文化發展的脈絡整理與虛擬執事店興起的討論，也為避免在論文有限字數裡塞入過多主題，僅簡單提出研究可能性。

如果執事在臺灣只是一項動漫迷群會拿來當作創作主題的小事，那麼臺北、臺中等地的執事喫茶／酒吧便不會來來去去地開了又關，消費者們也不會願意前往消費金額確實偏高的執事喫茶靜坐一兩個小時，只為了觀看穿著全套西服的執事為自己親手倒茶。在執事喫茶店內，被稱為大小姐／少爺的消費者們切實透過店內裝潢和執事稱呼等外力協助，把自己結合進這個暫時打造出來的空間裡，和執事們共同進行角色扮演似的假想。雖說執事喫茶由日本而來，在臺灣店家挪移那些日本元素時，也站在增加人氣與曝光率的實際考量下，透過社群網站回應留言等方式稍微擊破執事總是消費者所無法觸及的規範，稍稍與消費者更加貼合一些。

在虛擬執事店的部分，我們看到的不只是坐在電腦前敲打鍵盤進行的文字遊戲，礙於篇幅關係，論文中捨去許多關於噗浪虛擬店面的可談環節，暫時只著重在與虛擬執事店相關方面，否則在虛擬店面下仍有著如 BL 為大宗、角色設定落於某種固定樣板等事項足夠作出更多份量的討論。一直以來，虛擬執事店承載著比實體執事店更加難以使人理解其魅力所在的困境，但無法否認的是，這種虛擬網路上的執事／公關店是臺灣在接收執事文化傳導後，所演化出的特有遊戲方式，在未來其他場合討論起執事文化發展時，都希望這場虛擬遊戲能繼續被深入探討。

## 參考文獻

### 中文

李衣雲，2012，《變形、象徵與符號化的系譜—漫畫的文化研究》。臺北：稻鄉。

李明璁、林穎孟，2013，〈從情緒勞動到表演勞動：臺北「女僕喫茶（咖啡館）」之民族誌初探〉。《臺灣社會學刊》53：102-141。

柳傲雪，2009，《執事學園 01 改造王子》。臺北：鮮鮮文化。

張瑋容，2012，《作為愉悅建構的「BL 妄想」—以臺灣腐女在「執事喫茶」的實踐為例》。日本御茶水女子大學性別學際研究專攻博士班論文。

## 網路

Lilas_Blanc 虛擬真人執事喫茶店官方噗浪，取自 http://www.plurk.com/Lilas_Blanc。（檢索日期：2015/5/14）

Lilas_Blanc 虛擬真人執事喫茶店本家部落格，取自 http://lilas0blanc.pixnet.net/blog。（檢索日期：2015/5/14）

SpringBlend 噗浪真人執事暨小說連載官方噗浪，取自 http://www.plurk.com/springblend。（檢索日期：2015/5/14）

SpringBlend 噗浪真人執事暨小說連載本家部落格，取自 http://blog.yam.com/springblended。（檢索日期：2015/5/14）

SpringArcade 執事莊園官方噗浪，取自 http://www.plurk.com/springarcade。（檢索日期：2015/5/14）

SpringArcade 執事莊園本家部落格，取自 http://blog.yam.com/springarcade。（檢索日期：2015/5/14）

Vincolati 虛擬公關店官方噗浪，取自 http://www.plurk.com/Vincolati。（檢索日期：2015/5/14）

# 3D 動作角色扮演遊戲戰鬥動作節奏製作實務之研究

朱家賢

## 一、緒論

動作角色扮演遊戲（Action Role-Playing Game）是電子遊戲類型的其中一種。意指將動作遊戲、角色扮演遊戲（Role-Playing Game，簡稱 RPG）和冒險遊戲要素合併的作品，簡寫為 Action RPG、A-RPG 或 ARPG（以下簡稱為 ARPG）。具體上來說，ARPG 的基本形式具備使角色成長繼續冒險的 RPG 要素、對於戰鬥場景的動作性處理、解決隱藏謎題或機關的冒險遊戲要素等，戰鬥場景以即時方式（real time）進行。

Active RPG 誕生於 1984 年，當時的個人電腦並未內建軟碟機，而外部紀錄裝置是用卡式磁帶。因此幾乎所有的遊戲每一次都只能從卡式磁帶讀取出 64K 位元組而讓遊戲進行下去。RPG 需要有軟碟機的隨機存取，但由 BPS 發售的《The Black Onyx》，證明了卡式磁帶也能夠製作 RPG。現在的 ARPG 被類型名稱所束縛，從「被 RPG 派視為困難、被動作遊戲派視為簡單」的評價來看，也常被認為有一般玩家傾向迴避製作內容。

由於早期人類技術能力不發達，不能作出一個更加全面的遊戲，只能侷限於強化某一部分或幾部分特點，所以為強化動作與所謂的 RPG 部分，遊戲生造了一個名曰 ARPG 的遊戲類型。

ARPG 與格鬥遊戲的差異點在於：格鬥遊戲是屬於「一對一」的打法，重視的是時機的掌握；而 ARPG 往往是處在「一對多」的遊戲模式下，重視的是擊殺的爽快感。所以，在製作 ARPG 的動作時，攻擊動作的「節奏」就顯得異常重要，節奏太快會覺得遊戲不夠真實，節奏太慢又顯得遊戲拖泥帶水。因此，本文將重點探討 ARPG 的進行動作設計時，攻擊動作「節奏」的掌握，並嘗試將其數據化，使讀者能夠更方便且準確的運用在遊戲實作上（維基百科：動作角色扮演遊戲，2015）。

此外，遊戲動作的銜接可以說是動作遊戲的生命。本文將介紹一套免費下載的次世代遊戲引擎 Unreal Engine 4 當中的動作系統「Animation Blueprint」，此系統不需要高深的程式背景，僅需要基本的邏輯概念即可輕鬆操作。

## 二、戰鬥動作的節奏分配

戰鬥動作為了能達到「簡潔」、「有力」、「協調」的狀態，動作的節奏會變得非常重要，假如節奏不對，動作再標準都會產生不小的違和感。

因此，為了能將攻擊節奏調整到位，一個攻擊或是技能施放動作往往需要分割成數個小動作進行分析，本文將單一一個戰鬥動作分割為 A. 預備動作、B. 攻擊動作、C. 恢復待機動作（如圖 1）。

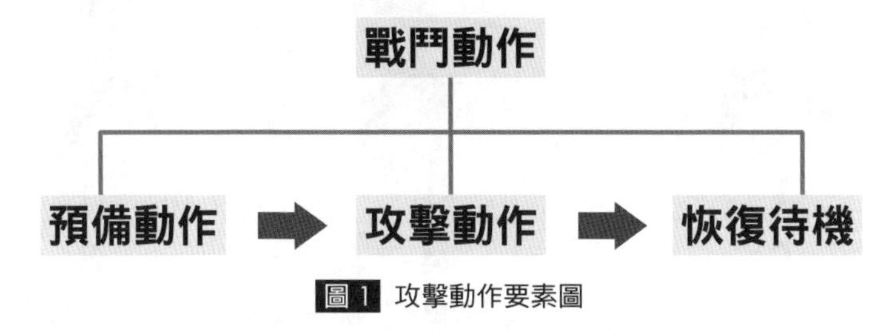


圖 1 攻擊動作要素圖

### （一）預備動作

預備動作是指在執行攻擊前，一個蓄力或是增加攻擊空間的動作，攻擊的預備動作在實做中又可概略分為：「速擊型」與「集氣型」。「速擊型」泛指速度較快或無需集氣的動作，例如刺拳、短兵器、一般技能；「集氣型」則是指速度較慢的蓄力動作，例如重兵器、範圍技能、高傷害技能等。

1. 速擊型動作

若角色手中持有的武器較輕，動作上必須營造出快速擊殺或是突襲的感覺（例如刺客、殺手、武術家等），強調的是「動作的快速伸縮」。所謂「動作的快速伸縮」指的是：

快速的預備動作＋快速的攻擊＋快速的恢復待機

各位讀者可以想像成拿水果刀或輕型菜刀切蔥或是切蒜頭的感覺，武器攻擊與收回的速度都很快，所受到的阻力與反震力都很低，因此，動作的節奏為「快 → 快 → 快」。

預備動作建議影格數：8 到 10 個影格，約 0.3 秒（1 秒 30 個影格），如圖 2。

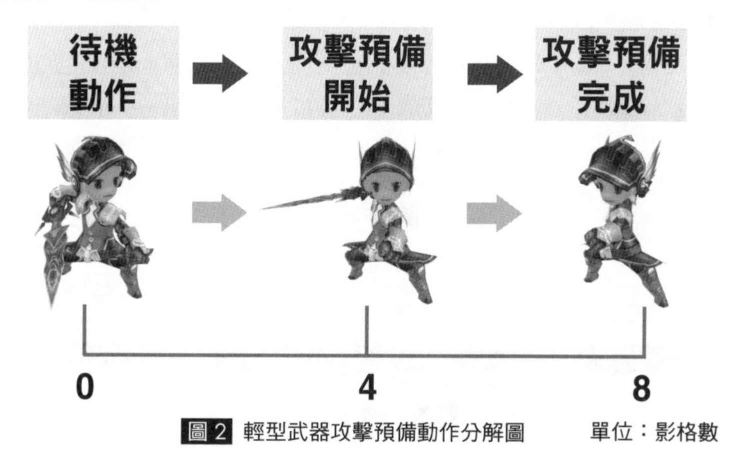


圖 2 輕型武器攻擊預備動作分解圖　　單位：影格數

2. 集氣型動作

若角色手中持有的屬於重型武器或是有需要集氣放絕招時，動作上需要營造出蓄力的感覺（例如巨斧、巨錘等），強調的是「動作的沉重感」。所謂「動作的沉重感」，指的是：

緩慢的預備動作＋快速的攻擊＋緩慢的恢復待機

各位讀者可以想像成是拿厚實的菜刀斬雞或是切鴨的感覺（若沒斬過雞的讀者到菜市場的雞肉攤或是燒臘店都可以看得到），武器攻擊與收回的速度都較為緩慢，所受到的阻力與反震力都很低，因此，動作的節奏為「慢 → 快 → 慢」。

預備動作建議影格數：15 到 30 個影格（1 秒 30 個影格），約 0.5 到 1 秒或視實際情況而定，但建議不要超過 1 秒，以免破壞戰鬥節奏（如圖 3）。

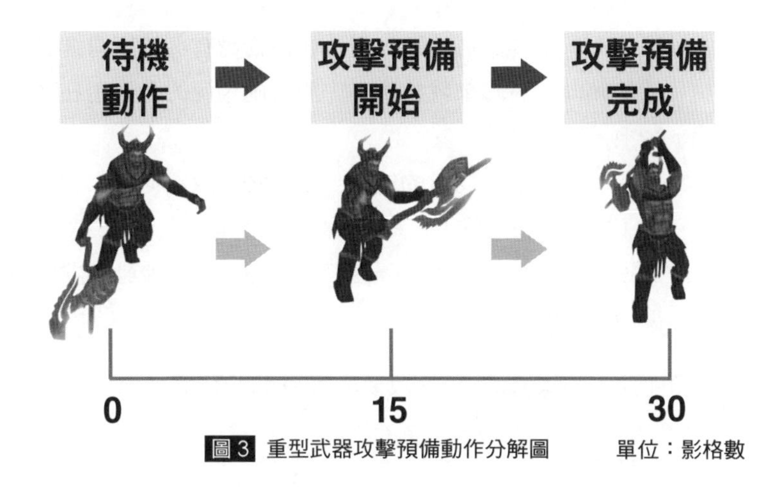


圖 3 重型武器攻擊預備動作分解圖　單位：影格數

「攻擊預備動作」是「待機動作的結束」以及所有「攻擊動作的開始」。俗話說，「好的開始是成功的一半」，雖然攻擊預備動作的影格往往不算太長，甚至可以說很短（有時會不到 3 個影格），但預備動作決定了主角及武器的屬性，更可以展現整體的氣勢。因此，預備動作節奏的掌握可以說是決定了一個攻擊動作的成敗與否，在調整預備動作時，必須更加謹慎小心。

## （二）攻擊延遲

遊戲中的所有動作為了看起來自然，在調整動作時會考慮到真實環境中「慣性定律」，而慣行定律將會造成攻擊動作結束後的「攻擊中的延遲」，或可稱為「硬直時間」。

簡而言之，也就是：主角的動作會因為武器質量的帶動與加速度、或是遭被攻擊物阻礙而產生不受控制的狀況。

重量越重，慣性力越大，武器不受控制的時間越長（慣性公式：F=ma，F：慣性力、m：質量、a：加速度）（維基百科：慣性，2015）。

1. 慣性力：當物體加速時，慣性會使物體有保持原有運動狀態的傾向，看起來就彷彿有一股方向相反的力作用在該物體上。
2. 質量：物體所含物質的總量，不論物體放在何處，其質量是不變的，在地球上，質量幾乎等於重量。
3. 加速度：在相同時間間隔內移動距離不同的運動為非等速度運動。攻擊流程：

預備動作 → 攻擊動作 → 攻擊延遲 → 恢復待機

### 1. 輕型武器

輕型武器多與速擊型動作搭配，由於武器重量（短刀、武士刀、單手劍等）較輕，在武器刺出去之後所產生的慣性力也比較低，攻擊延遲的時間較短，收回的速度也相對較快。因此，輕型武器的攻擊延遲時間約為 5 到 10 個影格（0.16 到 0.3 秒），如圖 4。

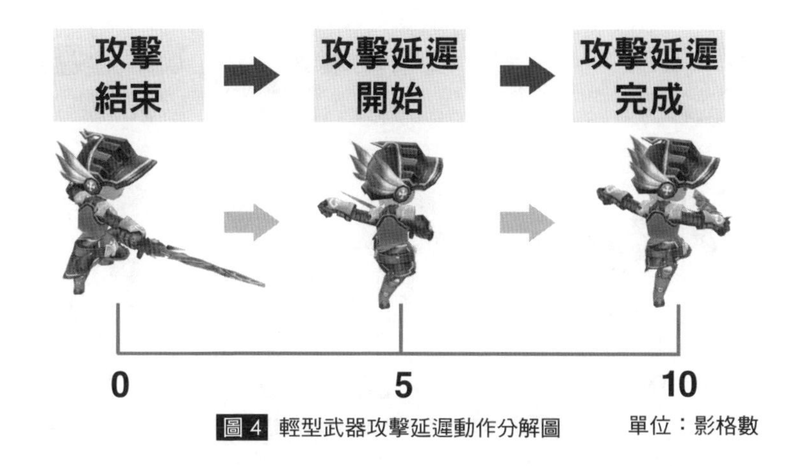


圖 4 輕型武器攻擊延遲動作分解圖 單位：影格數

預備動作 → 攻擊動作 → 攻擊延遲（5 到 10 影格）→ 恢復待機

重型武器多與集氣型動作搭配，由於武器重量（巨斧、巨錘等）較重，在武器揮擊出去之後所產生的慣性力也比較大，攻擊延遲的時間較長，收回的速度也相對較慢。因此，重型武器的攻擊延遲時間約為 20 到 30 個影格（0.67 到 1 秒）如圖 5。

預備動作 → 攻擊動作攻擊延遲（20 到 40 影格）→ 恢復待機

此外，集氣型動作的攻擊延遲並不只是將武器慢慢收回而已，集氣型動作的攻擊延遲多半會搭配一些緩衝的動作，例如：斧頭砍到地板裡面拔不出來、胖子使用飛撲攻擊後爬不起來等動作來增加動作表演的戲劇張力。

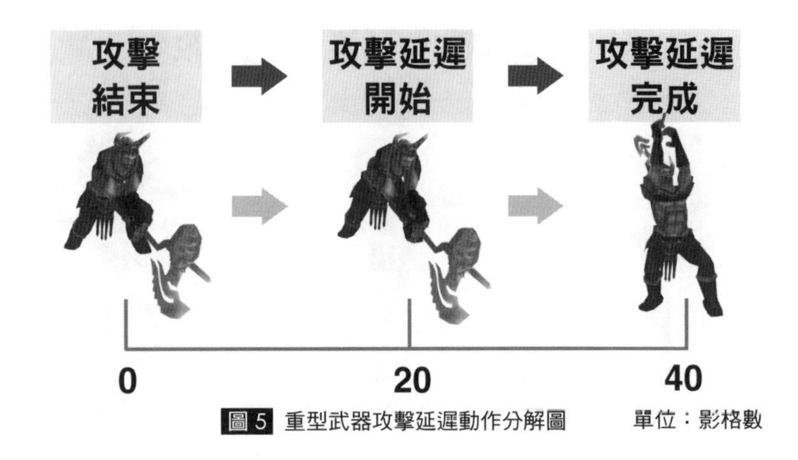


圖 5 重型武器攻擊延遲動作分解圖　　單位：影格數

「攻擊延遲」的產生位置介於「攻擊動作結束」到「恢復待機動作」之間，是一種玩家無法控制的狀態，俗稱「破綻」或是「硬直」時間。除在視覺上能夠清楚的感受到武器的重量外，在企劃設定上，「攻擊延遲」的時間往往也都是界定角色職業種類（忍者延遲時間短、狂戰士延遲時間長等）的標準之一。

## （三）恢復待機動作

在攻擊動作完成之後，「恢復待機動作」就是最後整組動作的 ending 動作，也是一般新手最易犯錯的部分。

在調整恢復待機動作同時，重點除了上半身回收武器的動作之外，還有左腳與右腳的「分別」收回；一般剛入門的新手習慣性地將下半身動作調整成左右腳同時收回，但實際上，在正常狀況下，必須先收左腳再收右腳，或是先收右腳再收左腳，影格調整的方式如下：

假設：

動作預定為「先收右腳再收左腳」，恢復待機動作總時間為 30 個影格。

第 0 到第 15 影格：右腳恢復待機影格，左腳停留在攻擊結束影格。

第 16 到第 30 影格：左腳恢復待機影格。

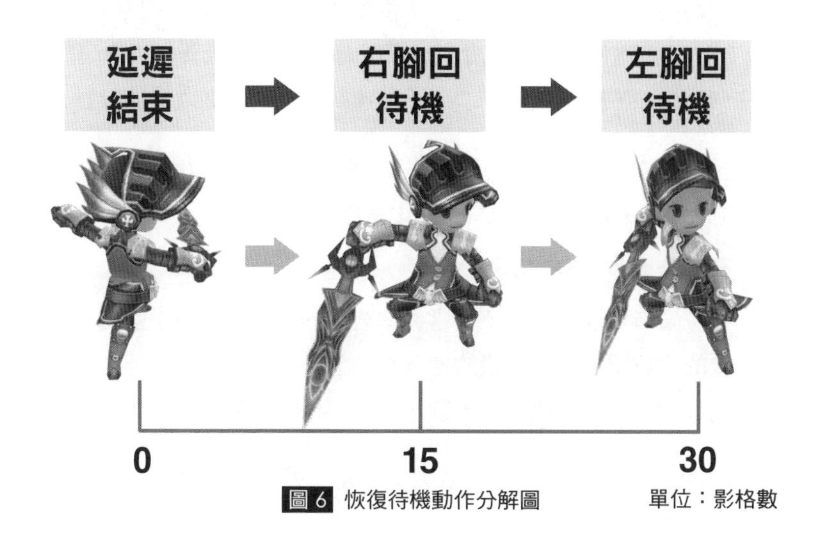


圖 6 恢復待機動作分解圖　　單位：影格數

「恢復待機動作」是整個戰鬥動作的完結以及下一個動作的開始（待機、移動、跳躍等），因此，「恢復待機動作」算是不同動作間的運轉樞紐，倘若恢復待機動作調整的不順暢時，極容易產生動作瞬間抖動的不流暢感。

## （四）重複性攻擊（以「連刺」為例）

在上述內容的一般攻擊中，攻擊流程為「預備動作 → 攻擊動作 → 攻擊延遲 → 恢復待機」，這個流程目前僅適用在單一一次的攻擊與技能動作中，如果一次性的攻擊或技能動作中必須要出現「重複性」的動作時（同一組動作進行連刺、連砍、連打等）應該如何製作呢？

1. 分解動作排列部分：

由於重複性攻擊與其說是由「多個相同的攻擊動作」串接而成，更精準地說法是由「多個相同且未完成的動作」與「最後一次的恢復待機」所組成。簡言之，「恢復待機」這個動作，只出現一次；而所謂重複性攻擊，其實只有「預備動作 攻擊動作 攻擊延遲」這三個動作在不斷地重複，若以「二連刺」為例，則攻擊流程為：

預備動作 01 → 攻擊動作 01 → 攻擊延遲 01 → 預備動作 02 → 攻擊動作 02 → 攻擊延遲 02 → 恢復待機

2. 影格數量分配部分：

各位讀者可以想像一下，當你拿著拖鞋在虐殺一隻小強時，會每一次的「攻擊」都是同樣的速度嗎？想必是越打越快，越打越狠吧！而這個「越打越快越打越狠」，在影格上的調整方法如下：

第二次「預備動作影格數」= 第一次「預備動作影格數」×0.7

第一次「攻擊中延遲影格數」= 常態第一次「攻擊中延遲影格數」×0.5

第二次「攻擊中延遲影格數」= 常態第一次「攻擊中延遲影格數」

我們進行以下的假設（以輕型武器連刺為例）：

(1) 常態第一次「攻擊中延遲影格數」：

由於動作的設定是「輕型」武器連刺，所以按照文章上述內容，我們將常態第一次「攻擊中延遲影格數」訂為 10 格（frames）。

(2) 第一次「攻擊中延遲影格數」：

在連擊的過程中，為了營造武器刺出並快速收回的感覺，所以，「攻擊中延遲影格數」並不會讓慣性作用順利地帶著動作跑，而是會強迫用身體的力量將武器拉回。因此：

第一次「攻擊中延遲影格數」=10 格 ×0.55 格

(3) 第二次「預備動作影格數」：

在連擊的過程中，為了避免目標逃脫攻擊範圍，所以第二次的預備動作（蓄力）必須加快速度以增進動作的緊湊感，因此（假設第一次預備動作為 10 個影格）：

第二次「預備動作影格數」=10 格 ×0.7=7 格

(4) 第二次「攻擊中延遲影格數」：

假設「第二次的攻擊為最後一次攻擊」時， 也就是小強在您完美的連擊下已經一命嗚呼時，無須再發動第三次連擊，則我們可以視「第二次攻擊中延遲」等於「常態第一次攻擊中延遲」。因此：

第二次「攻擊中延遲影格數」= 常態第一次「攻擊中延遲影格數」=10 格

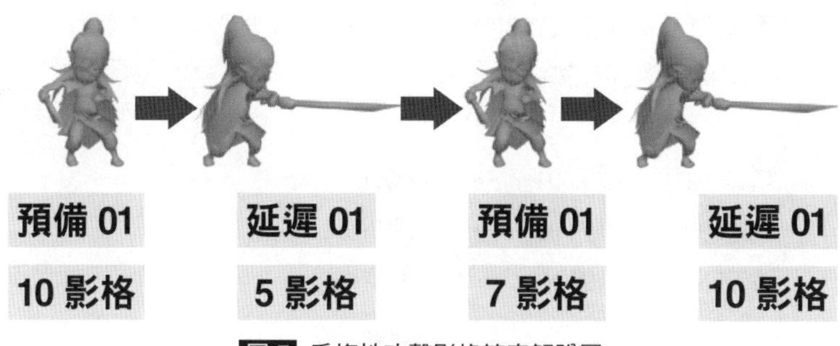


圖 7 重複性攻擊影格節奏解說圖

「重複性攻擊」是一種在製作技能動作時常見的動作型態：連刺、轉圈、翻滾、滑行等，在動作上的重複性較高。例如：一直刺、一直轉等。為了避免動作上過度單調，在調整動作時往往會透過「加速度」，例如：越刺越快、越轉越快等狀況，讓動作更加的多樣化與合理化。

## 三、連續攻擊的銜接技巧

### （一）攻擊間的銜接

在動作遊戲中，為了操作的打擊感，攻擊動作常常會不只是攻擊一次就停止，而是會有 3 連斬、5 連斬等多種攻擊模式，而且並不是玩家輸入一次砍 3 下，而是「玩家輸入一次腳攻擊一下」，有些遊戲甚至連斬次數會隨著等級提升而增加，這種操作方式雖然增加了遊戲的互動性，但是，在整體動作銜接（攻擊 01、攻擊 02… 攻擊 N）的製作上需要考慮的事項也增加了不少。

不過，為了讓角色的動作能夠銜接順利，只需要掌握一個原則，那就是「上一個攻擊動作的最後一個影格是下一個攻擊預備動作的開始影格」。

在上述文章內容中，曾經提到攻擊動作分為三個部分，分別是「預備動作」、「攻擊動作」、「恢復待機動作」，而連斬動作銜接是否流暢，關鍵點就在前兩項「預備動作」以及「攻擊動作」，在動作銜接上的運作模式為：

攻擊 01：「預備 01」→「攻擊 01」結束
攻擊 02：「預備 02」→「攻擊 02」結束
攻擊 N：「預備 N」…「恢復待機」。

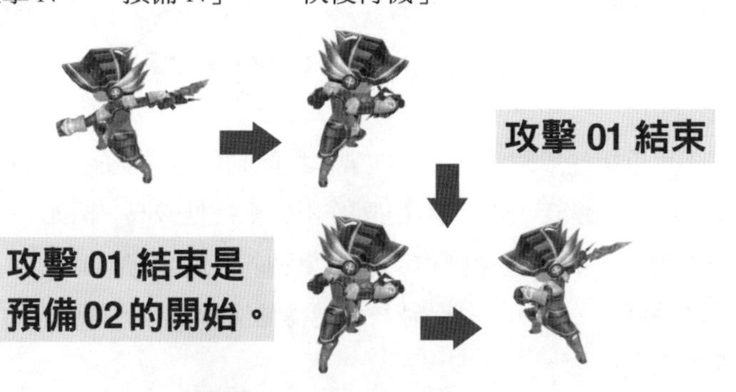


圖 8 連續攻擊銜接分解圖

## （二）玩家反應時間

在上述的文章內容中有提到「攻擊動作」與「攻擊延遲」這樣因慣性力產生的動作規則，然而，在連續攻擊的操作中，需要考慮到玩家的輸入時間差，有些玩家輸入的快，有些玩家輸入的慢。

因此，為了避免在動作的銜接上產生錯亂，必須在「攻擊動作」到「恢復待機」的中間加入「玩家反應時間」，若玩家超過「玩家反應時間」仍未輸入下一次的攻擊則強迫執行「恢復待機」動作；相對地，若玩家在未進入反應時間前的所有輸入幾乎都會視為無效（玩家反應時間常態為 20 到 30 個影格，約為 0.67 到 1 秒）。

玩家反應時間的運作模式為：

1. 假設玩家只輸入一次

預備 01 → 攻擊 01 → 反應時間（不輸入）→ 強制恢復待機動作（此時玩家輸入無效）

2. 假設玩家輸入兩次攻擊

預備 01 → 攻擊 01 → 反應時間（再次輸入）→ 預備 02 → 攻擊 02……

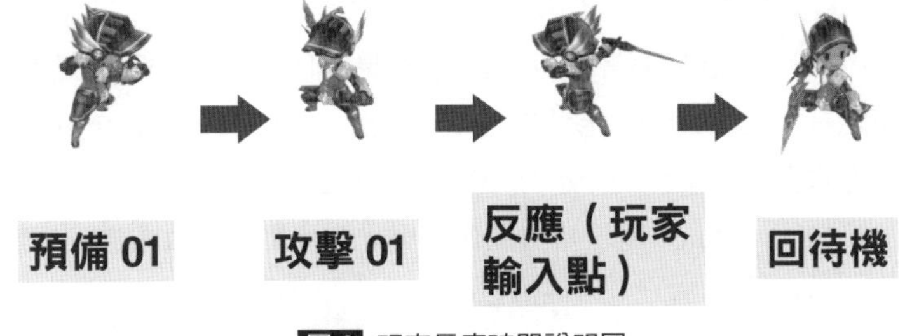


圖 9 玩家反應時間說明圖

「連續攻擊」是動作角色扮演遊戲常用的攻擊模式之一，有別於傳統角色扮演遊戲的單一攻擊；「連續攻擊」需要將一個動作拆解成數個小動作，更需要考慮到玩家輸入的時機點，在製作上比傳統的單一攻擊需要更多的機制與配套方式。

# 四、Unreal 4 的 Animation BluePrint 邏輯介紹

Epic Games 在 Unreal Engine 官方部落格宣布，Unreal Engine 4 現在起（2015 年 3 月）將是免費的，任何人可以下載它，同時開始使用它，它將支援所有主要平台、含 100% C++ 原始碼，至於所有未來的更新也將持續加入，且不會收其他費用。

Animation BluePrint 是 Unreal 4 中用以控制動態模型（有綁定骨架的模型）以及角色動作的一套邏輯系統，而 Animation BluePrint 又可劃分為 AnimGraph 以及 EventGraph 兩部分。其中，AnimGraph 是屬於動作的串接，不需要高深的程式背景，僅需要基本的邏輯概念即可上手，而 AnimGraph 是透過節點（node）的連接來將動作串接起來，幾個較為主要的節點又可分為（Unreal，2015）：

## （一）Animation Graph 的運作邏輯

由於一款遊戲的動作極其繁多，待機動作可能有 3 種、攻擊動作可能有 7 種、受傷動作可能有 2 種等等，因此，Animation Graph 在製作時會先將所有動作進行分類，以下這個例子的分類為：

1. Idle ／ Run：將「待機動作」與「跑步動作」放在這一個類別中。
2. Attack：將「所有攻擊動作（攻擊 01 到攻擊 05）」放在這個類別。
3. BeAttack：將「受傷動作」放在這個類別。
4. Dead：將「死亡動作」放在這個類別。

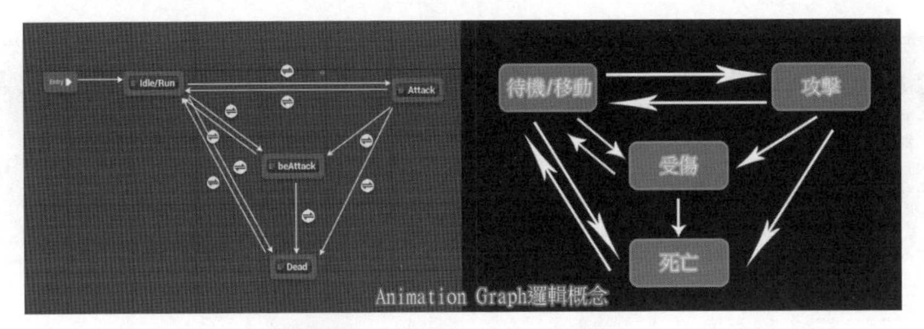


圖 10 Animation Graph 邏輯圖

而 Animation Graph 中的箭頭包含著「單向」與「雙向」運動，每個箭頭均代表著動作彼此間的聯繫關係，例如：

1. 「待機／移動」與「攻擊」間的關係為雙箭頭，代表著待機／移動時可進入攻擊狀態，攻擊停止後可進入待機狀態。
2. 「攻擊」與「受傷」間的關係為單箭頭，代表著攻擊動作播放期間可以播受傷動作，但受傷動作完成後不會再播回攻擊動作。
3. 「攻擊」與「死亡」間的關係為單箭頭，代表著攻擊播放期間可以播放死亡動作，但死亡動作完成後不會播回攻擊動作。
4. 「待機／移動」與「受傷」間的關係為雙箭頭，代表著待機／移動時可進入受傷狀態，受傷動作播完後後可進入待機／移動狀態。
5. 「待機／移動」與「死亡」間的關係為雙箭頭，代表著待機／移動時可進入死亡狀態，死亡動作播完後後可進入待機／移動狀態。

## (二) Animation Sequences

Animation Sequences 的原型是使用者在 3D 軟體中調整的動作（待機、移動、攻擊等），也是整套 AnimGraph 的基礎。

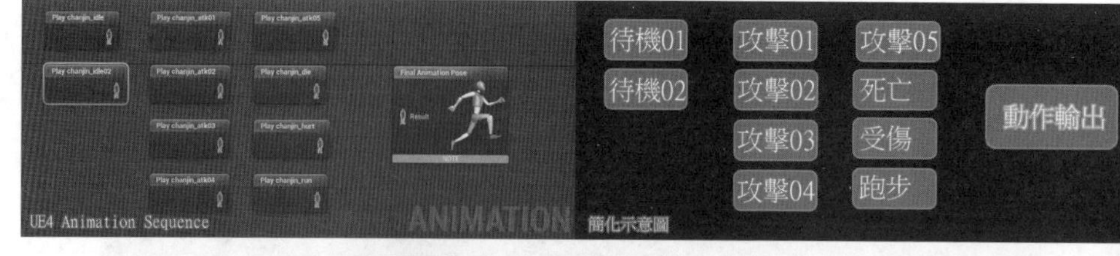


圖 11 Animation Sequare 解說圖

## （三）Blend Space

Blend Space 主要的功能在於動作的「漸變」，最常使用在製作「待機 → 移動」或是「倒地 → 坐起 → 站立」的過渡動作。

因此，若因應遊戲的需求，需要製作較為細緻的動作呈現時，透過 Blend Space，僅需要決定「起點動作」（此處以「待機動作」為例），以及「目標動作」（此處以「跑步動作」為例），剩下中間的過渡動作（蹲下、後腳跟抬起等）就交由 Blend Space 完成即可，當然 Blend Space 的過度計算還是有其極限，如果計算出來的漸變動作不如預期，就需要在「起點動作」與「目標動作」之間再安插一個「中間動作」，比如說「倒地 → 站立」中間會需要一個「坐起」的動作來讓動作的串接更為流暢。

## （四）Animation Blending

Animation Blending 主要用於動作的混合，所以一個 Blend Node（指令名稱：Blend Pose）裡面會包含多個動作，例如：攻擊 01、攻擊 02、攻擊 03 等。

除了攻擊動作之外，也可以同時將「攻擊速度」，以及「攻擊狀態」（判斷是否正在攻擊？）一併放在這個部分，以增加遊戲製作的彈性並確保各攻擊間彼此不會相互干擾（例如：攻擊 01 正在進行時，不會播放任何攻擊 01 以外的攻擊動作，避免動作間彼此干擾）。

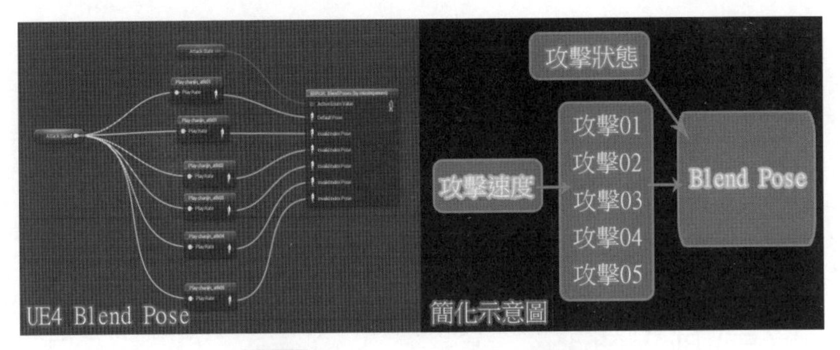


圖 12 Animation Blending 解說圖

Unreal Engine 4 的動作系統，在動作的編排上（Animation Graph），僅需基本的邏輯概念即可輕鬆操作，在遊戲製作上可以節省不少時間。

# 五、結語

以下將上述文章的的所有動作及所需的影格數（30 個影格為 1 秒）統整如表 1。

表 1 動作節奏統整表

| 動作名稱 | 影格數（秒數） |
|---|---|
| 速擊型預備動作 | 8（0.26 秒） |
| 集氣型預備動作 | 30（1 秒） |
| 速擊型攻擊延遲 | 10（0.33 秒） |
| 集氣型攻擊延遲 | 40（1.33 秒） |
| 恢復待機動作 | 30（1 秒） |
| 重複性攻擊<br>（以連刺兩下為例） | 預備一：10（0.3 秒）、<br>延遲一：5（0.16 秒）、<br>預備二：7（0.23 秒）、<br>延遲二：10（0.33 秒） |

表格來源：作者整理

設計本來就是一種感性的職業與工作，在設計的過程中，更多是靠著感覺與經驗來進行思考與創作，所以即便是同一套動作常常會有不只一種的製作方法。

但是，實務上遊戲的製作必然有其時程的規劃，在有限的時間內，不可能無限制的讓設計師們去尋找「靈感」與「感覺」。

本文嘗試將動作節奏的設計公式化、數據化、邏輯化，除了是將動作設計更易推廣與學習之外，也是希望能有效減少在動作製作上所消耗的資源與時間，可以將節省下來的時間用來製作更為精細的肢體動作，或是其他對遊戲美術有益的作為。

## 參考文獻


「慣性」條目，維基百科，取自 https://zh.wikipedia.org/wiki/%E6%85%A3%E6%80%A7。（檢索日期：2015/8/31）

「動作角色扮演遊戲」條目，維基百科，取自 https://zh.wikipedia.org/wiki/%E5%8B%95%E4%BD%9C%E8%A7%92%E8%89%B2%E6%89%AE%E6%BC%94%E9%81%8A%E6%88%B2。（檢索日期：2015/8/30）

Unreal. 2015/09/01, “AnimGraph,” retrieved from, https://docs.unrealengine.com/latest/INT/Engine/Animation/AnimBlueprints/AnimGraph/index.html。

# 我們相愛如罌粟與記憶

鄭聖勳

在這個世紀的第十五年後，臺灣的主流流行文化與綜藝節目，對宅女宅男的興趣已經不再獵奇地這麼強烈，難得的，《康熙來了》在今年8月11、12兩日製作了「史上最強宅男軍團大駕光臨！！」[1]單元，在節目所邀請的來賓當中，女校水手服達人Benso勇敢的舉著當前社會對宅男「錯誤刻板印象」的字版，努力試著要回應臺灣對御宅族的「錯誤」觀感：「不愛出門、外表邋遢、社交障礙、沒有貢獻、狂看正妹，總之就是各種負面。」看完節目後除了感動後還有一些複雜的感觸；當然我們需要反對偏見，但此同時生成的矛盾在於，正是或許這些偏見，再現了御宅族與動漫作為旁若文學（Para-Literature）對既有的學術方法、社會關係可以產生批判與創造性之處。譬如字幕組創造了一個主流的社會需求，他們擔綱著（極可能是最重要的）跨國知識交流的關鍵地位，但又是在經濟上的「沒有貢獻」，而御宅族的「社交障礙」亦可以被讀成不透過既有的社會連結方式而生產出的新的社會結構。在反對偏見與歧視的同時，或許我們也得細想「作一個符合規則的宅男」得妥協、犧牲的事物——或許「失去汙名」可能會很像成為合格的大人，因為社會結構向來是對冒險者的懲罰。

在重慶工作以後，我還是維持著在半夜邊看著購物頻道、卡通台、政論節目然後邊工作的習慣，後來，停留在購物頻道的時間愈來愈久。或許是因為大陸的政論節目大抵都很政治正確，可以在節目裡談論的異議並不多，而動畫台播出的作品也都很健康、很安

1　中天綜合台：《康熙來了》，2015年8月11及12日。Youtube連結為：https://www.youtube.com/watch?v=I0uFi9DMp04。（檢索日期：2015/9/1）

全，能夠讓我感到安慰的寂寞、自恨、浮誇、怪力亂神……，多半只能在購物頻道裡的種種離奇的華而不實找到一些寄託。這個轉台的過程常常讓我回想，「為什麼我會成為一個動漫迷？」對我而言，是因為動漫裡的壞情感資源最為厚實，從其他的動漫迷身上學到的對待壞情感的方式，也最為坦率直接。

或許讓我們先參照另外一組的壞情感形象對照。從70年代至這個世紀的40多年裡，女性主義的衍進、流變過程，同時塑造了不同種屬性的「女人蛻變」形象，當我們回顧這些改變時，可以這從一些被擱置於在蛻變之外的、被擦拭的形象，來想像此「進步」的相對意義。以莎拉・奧恩・朱艾特（Sarah Orne Jewett）為例，她在小說、傳記中所塑造的新英格蘭風情的、鮮明的角色們——處於世紀之交、新英格蘭上流社會的老處女，都令人想起一個未曾被1970年代的女性主義造反觸及的世界；70、80年代的眾多女性主義流派，大多都不需要一個獨居的、毫無進步意義、痛苦、悔恨、不幸福的老處女。海瑟愛（Heather K. Love）認為：「直至基進派與女同志派女性主義者藉以為其革命奠基的方式，主要是聲稱朱艾特之類的未婚女性為其先驅。」[2] 這個狀況或許可以讓我們回想，當時進步的自由主義、女性主義、馬克思女性主義都不太能面對女性的親密關係，特別是對不幸、孤單、憂鬱的獨居女人——這些女性主義未竟之事的靜默和斷裂。

在朱艾特的老處女故事中，篇幅與結構最完整的也許是〈沼澤迷迭香〉（Marsh Rosemary），於1886年刊登於《大西洋月刊》（*The Atlantic Monthly*）。故事描述一位自立更生的獨身女性命運，她嫁給一名較年輕的男子，結果以憾恨告終。南西（安）・佛洛伊德

---

2 海澀・愛著，楊雅婷譯，〈婦女／道歉的辯護書：莎拉・奧 恩・朱艾特的老處女美學〉於劉人鵬、宋玉雯、鄭聖勳、蔡孟哲編：《酷兒・情感・政治：海澀愛文選》。蜃樓：2013，頁111。

小姐（Miss Nancy [Ann] Floyd）獨自住在沼澤畔的簡樸房子裡，靠著她從縫紉攢下來的錢維生（spinster 是縫紉者與老處女的同義詞）。動漫狂熱者對〈沼澤迷迭香〉女主人翁安・佛洛伊德的描寫可能不會覺得陌生，甚至會感到親切。在小說中，安鼓起勇氣拜訪了牽掛多年之人，但終以鎩羽而歸所造成的漫長餘波，遠比不上她獨自回到家第一個晚上的苦澀之甚：

> 但是，那天晚上，當她從謝狄亞克（Shediac）回來，在黑暗中坐了一段很長的時間 ...... 最難堪的一刻來臨了：那是當安・佛洛伊德——女裁縫師，端正自重地度過這許多年，而她的偶像已變成泥土；她受辱、蒙羞，備受委屈——獨自在小廚房中坐下用餐。她將一組杯碟放在桌上；她透過悲苦的淚水望著它們。不知怎地，對於她獨居的老年、她無伴的未來的一陣知覺湧上心頭；她最美好的世俗希望破碎了，這種失敗足以讓更堅強的女人心碎。誰能嘲笑我的沼澤迷迭香呢？或者，同樣的道理，誰能為她哭泣呢？這株植物的灰色呆板，是由一百種色彩所組成，如果你瞧得夠仔細，便能夠發現它們。同樣的這株沼澤迷迭香，站在她自己的位置，穩穩地托著她乾燥的葉子和微小的花朵，朝向粉荷與白玫瑰也為之綻放的同一個太陽。[3]

猜想動漫迷們會很容易從〈沼澤迷迭香〉聯想到《蟲師》[4] 第十六話的〈曉之蛇〉，獨居女主人翁前去尋找失聯多年的丈夫，卻發現了他已經有了另外的快樂幸福家庭，之後頹然、面無表情的悲苦。〈沼澤迷迭香〉也許可以被理解為一則勸告婦女自立自強會比

---

3 Sarah Orne Jewett, “Marsh Rosemary,” in Sarah Orne Jewett: Novels and Stories, ed. Michael Davitt Bell (New York: Library of America, 1994), 654-55.

4 漆原友紀，《蟲師》，臺灣動畫版於 2005 年由講談社代理。

較好的寓言，而且不該依賴不可靠的男人。但是，這樣的解讀卻忽略了這個故事的中心主旨：安對於親暱、撫摸、陪伴的深切渴望。這個故事相當直接而明確地對讀者訴說了失落與激情的深度；「誰能嘲笑我的沼澤迷迭香呢？或者，同樣的道理，誰能為她哭泣呢？」朱艾特寫著，不僅傳達一種對於女裁縫安・佛洛伊德的占有式溫柔，也傳達對她的認同。海瑟愛認為，「朱艾特要求我們忍住笑和淚，學著關注這株灰色的、呆板的植物——如果我們仔細瞧，我們將會看到安熱烈的欲望與熱烈的寂寞之深度。」[5]

另外一個（不著痕跡的）用力渲染壞毀身分的認同例子，是2003年的《灰羽連盟》。[6]這個故事場景是一個被牆包圍、隔絕的城鎮，鎮裡有一座被稱為 old home 的破舊老房子，裡面住著故事的主角們——灰羽。灰羽們帶著夢，從繭「出生」，而他們的名字，就是根據自己記憶裡的夢境所取的。他們並不是天使，除了背上的翅膀和頭上漂浮的光環，灰羽的外貌和人類大致相同，但那對小小的、灰色的翅膀，其實也根本無法飛翔。在故事設定中，灰羽們的前世都有過曾經自殺經驗，贖罪式地在小鎮裡生活，直到離巢的那一天。離巢的灰羽們消失在西邊的森林，沒有人知道他們後來去了哪裏。第十一話裡，女主角落下與住在鎮的邊緣的某位話師（小鎮與牆的聯絡人）有段對話：

---

5 海澀・愛著，楊雅婷譯，〈婦女／道歉的辯護書：莎拉・奧恩・朱艾特的老處女美學〉於劉人鵬、宋玉雯、鄭聖勳、蔡孟哲編：《酷兒・情感・政治：海澀愛文選》。蜃樓：2013，頁 134。

6 安倍吉俊、光輪密造工房，《灰羽聯盟》，臺灣版權由木棉花代理，於 2004 年發行。《灰羽聯盟》的原作是安倍吉俊的同人誌《灰羽達》二冊。《灰羽聯盟》在臺灣由 animax 於 2004 年開始播出。《灰羽》在國內的動畫社團及網路上獲得相當的迴響，在 04、05 年間常是校園內的動畫社團的策展作品。

落下：「有沒有人留下來？（指不離巢）」

話師：「幾乎沒有。但那些人不再被叫做灰羽。他們會失去翅膀和光環，遠離這裏的人們和灰羽獨自生活，並且迅速地衰老，悲慘地死亡。那種生活可能寧靜平和，但孤寂將成為他們最大的折磨和痛苦。」

聽到了話師的這番話，落下似乎明白對方的身分了，落下溫柔地看著話師木製的翅膀很久。雖然《灰羽聯盟》在畫風、敘事上都相當恬淡平靜，但這部作品卻在此寧靜的氣質、氛圍中，塑造了一群共同有過秘密的、不可述說的自殺經驗的團體，而在封閉的環境中，這個團體與友善的小鎮居民一起生活。灰羽們與小鎮居民的扞格，以及此友善氛圍的含蓄的暴力，在作品中表現地十分深刻。

第六話的故事裡，落下的灰羽好友離巢，此後落下被許多痛苦的情感包圍，而這似乎是鎮上不允許的，落下的翅膀開始變黑，這個小鎮似乎用力地指責落下的憂鬱，落下幾近瘋狂地想剪掉自己黑色的羽毛，但是黑色的羽毛卻不斷地從破損、殘缺的翅膀裡竄出。朋友們幫她織了一對翅膀的布套，幫她的羽毛塗上染料，盡力地隱瞞黑色羽毛的窘境——在這個鎮上不應該出現的情感認同——灰羽不可以這麼悲傷。在第八話的故事裡，導演緩慢的細述著，當落下的翅膀變黑以後，和善鎮民們的笑語、注視會有多麼大的殺傷力、威脅。不經意的暴力在笑語之中不停出現，鎮民的注視讓落下慌張、害怕，在恐懼之中她的視線變得一片模糊，落下哭著跑到小鎮邊緣的森林，「哪裡都沒有我的立足之地，幫幫我……消失了也沒有關係……。」

當然，《灰羽聯盟》可以和〈沼澤迷迭香〉一樣被讀成「思索、沉澱自己的創傷經驗」，但它們其實都有一個更明確的本質（也才有可能被這樣讀成正面）：對於壞情感的認同與投資。有一種「物」既不能被熱血、格鬥、百合、恐怖等等屬性所替代，不能被敘事所遮掩，又讓敘事中的角色們頑強拒絕昇華為小鎮鎮民／合格者。它就緊挨著秩序，或者說被驅斥於秩序、倫常的邊緣而並不消失，或許它就是克莉斯蒂娃所說的「不堪」或「卑賤物」（abject）。[7] 正是它的存在使我們感覺到「日常的一切都有點不對，不對到恐怖的程度」；[8] 而它卻又是得以界定我的邊界、我的護欄。

關注著「熱烈的慾望與熱烈的寂寞之深」，並且整個外在世界的存在與否、世界運行的規則與意義，都只關係於個人的情感失落——這是 90 年代中期至今的重要動漫敘事。這個以「失落」為坐標的故事背景，需要奠基於幾項設定，首先是主角多是有一特定的不夠完整之處，如《美少女戰士》[9]、《神奇寶貝》[10]、《少女革命》[11]、

---

7 張愛玲，2001 版，《張愛玲典藏全集》第八卷。臺北：皇冠，頁 90。

8 Julia Kristeva 著，張新木譯，2001 版，《恐怖的權利——論卑賤》。北京：三聯，頁 3。如果說在昏暗和被遺忘的生活中，我對這種怪事還能見怪不怪，那麼它現在卻騷擾著我，彷彿它是個徹底分離之物，令人做噁之物。它不要我。我也不要它。然而也不是什麼都不要。還有一個我不認為是東西的「某樣東西」。有一個無意義的、但絕非毫無意義的重量，它將我碾碎。在不存在和幻覺的邊緣，有一個現實，如我承認這個現實，它就使我變得烏有。在這裏，卑賤和卑賤物是我的護欄。

9 武內直子，《美少女戰士》（美少女 士セーラームーン），漫畫在講談社發行的漫畫月刊《Nakayoshi》上連載，單行本由講談社出版（1991-1997）。動畫版與漫畫版同時製作，其後並衍生為真人版電視劇、舞台劇與電玩遊戲。在臺灣約在 2006 年以前，持續在衛視中文台、華視、中都卡通台等頻道中反覆播映。

10 海澀・愛著，楊雅婷譯：〈婦女／道歉的辯護書：莎拉・奧恩・朱艾特的老處女美學〉於劉人鵬、宋玉雯、鄭聖勳、蔡孟哲編，2013，《酷兒・情感・政治：海澀愛文選》。臺北：蜃樓，頁 111。

11 BE-PAPAS、幾原邦彥，《少女革命》（少女革命ウテナ），由幾原邦彥率領的團隊 BE-PAPAS 擔任原作、劇本等的日本跨媒體製作作品，以電視動畫版最為有名，1997 年間於東京電視台首播，亦有 BE-PAPAS 成員之一齋藤千穗與動畫版同時繪製的漫畫版，但兩者間的故事略有不同；劇場版動畫《少女革命～思春期默示錄》在 1999 年於日本首映。臺灣約於 1999、2000 年間在中視播出。

《庫洛魔法使》[12]、《EVA》[13]、《魔法老師！？》[14]等，相較於刻板印象中秀異突出、擁有各種長處、既堅毅又果敢總是處於目光焦點的動漫主角，多不再是強勢主體，相反地，展現著人性許多軟弱之處，常解決不了問題。如《美少女戰士》中的月野兔，開啟了一個以迷糊、癡呆、膽怯為人格特質的女主角典型，月野兔身邊的超能力女戰士們被賦予比她更聰明、更勇敢、更漂亮的形象，但卻是圍繞主角月野兔的「軟弱」為中心，一起保衛世界。不同於過去，一些末日故事的主角此刻也未必都要「拯救世界」，甚至有故事是以「毀滅世界」為職志的，如《EVA》在1997年的電影版結局，

---

12 CLAMP，《庫洛魔法使》（カードキャプターさくら），與漫畫版同名的電視動畫於1998年至2000年在日本播出，另有劇場版《小櫻的香港之旅》和《被封印的卡片》及其他特輯。在臺灣的播映期間超過十年，播映頻道如衛視中文台。

13 GAINAX、庵野秀明，《新世紀福音戰士》（新世紀エヴァンゲリオン），日本動畫版在1995年富士電視台播出，1997、1998年共上映三部劇場版：《シト新生》、《新世紀エヴァンゲリオン劇場版 THE END OF EVANGELION Air/まごころを、君に》、《新世紀エヴァンゲリオン 劇場版 REVIVAL OF EVANGELION DEATH (TRUE)2 / Air / まごころを、君に》。2007年，開始了全新四集新劇場版的計劃，其中頭兩集《序》和《破》已經上映。漫畫版作者為GAINAX、貞本義行，自1994年開始連載於《角川書店ヤングエース月刊》。在臺灣，漫畫版GAINAX、貞本義行《新世紀EVANGELION福音戰士》，由臺灣國際角川書店出版，電視版動畫在1997年於衛視中文台與中視播出，電視版／vedio版《新世紀福音戰士》（1997）、劇場版《死與新生／真心為你》（即第三部劇場版，1999）、電影版《新世紀福音戰士・序》（2008）、電影版《新世紀福音戰士・破》（2009）、《新世紀福音戰士・Q》（2012），由木棉花代理，漫畫版由東販代理。

14 赤松健，《魔法老師！？》（魔法先生ネギま！？），漫畫版於《週刊少年Magazine》2003年開始連載，之後被改編成動畫、OVA、遊戲軟體、電視劇集等。在臺灣播出的動畫版為2006年由新房昭之導演，關東魔法協會製作，於東京電視台播出的第二版，臺灣版權由木棉花代理，同年於animax台播出。

是世界被再現為拒絕同情男主角真嗣、無法讓他的慾望得到回應的巨大失落，1997 年電影版《EVA》的終局裡，世界也因此孤寂而被毀滅。[15]

這些放大了個人失落與孤單動漫作品有一共通取向：因為以壞情感的鋪陳作為情節關鍵，所以敘事觀點也不再、也不需要是好壞二元對立、邪不勝正，像是《神奇寶貝》中的火箭隊，一如他們的登場台詞：「最可愛又迷人的反派角色」，十多年來他們的胡作非為和居心叵測總是被觀眾喜歡。在熱血漫畫《火影忍者》（*NARUTO* - ナルト）[16] 中的「家庭」，多是為了強調人物因為「家庭」所產生的創傷，以漫畫版第 247 回中登場的蠍（サソリ）為例，在蠍的數次戰鬥中，作者平行插述了他的身世背景，由於無法走出雙親死去的傷痛，蠍在年幼時製造了父母的傀儡，為的是能夠重演、延續爸爸媽媽對自己的擁抱，後來蠍的忍術發展為操縱傀儡，除了將爸爸媽媽的傀儡改造為武器，甚至蠍也把自己改造為一個傀儡。《火影忍者》裡因家庭創傷的壞毀主體，似乎都不曾因為他們行為或情感的「壞」而不受喜歡，以《Jump》週刊舉辦的〈《火影忍者》第七回角色人氣投票結果！〉為例，當中的負面角色「鼬」、「我愛羅」都獲得了極高的名次。[17]

---

**15** 劉人鵬、宋玉雯、鄭聖勳，〈心不在焉的母親與家庭親密關係想像：動漫與文學作品中的「死媽媽」〉，於《中外文學》第 43 卷．第 3 期，2014 年 9 月，頁 139-174。

**16** 岸本齊史，《火影忍者》（NARUTO - ナルト），日本漫畫版從 1999 年開始於《集英社 Jump 週刊》連載。臺灣由東立出版社代理漫畫出版，連載於《寶島少年》。日本動畫版於 2002 年於東京電視台播出，臺灣於 2003 年至今，於華視、緯來綜合台、緯來電影台持續播出。《火影忍者》的周邊玩具、公仔、系列電玩是 2000 年以後發行的作品裡占臺灣市場最多數者，在臺北世貿舉辦的年度動漫展也屢次請藝人以男主角鳴人的造型代言。

**17** 岸本齊史著，方郁仁譯，2011，《火影忍者》卷 55。臺北：東立，頁 189。〈第七回角色人氣投票結果！〉，「鼬」、「我愛羅」是兩百多個以90年代中期以降的動漫敘事聚焦而言，由於壞情感的多元、多重性的需要，情節的鋪陳亦無法集中在一個特定角色、不再僅僅集中於主角，而是每一個角色都能有各自陳述表白的重要性。以《少女革命》的劇情結構為例，故事的鋪陳是藉由五位代表不同負面情感的決鬥者（如無法出櫃的羞恥、對成人社會的絕望）對兩位女同志戀人的挑戰，在規律的重複挑戰與失敗中，讓負面情感的張力渲染到最大。此外，這些處於青春期前後的角色們，雖然都身負改變世界的關鍵任務，如《EVA》中的「人類補完計畫」、《少女革命》裡要讓世界發動革命，然而故事的行進與其說是要完成世界轉變的過程，不如說是為要掙脫身上被強迫擔負的「轉變世界」之重責大任，而發現自已、完成自我慾望的過程。如《庫洛魔法使》在第一季的最末，主角小櫻所面臨的「世界末日」的挑戰，並不是一個真的荒蕪、殘破的世界，而是小櫻個人的人際關係與情感的斷絕，在第二季則有數話看似對社會秩序的維護（轉化庫洛牌），目的卻是完成對已經過世的媽媽之哀悼。對這些故事中的主角們來說，自身瑣碎的、甚至負面的小意義，遠甚於一個抽象「大世界」的意義。

日本青年動漫迷DN（2009）曾經從新世代的觀點分析《EVA》所再現的某種新世代焦慮：「豪豬的困境是指雖然可能會傷害彼此，仍然想互相取暖的矛盾，但是真嗣等人所感受到的是更深層的絕望，是一種豈止不能互相取暖，連傷害彼此也做不到的焦慮。」[18] 並指出：該劇再現一種世代間的差異，這個差異可以由《EVA》導演庵野秀明的訪談見出：

---

登場角色中的第四、第八名。

18 D.N著，鄭聖鶱譯，〈今更無駄に長いエヴァ論を書いてみた〉（拖到現在才寫的一篇冗長的EVA論）。2009年2月21日。取自 http://d.hatena.ne.jp/ISC/20090221/1235197354，《ISCの日記》。

我們上一世代，經歷過全共鬥、[19] 忤逆老闆娘而被修理、躲在四塊半榻榻米大的小房間裡大唱民歌的年代。「世界大戰」和「戰後復甦」則是上上世代的巨大共通體驗。……說來有些不好意思，不過對我們這群 60 年代前半出生的人而言，除了「魔法箱」裡的東西（電視節目）以外，就沒有其他共同話題。電視和漫畫是我們這一代的共通體驗。這個體認，正是我的出發點。[20]

DN 指出，在世代差異之間，當上一代仍以自己世代的救世責任加於少年時，《EVA》明顯表達出少年們希望「現況的自己」獲得認同，而非「行為的自己」（同前引）。從本文的觀點，「壞情感」的角色在晚近動漫文本之所以舉足輕重，正可以解讀為：這基本上是為著「現況的自己」而設定的，因為「壞情感」與「現況的自己」是一體兩面的親密關係。

動漫做為不登大雅之堂的文本或讀物，實際上或許也並不那麼邊緣，猶如小說在傳統的文類階序中曾是「小道」，而恰恰是所謂的「小道」，細密地鑲嵌在日常遺棄的生活脈絡中，再現日常生活所遺棄的日常性，開啟了憂鬱的瑣碎政治意義。

社會學裡有幾種不同的看待社會與個人關係的解釋，如牟斯（Mauss）提出了具體＝完整（concret=complet）這條等式，他認為：「……當社會、群眾從感受上意識到自身，意識到自己之於他者的處境，就在這個稍縱即逝的片刻，我們瞥見了本質、整體的運動、活生生的樣貌……。」[21] 或許我們可以勉強概括如下：如果社會可

---

19 「全共鬥」指 1965 至 1972 年越戰和安保鬥爭期間日本大學生發起的學運潮。

20 節錄自《NEWTYPE》1996 年 11 月號雜誌；同前引。

21 M. Mauss, Essai sur le don, in *Sociologie et Anthropologie,* 1950, Paris, P.U.F., p.275.

以被當成物品一般具體，那麼社會也等於是一群人的總和，牟斯同時導致了社會或群體的物化和主體化，也就是說人們只有意識到自己是一個群體（所以這種意識也是集體意識），才能與他者、其他社會或群體產生區隔。例如，一群人共同感知的無法社會化總和、孤獨的總和，區隔了「他人」而得以自我歸屬感。

不過，讓我們再次細讀牟斯的這段話（「社會、群眾從感受上意識到自身，意識到自己之於他者的處境……」），假設把「他者」的意思解釋成我們身邊的其他人，也就是在一群具有集體意識的人群裡的、內部的他者，雖然這麼做有損語句邏輯的嚴謹，卻讓牟斯的話更有趣。只有在「具有」和「意識」之間，插入「每人自己的」，便能將一種主體的、個體的面相注入他的分析裡——人們只有在意識到自己之於其他人的處境時，才能真正意識到自己（產生他們作為個體的個體意識），並且意識到自身的社會處境。簡而言之，人們只有意識到其他人時才能意識到自己，自我意識就是社會意識，反之亦然，因為一個沒有個體化的社會意識，只能是一種抽象的迷思。當牟斯寫下「人們」（les hommes），彷彿普遍性的東西加上複數，就能模糊掉這個字的具體意涵，李維・史陀卻認為，牟斯要寫下的其實是「個體」（l'individu）；李維・史陀告訴我們，因為只有在個體身上，才能聯繫社會事實的三個面向：與共時性有關的社會面向，歷史或歷時性的社會面向，以及生理——心理學的面相。

動漫／旁若文學常常以 cyborg、複製人、後人（post human）的「失去原本」、「無法原本」作為主體認識世界的途徑。除了上述舉過的例子，《鋼之煉金術師》[22]就是藉失落與壞情感作為再現

22 荒川弘原作、每日放送ANIPLEXBONES製作，2001，《鋼之煉金術師》。臺灣由木棉花代理發行。2002年之後，中視與衛視中文台相繼地反覆播出。維基百科：http://zh.wikipedia.org/wiki/%E9%92%A2%E4%B9%8B%E7%82%BC%E9%87%91%E6%9C%A F%E5%A3%AB#.E5.B7.A5.E4.BD.9C.E4.BA.BA.E5.93.A1。（檢索日期：2015/9/10）

個體得以區隔社會的主動性。

《鋼之煉金術師》故事以蒸汽龐克的時空為背景，是一個甫進入工業革命、而現代化想像的蒸汽車與飛船，還可以與魔法共存的時代。故事設定的主角為愛德與阿爾兄弟兩人，母親在他們年幼時不幸死去，為了能再看見母親的微笑，愛德與弟弟阿爾進行了禁忌的煉鋼術「人體練成」，試圖用現世的素材，冶煉出亡逝的母親；練成失敗了。在此恐怖的挫敗裡，哥哥艾德失去了一半的身體，右手和左腳，而阿爾則在鍊金過程裡消失，只剩下（能夠用聲音再現的）靈魂為名，附身在一個空殼的鎧甲。兩人為了尋為失去的身體，開始尋找賢者之石，艾德成為國家煉金術師，成為軍隊的一員，得到了「鋼」的稱號。

第一次為《鋼之煉金術師》感到震撼，是看了在世紀之初出版的動畫版《鋼之煉金術師》第16、17兩話。這兩話的劇本相當出色，特別是當 11 到 15 話的劇本裡，主角們剛剛與也是透過鍊金術冶煉的複製人大戰方酣到一個段落，但故事並沒有因為格鬥場面的減少而減少曲折；兄弟兩人為了修補殘破的身體回到家鄉，但這時阿爾不經意地發現，他不記得某些他「理應記得」的鄰居臉孔，進一步細想，阿爾赫然驚覺自己只記得自己和哥哥做過的事，只有兩人在一起的過去——他無法在記憶中擁有獨處的事件，只屬於自己記得的事——阿爾「盔甲的／沒有肉體的／新的身體」的存在，似乎是藉由哥哥的想像、記憶所投射、建構。故事裡「空虛的我」的視點，在這兩話中更透過「記憶的空虛」浮現了自我該如何存在的焦慮。

第16話裡的故事更將這樣的焦慮再現於兄弟兩人的對話之外，將此存在的難堪、尷尬擴張於與外部世界接觸的挫敗。機械手已經被炸碎的艾德，與身體已經破了一半的阿爾，在返鄉旅程中並沒有再遇見多麼厲害的敵人，但「阿爾竟被拆成一快一塊」偷走了——一個不完整存在感的主體，即便是一個瑣碎的日常事件都可以讓他拆解。艾德在慌張地「一塊一塊的」找尋弟弟的時候，也沒有遇見任何一位足夠「可觀」如前幾話的敵人，但一位小女孩因為想用艾德的機械腿當父親的義肢，卻輕易把艾德的腳也拆走了。在驚險與大招連連的冒險之後，兄弟倆的主體存在感，以及主體得以憑藉的依賴事物，卻被「日常」所擊敗。

連走路都沒有辦法的艾德，想扶著牆勉強站起來，卻又無力地摔倒在地上。故事的結尾並非艾德找回了腳，而是小女孩的殘廢父親半施捨地將腿還給艾德，因為這位施捨者／另一個殘缺的主體，並不需要義肢去「補完身體」。下述是劇中殘廢老伯的念白：

> 我不需要義肢。我想讓我的腿就這樣。……
>
> 無法忘記在那裡（戰場）看到的和做過的事，看到這個傷，馬上就能回憶起來。不只是那樣，我失去了一條腿，卻因此獲得更珍貴的事物；內心的平和與和孩子們一起的生活。……
>
> 人只有在失去什麼之後才有可能得到什麼吧，你既然已經失去了什麼，那麼也應該得到了些什麼；煉金術把這個叫做等價交換吧？

老伯的話讓艾德非常氣憤，因為這段正面的、「你應該也可以知足」宣稱，以及對主角親切的憐憫，對艾德的拚命再諷刺不過：他們都失落過，但艾德的哀悼無法完成、並對自己的處境絕不知足。艾德的「失落」並沒有讓他獲得任何東西，他還在失落之中，失落了自己的義肢，甚至是失落了自己藉著投射與欲望所建構的「一塊一塊的」弟弟。艾德生氣搥著桌子：沒這回事！我失去了右臂和左腿，我弟弟失去了整個身體，為了取回那些東西，我們拼命的活著，取回一切，那就是我們的夢想！……反過來，得到的東西，什麼都沒有……不管是什麼，都被奪走了！！

《存在與虛無》裡曾沙特（Sartre）用以將「獨白」的特質作為對立，進而展開分析的對象是「觀望」，沙特將此二者視為兩種自我認識的方法；「眼睛展現的觀望，不論它們是何種性質，是對自一我之純粹反射。……因此觀望在最初是我對自一我之反射中介。」[23]從獨白的自我中心裡走向語言世界，也即是自我鏡像被轉換成社會化的象徵符號，此刻正主體意識到「觀望」，從「看」成為「被看」的過程；也就是說，「我」開始被「他者」所認識，而與「自我」之間的開始，始終延續一個不可測的距離——自我所試圖保存的想像秩序的鏡像世界，與他者象徵的世界。沙特以意識性之自我、自省意識來看「自我」如何被異化於「我—他者」之關係，因此他說「我們不能夠，同時知覺（理解）與想像（imaginer）。我們不能知覺世界而又同時掌握住一個盯住我們的觀望，那必須是一者或另一者。」[24]

因為欲望的失落而成為殘缺的主體，從而展開認識自我的拚搏中，兄弟倆人在故事裡都意識到了從鏡像世界到象徵世界的認識如何艱困，這構成了認識論上的一種斷裂，一種對於「自我」與「知識」暨「實踐」的毀滅相關；阿爾身為盔甲的虛幻主體，「存在於他者的欲望失落」，艾德作為一個無法完成哀悼的殘缺主體，從另一個殘缺主體身上，對照出自己的不合格於哀悼法則。

動畫版《鋼之煉金術師》的每一集開頭，都是阿爾在劇中的配音員（2000 動畫版阿爾的配音員為釘宮理惠，同個時期裡她的演出有《魔法咪路咪路》當中的姆路）以單純無邪地的聲音，複頌著煉金術的「等價交換」原則；「沒有犧牲就沒有獲得。想要獲得什麼，就必須付出等同的代價。」而《鋼之煉金術師》則是以嚴酷的情節對立著故事原則作為劇情張力——那失落會有什麼回報呢？失落又可以交換得到什麼？

---

23 Jan-Pual Sartre: "L'être et le néant,—Essai d'ontologie phénoménologique"(Ed, Gallimard, Paris)1943, P.305.

24 ibid., p.304.

任何社會現象都不可能歸結於某種典型的、一般人的行為底下。馬克・歐傑（Marc Augé）認為，整體社會事實這個概念，社會現象並不盡如李維・史陀有欠嚴謹說的，可以化約為一種文化上的傾向，倒是李維・史陀以「主體客觀化的無限過程」這個方法所揭露的、「無底洞」一般的視野提供了一個支點。[25]

我從動漫裡獲得的資源，是壞情感如何得以成為壞毀主體的認同與社會關係，因此，我也奠基於此點想替御宅族與自己的「種種負面」試圖做出辯護：當御宅族發出的聲音不夠被聽見、看待世界的視線也無法辨別，作為社會關係的連接，御宅族可以讓社會大眾對御宅族的同情成為給予的義務，這時的重點不在於實際上有多少人給了同情、消泯了多少偏見，而是在於所有人、或者許多人，當他們心裡覺得御宅族「壞」的時候，至少會有一剎那感覺需要為自己的堅持辯解。作為無名的輪廓，適應不良的野花，御宅族可以讓此認同關係外的其他集體認同認識自己的極限和範圍：這些御宅族是我們不是的那種人，我們和其他人抱持著同樣的態度就是證明。這些御宅族玩不起我們的遊戲，也無法全然符合我們憑藉的那些（法律、藝術、道德、經濟等等的）規則。

策蘭的〈花冠〉一詩寫到了某一種近於宗教性的「是時候了」的狂喜。從《聖經》到里爾克的著名詩篇〈秋日〉（Herbsttag），此類「是時候了」的昭告有著悠久的傳統，它們大都與對耶穌的祈求聯繫在一起。不過，策蘭在這首詩裡並沒有類似的祈求，這裡有的是愛的行為，是一場已實現的愛情，即便它的暗黑與不確定「如罌粟和記憶」，沿著神秘的道路而下，這首詩將令人迷醉的遺忘與對死者堅定不移的懷念聯繫在一起，不顧死亡的恐怖，以此，這裡、此刻的「是時候了」讓這烏托邦的一刻成為現實。

---

25 馬克・歐傑（Marc Augé）著，周伶芝、郭亮廷譯，2014，《巴黎鐵塔上的人類學家》。臺北：行人。

秋從我的手上食它的葉：我們是朋友。

我們將從時間從堅果中剝出並教它行走：時間又重回到殼中。

在鏡中是週日，睡在夢鄉，嘴吐出真言。

我的眼向下落到愛人的性器上：
我們相互端詳，我們說著暗語，
我們相愛如罌粟和記憶，我們睡了像酒在貝殼裡，
像海，沐浴在月亮的血色光芒裡。

我們相用在窗中，他們從街上望著我們：
是讓人知道的時候了！是石頭終要開花的時候了！
是心兒不安跳動的時候了！是時間成為時間的時候了！
是時候了。[26]

在不可說的神秘氣氛裡，保持著我們作為人造人、木偶、贗品、假象、偽記憶的興奮與秘密，是時候了，讓我們一起失敗，一起向世界發動革命吧！

---

26 沃夫岡．埃梅里西（Wolfgang Emmerich）著，梁晶晶譯，2009，《策蘭傳》。臺北：傾向，頁 79。

# 參考文獻


## 中文

朱莉婭．克里斯蒂瓦（Julia Kristeva）著，張新木譯，2001，《恐怖的權利——論卑賤》。北京：三聯。

沃夫岡．埃梅里西（Wolfgang Emmerich）著，梁晶晶譯，2009，《策蘭傳》。臺北：傾向。

岸本齊史著，方郁仁譯，2011，《火影忍者》(55)：189。臺北：東立。

武內直子，1991-1997，《美少女戰士》（美少女 士セーラームーン），《Nakayoshi》。東京：講談社。
海澀．愛著，楊雅婷譯，2012，〈婦女／道歉的辯護書：莎拉．奧恩．朱艾特的老處女美學〉。劉人鵬、宋玉雯、鄭聖勳、蔡孟哲編，《酷兒．情感．政治：海澀愛文選》。臺北：蜃樓。
馬克．歐傑（Marc Augé）著，周伶芝、郭亮廷譯，2014，《巴黎鐵塔上的人類學家》。臺北：行人。
張愛玲，2001，《張愛玲典藏全集》第八卷。臺北：皇冠。
劉人鵬、宋玉雯、鄭聖勳，2014 年 9 月，〈心不在焉的母親與家庭親密關係想像：動漫與文學作品中的「死媽媽」〉。《中外文學》(43)3：139-174。

## 外文

Jewett, Sarah Orne. "Marsh Rosemary," *Sarah Orne Jewett: Novels and Stories*, New York: Library of America Press.
Mauss, M. 1950. "Essai sur le don", in *Sociologie et Anthropologie* , Paris: P.U.F..
Sartre , Jan-Pual. 1943. "L'être et le néant,—Essai d'ontologie phénoménologique". Paris: Gallimard, Press.

## 網路

D.N 著，鄭聖鶱譯，2009 年 2 月 21 日，〈今更無駄に長いエヴァ論を書いてみた〉（拖到現在才寫的一篇冗長的 EVA 論），《ISC の日記》，取自 http://d.hatena.ne.jp/ISC/20090221/1235197354。
中天綜合台，《康熙來了》，2015 年 8 月 11 日，取自 Youtube
https://www.youtube.com/watch?v=I0uFi9DMp04。（檢索日期：2015/9/1）
維基百科：http://zh.wikipedia.org/wiki/%E9%92%A2%E4%B9%8B%E7%82%BC%E9%87%91%E6%9C%A F%E5%A3%AB#.E5.B7.A5.E4.BD.9C.E4.BA.BA.E5.93.A1。（檢索日期：2015/9/10）

## 其他

安倍吉俊、光輪密造工房，2004，《灰羽聯盟》，東京：Geneon。臺灣木棉花代理發行。
荒川弘原作，2001，《鋼之煉金術士》。東京：ANIPLEX BONES 製作。臺灣木棉花代理發行。
漆原友紀，2005，《蟲師》。臺灣：講談社代理發行。

**國家圖書館出版品預行編目 (CIP) 資料**

戰鬥與力量 : 第四屆御宅文化研討會暨巴哈姆特論文獎文集 / 梁世佑編著
-- 初版 . -- 新竹市 : 交大出版社 , 民 105.02
面； 公分
ISBN 978-986-6301-85-8( 平裝 )

1. 次文化 2. 網路文化 3. 文集

541.307 104028198

# 戰鬥與力量

## 第四屆御宅文化研討會暨巴哈姆特論文獎文集

編　　者：國立交通大學數位動畫文創學程 梁世佑
書系主編：胡正光（御宅文化研究系列叢書）

出 版 者：國立交通大學出版社
發 行 人：張懋中
社　　長：盧鴻興
執 行 長：黃育綸
執行主編：程惠芳
行政專員：林妤珍
封面插畫：沃克羊
封面設計：蘇品銓
內頁排版：theBAND・變設計 — Ada
製版印刷：中茂分色製版印刷事業股份有限公司
地　　址：新竹市大學路 1001 號
讀者服務：03-5736308、03-5131542（週一至週五上午 8:30 至下午 5:00）
傳　　真：03-5728302
網　　址：http://press.nctu.edu.tw
e-mail：press@nctu.edu.tw
出版日期：105 年 2 月初版一刷
定　　價：350 元
I S B N：9789866301858
G P N：1010500031

展售門市查詢：
交通大學出版社 http://press.nctu.edu.tw
三民書局（臺北市重慶南路一段 61 號））
網址：http://www.sanmin.com.tw　電話：02-23617511
或洽政府出版品集中展售門市：
國家書店（臺北市松江路 209 號 1 樓）
網址：http://www.govbooks.com.tw　電話：02-25180207
五南文化廣場台中總店（臺中市中山路 6 號）
網址：http://www.wunanbooks.com.tw　電話：04-22260330